辽宁省职业教育“十四五”规划教材
职业教育高速铁路客运服务专业系列教材

Gaosu Tielu Gailun

高速铁路概论

杨松尧　谢迎春　主　编
嵇昊威　副主编
毛保华　冯春祥　主　审

人民交通出版社股份有限公司
北　京

内 容 提 要

本书为职业教育高速铁路客运服务专业系列教材、辽宁省职业教育“十四五”规划教材。全书采用“校企合作”的编写模式、紧密结合企业实际，突出岗位群工作实践，强化“理实一体，工学结合”。其主要内容包括：高速铁路概述、高速铁路线路、高速铁路信号与通信、高速铁路动车组列车、高速铁路供电、高速铁路运输工作组织与管理、高速铁路客运组织等。

本书为职业院校铁道运输类专业教材，可供行业从业人员培训使用，亦可供相关人员学习参考。

本书配有主编讲课视频，读者可扫描书中二维码观看，相关教学课件可以加入“职教铁路教学研讨群（教师专用 QQ 群号：211163250）”免费获取。

图书在版编目（CIP）数据

高速铁路概论/杨松尧，谢迎春主编. —北京：人民交通出版社股份有限公司，2021. 1（2024. 9 重印）

ISBN 978-7-114-16857-4

Ⅰ. ①高… Ⅱ. ①杨…②谢… Ⅲ. ①高速铁路—概论—职业教育—教材 Ⅳ. ①U238

中国版本图书馆 CIP 数据核字（2020）第 180688 号

辽宁省职业教育“十四五”规划教材
职业教育高速铁路客运服务专业系列教材

书　　名：高速铁路概论
著 作 者：杨松尧　谢迎春
责任编辑：袁　方　杨　思
责任校对：孙国靖　魏佳宁
责任印制：张　凯
出版发行：人民交通出版社股份有限公司
地　　址：（100011）北京市朝阳区安定门外外馆斜街 3 号
网　　址：http://www.ccpcl.com.cn
销售电话：（010）59757973
总 经 销：人民交通出版社股份有限公司发行部
经　　销：各地新华书店
印　　刷：北京科印技术咨询服务有限公司数码印刷分部
开　　本：787 × 1092　1/16
印　　张：13
字　　数：308 千
版　　次：2021 年 1 月　第 1 版
印　　次：2024 年 9 月　第 6 次印刷
书　　号：ISBN 978-7-114-16857-4
定　　价：42.00 元

前言 Preface

【编写背景】

高速铁路不仅是一种运输方式还是一个集科学技术、制造工艺、运营管理为一体的系统工程，是铁路运输最新科技的代表。我国在引进、消化、吸收外国技术的基础上，经过10多年的发展，形成“四纵四横”高速铁路网络，成为世界上名副其实的高铁大国。

随着我国高速铁路事业进入新的发展阶段，铁路运输对技术技能人才业务素质和技术水平提出了新的需求。为了适应产业发展、促进毕业生就业，铁路类职业院校不断优化人才培养方案，深化课程体系改革，为高速铁路建设和运营提供优质人才资源。

【教材定位】

《高速铁路概论》教材是基于铁道交通运营管理专业课程体系改革成果而编写的教材。本教材依据《国家职业教育改革实施方案》《职业院校教材管理办法》《职业教育提质培优行动计划(2020—2023年)》《中共中央关于制定国民经济和社会发展第十四个五年规划和二〇三五年远景目标的建议》等相关政策文件，充分发挥“轨道交通职教集团”的校企合作优势，由校企专家共同编写。

【教材特色】

(1)本教材在内容上与《铁路技术管理规程(高速铁路部分)》进行对接，符合行业标准；在技能上与铁路“车、机、工、电、辆、供电”各个岗位群对接，符合铁路生产实际，同时配套优质的数字教学资源，适用于学校教学企业培训以及网络学习。由于高速铁路具有技术先进，设备、工艺更新快的特点，教材也将随着新技术、新工艺的应用，对知识进行及时动态更新。

(2)本教材是根据课堂教学讲义凝练而成，讲义内容经过多年的教育教学实践检验，得到普遍认可，在教育教学实践中反映良好，有效提高了教学水平和教育质量。

(3)在教学设计层面，采用章节教学和案例教学相结合的教学方式。全书共七章，主要内容包括：高速铁路概述、高速铁路线路、高速铁路信号与通信、高速铁路动车组列车、高速铁路供电、高速铁路运输工作组织与管理、高速铁路客运组织等。在章节内设置案例和技能训练，对重点内容进行强化训练和拓展学习。本教材还在全书最后设置课程参考标准，辅助教学和学习。

【编写组织】

为了使教材编写更贴近企业生产实际，编写团队由同行业院校的教授、具有企业经验的“双师型”教师、企业的高级工程师构成。具体编写分工为：辽宁铁道职业技术学院谢迎春编写第一章、第六章，辽宁铁道职业技术学院孙冲编写第二章，辽宁铁道职业技术学院刘佳编写第三章、第五章第二、三节，南京铁道职业技术学院嵇昊威编写第四章第一、二、三节，辽宁铁道职业技术学院杨松尧编写第四章第四、五节和第七章，中国铁路沈阳局集团有限公司锦州站黄雪辉编写第五章第一节。全书由谢迎春统稿，由北京交通大学毛保华教授、中国铁路沈阳局集团有限公司运输处高级工程师冯春祥主审。

由于编者水平有限，书中难免存在疏漏和不足，敬请各位读者指正。

编　者

2020 年 10 月

目录 Contents

第一章　高速铁路概述

本章概述

本章主要讲述高速铁路的发展史;世界高速铁路发展的三个阶段;世界各国高速铁路建设成就;中国铁路发展史和高速铁路发展史,我国高速铁路的基本类型;我国高速铁路远期规划“八纵八横”;高速铁路的社会效益和经济效益。

建议学时

6 学时

铁路运输发展史,实际上就是不断提高运输速度的创新史。科技的进步、世界人口的增长和经济的发展,使人们对交通工具的数量和质量提出了更高的要求。各种交通工具的竞争,加速了运输产品的更迭,高速铁路也应运而生。高速铁路是世界铁路的一项重大技术成就,它集中反映了一个国家铁路牵引动力、线路结构、高速运行控制、高速运输组织和经营管理等方面的技术进步,也体现了一个国家的科技和工业水平。

高速铁路的定义伴随着高速铁路的发展建设而逐步完善。1970 年 5 月,日本在第 71 号法律《全国新干线铁路整备法》中规定:列车在主要区间能以 200km/h 以上速度运行的干线铁道称为高速铁路。日本是世界上第一个以法律条文的形式给高速铁路下定义的国家。1985 年 5 月,联合国欧洲经济委员会将高速铁路的列车运行速度规定为:客运专线 300km/h,客货混线 250km/h。目前,世界上对铁路速度的分档的一般规定为:速度 100 ~ 120km/h 称为常速,速度 120 ~ 160km/h 称为中速,速度 160 ~ 200km/h 称为准高速,速度 200 ~ 420km/h 称为高速,速度 400km/h 以上称为特高速。2009 年,我国《高速铁路设计规范》中规定:新建铁路旅客列车设计最高行车速度达到 250km/h 及以上的铁路,称为高速铁路。

高速铁路促进了地区经济的发展和城市化进程,在经济发达、人口密集地区的社会效益和经济效益尤为突出。截至 2018 年底的数据显示,全世界高速铁路运营里程约 5 万 km,其中中国 29000km、西班牙 3100km、德国 3038km、日本 2765km、法国 2658km、瑞典 1706km、土耳其 1420km、英国 1377km、意大利 923km、韩国 880km。截至 2020 年底,世界上正在建设高速铁路的国家有近二十个,欧洲国家还计划把各国高速铁路建成泛欧高速铁路网。

第一节　世界高速铁路发展概述

一、铁路发展史

1760—1840 年，以蒸汽机的发明和运用为代表的第一次工业革命直接推动了铁路的诞生。1825 年，英国修建了世界第一条蒸汽机车牵引的铁路（斯托克—达林顿铁路），开创了陆上运输的新纪元。1870—1913 年，铁路建设迅速发展，世界铁路营业里程达 110 万 km。1870—1910 年，在以电力的广泛应用为代表的第二次工业革命时期，内燃机车、电力机车的广泛应用，又一次推动铁路快速发展。第二次世界大战以后，在以信息技术和自动化技术为标志的第三次工业革命浪潮推动下，世界交通领域格局发生变化，公路、航空、管道运输推动现代化交通运输方式不断发展。铁路发展陷入低谷，一度被视为夕阳产业。

1964 年，世界上第一条高速铁路——东海道新干线在日本建成，这是世界铁路发展史的一个新起点。高速铁路的诞生和成功应用，让人们重新审视铁路的价值。经过几十年的发展，法国、德国、意大利、西班牙、中国等十余个国家先后拥有高速铁路，铁路的发展进入新时代。

二、世界高速铁路发展阶段

世界高速铁路的发展，大体经历了三个阶段。

第一阶段，20 世纪 60 ~ 80 年代，为高速铁路发展初期阶段。在此阶段，日本、法国、意大利、德国都先后开始了高速铁路建设，掀起了高速铁路建设的第一个高潮，建成高速铁路近 3000km。日本在 1959—1989 年，先后建成了东海道新干线、山阳新干线、上越新干线、东北新干线，完成了日本新干线主体网络结构。法国在 1976—1983 年，先后建成了法国高速铁路系统（TGV）东南线、TGV 大西洋线。德国在 1988—1991 年，建成了汉诺威—威尔茨堡线和曼海姆—斯图加特线。意大利在 1970—1992 年建成了罗马—佛罗伦萨线。

第二阶段，20 世纪 80 年代末至 20 世纪 90 年代中期，为高速铁路建设的第二个浪潮。日本和法国在高速铁路建设上的巨大成就影响了很多国家，推动了各国对高速铁路的研究和建设。这一时期，西班牙、比利时、荷兰、瑞典、英国等国家开始大规模高速铁路建设。1992 年，西班牙引进了法、德两国技术，建成了马德里—塞维利的高速铁路，全长 471km；1994 年，法国、英国建成了第一条高速铁路国际连接线。1997 年，法国、比利时、荷兰、德国高速铁路网络连接。1996 年，日本开通了福岛新干线、山行新干线，为既有线提速改造开创了一个新思路。

第三阶段，20 世纪 90 年代后期至今，是高速铁路建设研究的第三个浪潮。1998 年，第三次世界高速铁路大会在德国召开，会议提出了地面交通系统全球化标准，本次会议将高速铁路发展推向新的高潮。本阶段高速铁路建设、研究又一次迅速发展，正在修建和规划修建高速铁路的国家和地区达 20 多个，北美、澳大利亚、亚洲及整个欧洲出现“铁路复兴运动”。中国、美国、加拿大、印度、俄罗斯、捷克等国都积极筹建高速铁路，有些国家和地区已形成高速铁路网。

三、世界各国高速铁路成就及特色

经过几十年的发展，高速铁路建设运营体系日趋完善，高速铁路以其快速、便捷、安全和舒适等特点受到世界各国的青睐。

日本高速铁路已成为日本陆上交通运输网络的支柱。日本东海道新干线是一条客运专线，线路设计允许最高速度350km/h，列车实际运行最高速度270km/h。该线路在建成通车以后，在夜间停运进行线路养护的情况下，东京与大阪之间日均客流量达36万人次；该线路年运量稳定在约1.2亿人次，该线路里程约占日本铁路线路总里程的9%，而完成的旅客周转量占总旅客周转量的33%，经济效益和社会效益都很显著。

法国从20世纪70年代开始修建高速铁路，已建成高速铁路1872km。从巴黎开出的欧洲之星(Eurostar)列车和大力士(Thalys)列车，穿行于法国、比利时、荷兰和德国之间，铁路快速运输开始走向国际化。

德国是世界上较早研究高速铁路技术的国家，1903年德国采用电力牵引，试验速度已达到210km/h。城际特快列车(ICE)的研究开始于1979年，其内部制造原理和制式与法国TGV有很大相似之处，目前的最高速度是1988年创下的409km/h。德国高速铁路的发展是把既有线路改造、新建高速线、发展摆式列车三者紧密结合起来的。

瑞典铁道部门针对本国地形特征，通过摆式列车实现铁路高速化。摆式列车的技术特点可以概括为：列车在曲线运行时自主摆动，提高通过曲线的速度，从而提高列车区间运行速度。

西班牙高速铁路采用高、中速混跑的运输模式，西班牙高速铁路(AVE)高速动车组、Talgo摆式车体列车共线运行，线路设计允许最高速度300km/h，列车最高运行速度250～270km/h。

韩国首尔—釜山高速铁路是连接天安、大田、大邱、釜山等城市的一条主要干线，全长412km，线路最高运行速度300km/h，高峰时最小运行间隔为3min。首尔—大邱线路采用KTX高速列车，最高速度300km/h。

日本、法国和德国在修建本国的高速铁路时，都投入了大量的研究开发经费，拥有自主知识产权，成为当今世界上三个较强的高速铁路技术保有国。法国的高速铁路是客运专线，但是SernamSX200特快货物列车利用夜间高速列车停运的时间段可以在高速铁路上行驶，最高速度达到160km/h，并将逐步提高到200km/h。德国的高速铁路是客货混运型，货物列车只在夜间旅客列车停运的时间内行驶。

归纳起来，国外建设高速铁路有下列几种模式：

(1)日本模式。全部修建新线，旅客列车专用。

(2)法国模式。部分修建新线，部分旧线改造，放客列车专用。

(3)德国模式。部分修建新线，部分旧线改造，旅客列车及货物列车混用。

四、高速铁路系统的构成

现在高速铁路已经形成独立的体系结构。高速铁路系统包括工务工程、牵引供电、通信信号、动车组、运营管理、客运服务等六大模块，高速铁路系统的构成如图1-1所示。

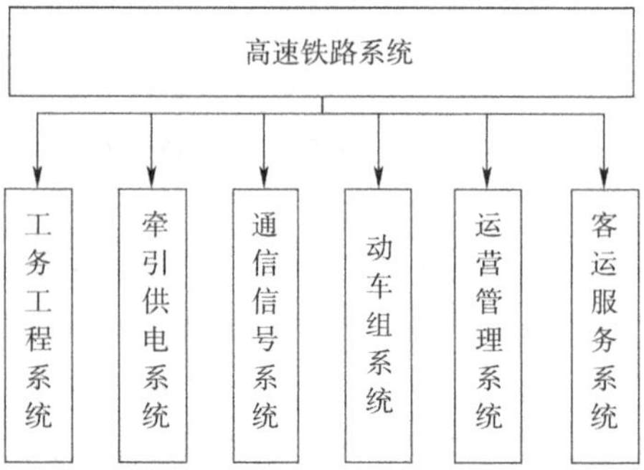

图 1-1　高速铁路系统构成图

(1)工务工程系统:为高速运行的机车车辆提供高平顺性与高稳定性轨面条件并建立严格的线路状态监测和保障轨道持久平顺的科学管理系统。

(2)牵引供电系统:为高速铁路列车提供稳定、高质量的电流。

(3)通信信号系统:能及时准确地完成列车运行的各种调度命令和信息的传输,是列车高速、安全运行的重要保证。

(4)动车组系统:以整体固定编组为特征的高速铁路专用列车,具有复杂牵引传动与控制、计算机网络控制、车载运行控制等关键技术的系统。

(5)运营管理系统:是完成高速铁路运输组织的根本保证,主要通过编制列车运行计划和基础设施维修计划来实现对列车的指挥并组织运行工作。

(6)客运服务系统:处理与旅客服务相关事件的系统,包括发售车票、组织旅客乘降、客户服务、列车服务等。

想一想:铁路作为夕阳产业,为什么高速铁路在世界范围内迅速发展?

做一做:请同学们在互联网上查阅日本和欧洲国家的高速铁路发展和哪些技术有关。

知识拓展

日本新干线

日本为促进经济发展,全面加强连接京滨、中京、阪神三大工商业地带及周围地区的东海道铁路干线已成迫切需要,日本国铁主张直接铺设新线路,为了有别于现有的铁路,称之为“新干线”。

截至 2018 年,日本有 9 条新干线,其中包括 2 条线路较短的“迷你新干线”,将日本大多数的重要城市连接起来。1964 年 10 月 1 日东京奥运会前夕,新干线开始通车运营,第一条路线是连接东京与新大阪之间的东海道新干线。这条路线也是全世界第一条投入商业运营的高速铁路系统。每年约有 2 亿人次乘坐,运输量占日本铁路的 30%,营业收入占 45%。

新干线采用动力分散的运行方式,所谓动力分散,是指每节车厢的车轮都安装了驱动装置——牵引电机,将列车的动力分散到各节车厢。随着半导体技术的迅速发展和应用,新干线列车的制动系统由原来的空气制动改为电-空联合制动与再生制动,使用再生制动的列车在制动时会将电机的接线反接,这时电动机就变成了发电机,将列车制动时的巨大动能转化为电能,发出的电能通过转换以后可回馈牵引电网进行重新利用,从而可节省能源。同时,列车的电气控制系统由逆变器控制(GTO 控制)转向了更先进的交流电变频控制(VVVF控制),进一步提高了运行效率,节省电能。

新干线设有多重安全系统。新干线不仅在东京和大阪分别设置了对各条线路上行驶的列车进行监视和远距离控制的中央控制系统,每条线路还安装了列车运行自动控制系统(ATC)。所谓ATC,就是将前方列车的位置、转辙器和路轨状况等信号转换成特定频率的电流,通过一段段铁轨组成的封闭回路传给车载信号器,列车据此自动地调整行驶速度或停止运行,这种车内信号虽也通过驾驶台上的显示盘同步显示出来,但并不需要司机操作。

第二节 我国高速铁路发展概述

一、我国铁路发展史

(一)1949年之前的铁路

1. 中国的第一条铁路——吴淞铁路

吴淞铁路是清光绪二年(1876年)以英国怡和洋行为首的英国资本集团擅自修建的铁路,翌年清政府赎回拆除。

吴淞铁路是一条窄轨铁路,全长14.5km,轨距宽0.762m,路基约宽4.6m,高1m,使用13kg/m的轻型钢轨,枕木长1.4m,宽约15cm。

2. 中国自建的第一条铁路——唐胥铁路

唐胥铁路是中国自建的第一条铁路,起自唐山,止于胥各庄(今河北省唐山市丰南区),长9.7km。唐胥铁路由清政府批准,英籍工程师金达(C. W. Kinder)监修,开平矿务局出资修建,轨距为1435mm,采用15kg/m的钢轨。唐胥铁路1881年11月建成后,清政府以机车行驶震及皇帝陵园为由,只准许以骡、马曳引车辆,所以被称为“马车铁路”,次年(1882年)改用机车牵引。1887年,唐胥铁路延修至芦台,1888年展筑至天津,全长130km,命名为津唐铁路。

3. 中国人自行投资、设计和建造的铁路——京张铁路

京张铁路为詹天佑主持修建,它连接北京丰台区,经八达岭、居庸关、沙城、宣化等地至河北张家口,全长201.2km,1905年9月开工修建,于1909年建成,现为京包线的京张段。京张铁路是中国人自行设计和建造的第一条干线铁路,全程分为三段:第一段丰台至南口段,于1906年9月30日全部通车;第二段南口至青龙桥关沟段,关沟段穿越军都山,最大坡度为33‰,曲线半径182.5m,隧道四座,长1644m;第三段康庄到张家口。

京张铁路需打通居庸关、五桂头、石佛寺、八达岭四条隧道,最长的八达岭隧道长1091m。为了提高施工效率,詹天佑采用直井凿法,在南北两头同时向隧道中间点凿进的同时,在隧道中部开凿两个直井,分别可以向相反方向进行开凿;为了加快翻越八达岭,詹天佑借鉴美国早期修铁路的经验,决定将线路引进青龙桥东沟设站,并在此折返通过八达岭,把铁路铺成人字形(也称之字形)折返线,用两台机车推挽运行,把线路坡度提高到33‰,从而

提高了线路与隧道的高度，使八达岭隧道长度缩短近一半，从最初设计的 1800m 缩短到 1091m。

1949 年以前，中国铁路的产生和发展，是和帝国主义对我国的侵略紧密相连的，造成我国铁路发展既缓慢又畸形。到 1949 年时，全国修建铁路仅有 2 万多公里。

（二）1949 年之后的铁路

1949 年之后的铁路事业，是在修复战争破坏的既有铁路基础上进行的。无论是在技术改造、新线规划，还是在运营管理、科技进步等方面，我国都取得了举世瞩目的成就。

此阶段修建的第一条铁路是 1950 年动工的成渝铁路；1958 年修建的宝成铁路，跨越了秦岭，拉开了我国电气化铁路的序幕；1970 年建成的成昆铁路，克服了复杂的地质地形条件，号称世界铁路的“地质博物馆”；1987 年，在京广铁路上修建了长达 14.295km 的大瑶山隧道，标志着我国隧道修建达到世界先进水平；20 世纪 90 年代修建的大秦铁路，标志着我国的铁路重载技术和运输组织管理向现代化迈出了重要一步。青藏铁路是世界上海拔最高、线路最长的高原铁路。

在高速铁路建设方面，我国经过引进、模仿、消化到自主创新四个阶段，成为继日本、法国、德国之后，能够自主研发 300km/h 动车组的国家，高速铁路建设运营达到世界领先水平。

二、我国高速铁路的产生及发展

（一）我国高速铁路产生的基础

1994 年，我国第一条准高速铁路——广州至深圳铁路建成并投入运营，其旅客列车运营速度为 160～200km/h，不仅在技术上实现了质的飞跃，更主要的是通过科研与试验、引进和开发，为建设我国高速铁路做好了前期准备，成为我国铁路高速化的起点。

1997—2007 年的 10 年间，我国铁路既有线进行了六次大提速，提速线路延展里程达 1.6 万 km，其中速度 200km/h 的线路达 6003km，部分区段允许速度甚至达到 250km/h，并且开行了以动车组为代表的城际快速列车和中心城市间的快速列车。

2003 年，我国第一条客运专线秦皇岛至沈阳客运专线建成并投入运营。秦沈线由我国自主研究、设计、施工，目标速度 200km/h，基础设施预留 250km/h 高速列车运行条件。秦沈线的建设和运营实践，探索并积累了适合我国国情的高速客运专线的技术标准、施工方法、运营管理及维护等一系列技术和经验。

我国台湾地区南北高速铁路规划设计开始于 1998 年，于 2000 年 3 月动工修建，2007 年 1 月正式运营。线路自台北至高雄左营，全长 345km，速度目标值为 350km/h，建成后运营速度为 250～300km/h。每天开行 150 对旅客列车，最小发车间隔为 3min，台北到高雄的旅行时间为 1.5h。

（二）我国高速铁路的跨越式发展

2008 年 8 月 1 日，我国第一条城际客运专线北京至天津城际高速铁路建成并成功投入运营。该线路全长 120km，最高运行速度达到 350km/h。2009 年 12 月 26 日，武汉至广州高速铁路开通运营。武广高速铁路全长约 1096km。列车最高运营速度达到 350km/h，最高试验速度达到 394km/h。2010 年 2 月 6 日，世界首条修建在湿陷性黄土地区，速度 350km/h 的郑西高速铁路开通运营。2011 年 6 月 30 日，一次建成运营里程最长的京沪高速铁路正式运营。随着"四纵四横"快速客运网络建设的全面推进，京津、沪宁、京沪、京广、京哈等一批设计速度 350km/h、具有世界先进水平的高速铁路建成、运营，使我国逐步积累起中国特色的高速铁路建设、运营经验。

纵观我国高速铁路的发展，可以分为两个阶段：20 世纪 80 年代后期至 2004 年，是我国高速铁路发展和建设的理论准备与技术经验储备阶段；2004 年至今，是我国高速铁路大规模建设阶段。截至 2019 年底，我国高速铁路营业里程达到 3.5 万 km，超过世界高速铁路总里程的三分之二，我国高速铁路动车组累计运输旅客突破 90 亿人次，高速铁路的安全可靠性和运输效率世界领先。我国已建立省会城市及大中城市间的快速客运通道，建成"四纵四横"铁路快速通道以及主要大中城市间的城际快速客运系统，建设客运专线 1.6 万 km 以上，构成我国高速铁路的基本框架，以解决我国铁路运力不足和满足社会经济发展的需要。

三、我国高速铁路的基本类型

我国目前的高速铁路大致可按以下标准分类。

1. 根据速度等级分类

(1)设计速度 300km/h 及以上的高速铁路，如京沪、京广高速铁路等。

(2)设计速度 200 ~ 250km/h 的高速铁路，如南温、合武等高速铁路。

2. 根据采用的基本运输组织模式分类

(1)客运专线，如京沪、京广高速铁路等。

(2)客货共线的高速铁路，如合武、石太高速铁路等。

3. 根据线路在高速铁路网中的功能分类

(1)通道型高速铁路，如京沪、哈大高速铁路等。

(2)城际型高速铁路，如京津、沪宁高速铁路等。

四、高速铁路的发展趋势

1. 铁路网络进一步完善

目前，我国"四纵四横"高速铁路网络已经形成，未来将建成更完善的高速铁路网络。《中长期铁路网规划》指出，到 2025 年，铁路网规模达到约 17.5 万 km，其中高速铁路约 3.8 万 km，网络覆盖进一步扩大，路网结构更加优化，骨干作用更加显著，更好发挥铁路对经济社会发展的保障作用。展望到 2030 年，基本实现内外互联互通、区际多路畅通、省会高速铁路连通、地市快速通达、县域基本覆盖。

(1)完善广覆盖的全国铁路网。连接 20 万人口以上城市、资源富集区、货物主要集散地、主要港口及口岸，基本覆盖县级以上行政区，形成便捷高效的现代铁路物流网络，构建全方位的开发开放通道，提供覆盖广泛的铁路运输公共服务。

(2)建成现代的高速铁路网。连接主要城市群，基本连接省会城市和其他 50 万人口以上大中城市，形成以特大城市为中心覆盖全国、以省会城市为支点覆盖周边的高速铁路网。实现相邻大中城市间 1 ~ 4h 交通圈，城市群内 0.5 ~ 2h 交通圈。提供安全可靠、优质高效、舒适便捷的旅客运输服务。

(3)打造一体化的综合交通枢纽。与其他交通方式高效衔接,形成系统配套、一体便捷、站城融合的铁路枢纽,实现客运换乘"零距离"、物流衔接"无缝化"、运输服务"一体化"。

2.新技术新装备在高速铁路中广泛应用

京张高速铁路于2019年12月30日正式开通运营,标志我国高速铁路进入智能化时代。京张高速铁路是中国第一条采用自主研发的北斗卫星导航系统和有人值守无人驾驶技术,设计速度350km/h的智能化高速铁路。随着北斗技术的民用,无线通信技术的高速发展,无人驾驶技术不断完善,我国的高速铁路会不断地进行装备升级,朝着高速铁路智能建造、智能装备和智能运营方向发展。

3."一带一路"倡议与中国高速铁路品牌

基础设施互联互通是"一带一路"倡议的优先领域。中国高速铁路现已形成拥有独立自主知识产权的完整产业链,高速铁路是沟通世界的桥梁。相关国际合作铁路的建设,表明中国高速铁路正在用实际行动践行"一带一路"倡议,中国高速铁路必将在"一带一路"基础设施建设中发挥越来越重要的作用。

想一想:为什么中国高速铁路的发展建设模式和欧洲国家及日本大不相同?

做一做:中华人民共和国成立以来中国的各种运输方式高速发展,请同学们观看央视纪录片——《中国路》,加强对中国交通发展的了解。

知识拓展

中长期铁路网规划——"八纵八横"

为满足快速增长的客运需求,优化拓展区域发展空间,在"四纵四横"高速铁路的基础上,增加客流支撑、标准适宜、发展需要的高速铁路,部分利用速度200km/h铁路,形成以"八纵八横"主通道为骨架、区域连接线衔接、城际铁路补充的高速铁路网,实现省会城市高速铁路通达、区际高效便捷相连。因地制宜、科学确定高速铁路建设标准。高速铁路主通道规划新增项目原则采用速度250km/h及以上标准(地形、地质及气候条件复杂困难地区可以适当降低),其中沿线人口城镇稠密、经济比较发达、贯通特大城市的铁路可采用速度350km/h标准。区域铁路连接线原则采用速度250km/h及以下标准。城际铁路原则采用速度200km/h及以下标准。

一、构筑"八纵八横"高速铁路主通道

1."八纵"通道

(1)沿海通道。大连(丹东)—秦皇岛—天津—东营—潍坊—青岛(烟台)—连云港—盐城—南通—上海—宁波—福州—厦门—深圳—湛江—北海(防城港)高速铁路(其中青岛至盐城段利用青连、连盐铁路,南通至上海段利用沪通铁路),连接东部沿海地区,贯通京津冀、辽中南、山东半岛、东陇海、长三角、海峡西岸、珠三角、北部湾等城市群。

(2)京沪通道。北京—天津—济南—南京—上海(杭州)高速铁路,包括南京—杭州、蚌埠—合肥—杭州高速铁路,同时通过北京—天津—东营—潍坊—临沂—淮安—扬州—南通—上海高速铁路,连接华北、华东地区,贯通京津冀、长三角等城市群。

(3)京港(台)通道。北京—衡水—菏泽—商丘—阜阳—合肥(黄冈)—九江—南昌—赣州—深圳—香港(九龙)高速铁路;另一支线为合肥—福州—台北高速铁路,包括南昌—福州(莆田)铁路。连接华北、华中、华东、华南地区,贯通京津冀、长江中游、海峡西岸、珠三角等城市群。

(4)京哈—京港澳通道。哈尔滨—长春—沈阳—北京—石家庄—郑州—武汉—长沙—广州—深圳—香港高速铁路,包括广州—珠海—澳门高速铁路。连接东北、华北、华中、华南、港澳地区,贯通哈长、辽中南、京津冀、中原、长江中游、珠三角等城市群。

(5)呼南通道。呼和浩特—大同—太原—郑州—襄阳—常德—益阳—邵阳—永州—桂林—南宁高速铁路。连接华北、中原、华中、华南地区,贯通呼包鄂榆、山西中部、中原、长江中游、北部湾等城市群。

(6)京昆通道。北京—石家庄—太原—西安—成都(重庆)—昆明高速铁路,包括北京—张家口—大同—太原高速铁路。连接华北、西北、西南地区,贯通京津冀、太原、关中平原、成渝、滇中等城市群。

(7)包(银)海通道。包头—延安—西安—重庆—贵阳—南宁—湛江—海口(三亚)高速铁路,包括银川—西安以及海南环岛高速铁路。连接西北、西南、华南地区,贯通呼包鄂、宁夏沿黄、关中平原、成渝、黔中、北部湾等城市群。

(8)兰(西)广通道。兰州(西宁)—成都(重庆)—贵阳—广州高速铁路。连接西北、西南、华南地区,贯通兰西、成渝、黔中、珠三角等城市群。

2.“八横”通道

(1)绥满通道。绥芬河—牡丹江—哈尔滨—齐齐哈尔—海拉尔—满洲里高速铁路。连接黑龙江及蒙东地区。

(2)京兰通道。北京—呼和浩特—银川—兰州高速铁路。连接华北、西北地区,贯通京津冀、呼包鄂、宁夏沿黄、兰西等城市群。

(3)青银通道。青岛—济南—石家庄—太原—银川高速铁路(其中绥德至银川段利用太中银铁路)。连接华东、华北、西北地区,贯通山东半岛、京津冀、太原、宁夏沿黄等城市群。

(4)陆桥通道。连云港—徐州—郑州—西安—兰州—西宁—乌鲁木齐高速铁路。连接华东、华中、西北地区,贯通东陇海、中原、关中平原、兰西、天山北坡等城市群。

(5)沿江通道。上海—南京—合肥—武汉—重庆—成都高速铁路,包括南京—安庆—九江—武汉—宜昌—重庆、万州—达州—遂宁—成都高速铁路(其中成都至遂宁段利用达成铁路),连接华东、华中、西南地区,贯通长三角、长江中游、成渝等城市群。

(6)沪昆通道。上海—杭州—南昌—长沙—贵阳—昆明高速铁路。连接华东、华中、西南地区,贯通长三角、长江中游、黔中、滇中等城市群。

(7)厦渝通道。厦门—龙岩—赣州—长沙—常德—张家界—黔江—重庆高速铁路

(其中厦门至赣州段利用龙厦铁路、赣龙铁路,常德至黔江段利用黔张常铁路)。连接海峡西岸、中南、西南地区,贯通海峡西岸、长江中游、成渝等城市群。

(8)广昆通道。广州—南宁—昆明高速铁路。连接华南、西南地区,贯通珠三角、北部湾、滇中等城市群。

二、拓展区域铁路连接线

在"八纵八横"主通道的基础上,规划建设高速铁路区域连接线,进一步完善路网、扩大覆盖。

东部地区。北京—唐山、天津—承德、日照—临沂—菏泽—兰考、上海—湖州、南通—苏州—嘉兴、杭州—温州、合肥—新沂、龙岩—梅州—龙川、梅州—汕头、广州—汕尾等铁路。

东北地区。齐齐哈尔—乌兰浩特—白城—通辽、佳木斯—牡丹江—敦化—通化—沈阳、赤峰和通辽至京沈高速铁路连接线、朝阳—盘锦等铁路。

中部地区。郑州—阜阳、郑州—濮阳—聊城—济南、黄冈—安庆—黄山、巴东—宜昌、宣城—绩溪、南昌—景德镇—黄山、石门—张家界—吉首—怀化等铁路。

西部地区。玉屏—铜仁—吉首、绵阳—遂宁—内江—自贡、昭通—六盘水、兰州—张掖、贵港—玉林等铁路。

三、发展城际客运铁路

在优先利用高速铁路、普速铁路开行城际列车服务城际功能的同时,规划建设支撑和引领新型城镇化发展、有效连接大中城市与中心城镇、服务通勤功能的城市群城际客运铁路。京津冀、长三角、珠三角、长江中游、成渝、中原、山东半岛等城市群,建成城际铁路网;海峡西岸、哈长、辽中南、关中、北部湾等城市群,建成城际铁路骨架网;滇中、黔中、天山北坡、宁夏沿黄、呼包鄂榆等城市群,建成城际铁路骨干通道。

第三节　高速铁路的社会效益和经济效益

高速铁路自从诞生以来,对世界各国的社会经济发展产生了重要的推动作用。高速铁路的建设运营对沿线区域经济和全国经济发展起着重要作用。高速铁路速度快、运量大、舒适性强等特点改变了航空、高速公路在高速运输系统中的格局,其优势具体表现在以下几个方面。

一、行车密度高、运输能力大

高速铁路发车间隔最短为 3 ~4min,在繁忙线路上高速铁路开行频率比公共汽车还要密集。一条普通客运双线铁路双向年输送能力可达 1.4 亿人 · km,一条高速客运双线铁路双向年输送能力则可达 2.4 亿人 · km,其客运能力相当于 6 ~8 条高速公路的客运能力。

二、安全、正点

任何交通工具都有发生重大事故的可能,相对而言高速列车比其他任何交通工具(包括普速铁路)的安全性都高。据日本 1982—1988 年的实际统计,每 1 亿人 · km 的死亡率:普速铁路为0.005人,大客车为0.082人,小型汽车平均为1.518人,而高速铁路为0。在运行正点方面,我国目前高速动车组列车运行正点率平均保持在97%以上。

三、旅行速度快、旅行时间短

当旅行速度达约250km/h时,约500km距离可当日内往返,约1000km距离可半日到达、当晚返回,一定天窗形式下开行夕发朝至列车,则约2000km距离可夕发朝至。如果运行速度达300~350km/h时,旅行时间将进一步缩短。以北京到上海为例,在正常天气情况下,乘飞机的全程旅行时间(含市区至机场、候检等全部时间)约5h,如果乘高速铁路的直达列车,全程旅行时间则为4h,与飞机相当。

四、减轻环境污染和减少能源消耗

高速铁路使用二次能源——电能,与汽车、飞机使用汽油/煤油相比较,能耗低,并且对环境污染程度小。

根据相关统计,高速铁路的能耗和公共汽车相当,相同里程下仅为小汽车的1/6、飞机的1/5。

汽车、飞机的主要燃料是汽油/煤油,在运输过程中会排放大量二氧化碳、一氧化碳、三氧化硫等有害物质,会对环境造成污染。高速铁路对环境的负面影响主要是振动、噪声和电磁波,且其影响范围在沿线一定宽度地带之内。为此,高速铁路采取了一系列减振、降噪措施,如采用超区间长的无缝钢轨和通过维修养护保持轨面良好的平顺性,桥面和轨道结构设置减振垫层等车和路相协调的措施,以减少车、桥、路的振动和振动所产生的噪声。

五、对社会经济发展产生巨大推动作用

高速铁路不仅成为中远距离出行的主要方式,也成为加速区域间人口和经济交流的助推器,高速铁路所经过的区域,经济变得更加紧密和富有活力,利用繁华的大都市带动区域经济全面发展。以京沪高速铁路为例,沿线所经过的区域覆盖全国1/4的人口,百万人口以上的城市就有14个,连通了整个环渤海和长江三角洲经济带。根据有关部门统计,北京—上海的直达客流日均1万人,占总发送人数的3%,另外97%的客流都是站间客流,说明京沪高速铁路对沿线的经济拉动作用和站间旅客交流作用是十分巨大的。

20世纪的年代初,制约日本东京、大阪和名古屋三大城市发展的一大障碍,便是既有东海道本线的运输能力达到了极限。新干线建成以后,高速铁路连接了三大城市,增加和加速了人员、物资往来,提高了产业活动效率,使沿线三个地区的产值很快达到了全国的70%,增强了日本产业的国际竞争力,促进了日本经济的增长。据日本对高速铁路的运营统计,一年可减少4亿h的旅行时间,相当于约5000亿日元的社会经济效益。

从高速铁路发达的日本、法国和德国等国高速铁路的经营情况可以看出,一条高速铁路一旦建成,其客运量将迅速增长,都超过了原来的预测,运营十年后均可还清全部建设资金,运营成本低,盈利能力强。各国都有将高速铁路盈余贴补至普速铁路,以减少普速铁路亏损的情况。高速铁路既对社会经济发展做出了贡献,也为企业本身积累了大量资金。

为了实现高速铁路超高的旅行速度、精准的到开时刻,列车需要跨越江河、峡谷、穿越高山,需要与之配套的高荷载、超长的桥梁、隧道等工程。而这些工程难度大、造价高,许多项

目需要自主研发，对于产业升级的作用是巨大的。高速铁路产业的发展，将带动社会基础产业，如钢铁、能源、建筑等产业的迅猛发展，对经济发展和科技创新也具有重要的促进作用。

想一想：中国高速铁路的高速发展会带动哪些相关产业发展？

做一做：高速铁路运输运量大、连续性好、速度快、安全性高、适应性强，直接连通经济区，加快经济区之间的交流，促进了经济增长。请同学们在网上查阅中国高速铁路发展带动经济发展的案例。

知识拓展

京沪高速铁路

京沪高速铁路线路由北京南站至上海虹桥站，全长1318km，纵贯北京、天津、上海三个直辖市和河北、山东、安徽、江苏四省，连接京津冀和长江三角洲两大城市群。总投资约2209亿元，设23个车站。基础设施设计速度为380km/h，截至2019年，最高运营速度为350km/h（由CR400系列"复兴号"列车担当）。

京沪高速铁路线路自北京南站西端引出，经天津设天津南站并与天津西站间修建联络线连接；向南沿京沪高速公路，在G3京沪高速公路黄河桥下游3km处跨黄河，在济南市西侧设济南西站；向南沿京福高速公路东侧南行至泰安泰山景区。在徐州市东部新设徐州东站；于蚌埠新淮河铁路桥下游1.2km处跨淮河设蚌埠南站，至长江北岸设江北第一站滁州站，渡过长江，在长江南岸设南京南站，东行经镇江、丹阳、常州、无锡、苏州、昆山，终到站为上海虹桥站。天津、济南、徐州等枢纽地区通过修建联络线引入既有站。

一、京沪高速铁路基本技术参数

设计最高速度为380km/h，当前运营速度为350km/h。

车辆基地：北京动车段、济南西动车组运用所、南京动车所、上海动车所。

线路类型：双线电气化，无砟轨道，无缝钢轨。

最大坡度：20‰。

最小曲线半径：一般9000~12000m，困难7000m。

线间距：5.0m。

隧道净空面积：100m^2。

到发线有效长度：650m。

车体：CRH2A、CRH2C、CRH380A（L）、CRH380B（L）、CRH380CL、CRH380D、CR400AF、CR400BF。

二、京沪高速铁路线路上的工程

1. 北京南站

位于北京市南二环与南三环之间，是集高速铁路、城际铁路、普速铁路、市郊铁路、地铁

(4号线、14号线)、公交车和社会车辆为一体的大型立体交通枢纽(5层),车站总建筑面积约24.5万m^2,雨棚面积约6万m^2。

2. 济南西站

济南西站为京沪高速铁路、石济客运专线和郑济高速铁路的客运站,2011年6月30日随京沪高速铁路建成启用。济南西站是京沪高速铁路五个始发站点之一,站场总规模8台17线,其中1座基本站台和7座岛式中间站台,设2条正线,15条到发线。

3. 济南黄河大桥

济南黄河大桥在王家庄桥位跨越黄河,为四线桥(京沪高速铁路、太原至青岛铁路四线共用铁路大桥)。桥位处主河槽水面宽度约290m、两岸黄河大堤堤距约930m。大桥主桥长5143m,跨河主桥采用五跨连续钢桁柔性拱(112+168+168+168+112)m,6个主墩,其中3号主墩基础采用24根直径2.5m的钻孔桩基础,圆端形承台平面尺寸36m×23.2m,桩长80m。

4. 南京大胜关长江大桥

位于既有南京长江大桥上游20km处,是京沪高速铁路和沪汉蓉铁路越江通道,同时搭载双线地铁,为六线铁路桥,跨水面正桥长1615m,采用双孔通航的六跨连续钢桁拱桥(109+192+2×336+192+109)m,采用三桁承重结构,承台平面尺寸为34m×76m,桩长107~112m。

5. 丹昆特大桥

丹昆特大桥是京沪高速铁路丹阳至昆山段特大铁路桥,大桥长164.851km,总投资300亿元,2011年6月30日随全线正式开通运营。该桥纵贯的苏南地区属平原河网化地貌,水面宽度在20m以上的河道有150余条。地处经济发达地区,路网纵横。因地质原因和出于节省土地的考虑,该桥全部采用高架桥梁通过。

6. 南京南站

南京南站是华东地区最大的交通枢纽,是连接八条高等级铁路的国家铁道枢纽站,占地近70万m^2,总建筑面积约45.8万m^2,总投资超过300亿元,其中主站房面积达28.15万m^2。

复习思考题

1. 目前,世界上对铁路速度的分档的一般规定是什么?
2. 世界铁路发展的三阶段是什么?
3. 当今世界高速铁路有哪几种模式?
4. 简述我国高速铁路建设历程。
5. 我国高速铁路基本类型有哪些?
6. 高速铁路的社会经济优势有哪些?
7. 请同学们在坐火车时观察高速铁路车站和普速铁路车站的异同。

第二章　高速铁路线路

本章概述

本章主要讲述高速铁路线路的平面及纵断面；高速铁路路基、桥隧建筑物；高速铁路轨道；高速铁路轨道技术检测与管理。

建议学时

10 学时

铁路线路是由路基、桥隧建筑物和轨道组成的一个整体结构。它直接承受机车车辆轮对传来的压力，是列车和机车车辆运行的基础。高速铁路与普速铁路相比，最大的特点是高速度、高舒适性、高安全性、高密度、节能环保等。为了达到安全运营的要求，高速铁路的基础设施既要为高速运行的机车车辆提供高平顺性和高稳定性的轨面条件，又要保证线路各组成部分具有一定的强度与耐久性，使其在运营条件下保持良好状态。本章主要围绕高速铁路线路基础知识进行讲解。

第一节　高速铁路平面和纵断面

高速铁路的高平顺性要求线路的空间曲线尽可能平滑，即线路平纵断面的变化应尽可能平缓。无论是线路的平面还是纵断面，曲率变化快的地段，轮轨间的相互作用力就会增加，会极大地影响行车的安全与稳定，而且线形也不易保持。列车在曲线上运行，产生的离心力加速度与列车速度的平方成正比，会影响列车运行的舒适性和平稳性，因此，行车速度越高，平面曲线和竖曲线的半径应越大。此外，列车通过缓和曲线时产生的超高侧向力会随着行车速度的增加而增加，不利于乘车的舒适性。为满足高速行车舒适性的要求，直线与曲线间过渡的缓和曲线应有一定的长度，使线形平缓过渡。

一、高速铁路线路平面

高速铁路线路平面由直线和曲线组成，正线的线路平面曲线半径应因地制宜、合理选用。正线与既有铁路或客货共线铁路并行地段线间距不应小于 5.3m；当两线不等高或线间设置其他设备时，最小线间距应根据相关技术要求计算确定。隧道双洞地段两线间距应根据地质条件隧道结构及防灾与救援要求，综合分析后确定。

1. 最大超高

列车通过曲线时会产生离心力，为平衡这种离心力，可在曲线轨道上设置超高。超高有一定的限度，当离心力过大，超高不能平衡时，就必须限制速度。由于超高是固定设置的，而通过曲线的各种列车速度是不同的，其离心加速度各不相同，对速度较高的旅客列车，势必产生未被平衡的离心加速度，这将影响列车运行的安全和旅客的舒适度。最大超高的选择应保证在曲线上停车且遇到大风时也不致使列车颠覆，并考虑不同速度列车所产生的未被平衡的横向加速度不致过大。

国外各高速铁路中，日本东海道新干线实设最大足超高为200mm，德国ICE线和法国TGV线为180mm。我国高速铁路考虑到满足不同条件的轨道结构，在《新建时速300～350公里客运专线铁路设计暂行规定》中，最大超高采用170mm。

2. 欠（过）超高

在最高设计速度和运营速度确定以后，首先需要确定影响舒适度的参数——实设超高与欠超高。一条铁路的$v_{平}$（平均运行速度）既定，当$v>v_{平}$时存在未被平衡的离心加速度，即外轨超高度不足（欠超高），会危及行车安全；当$v<v_{平}$时，又会产生多余的向心加速度，即外轨超高度过大（过超高）。欠超高、过超高都会使钢轨承受走行列车的偏压，使内外轨因过大偏载而引起严重的不均等磨耗。故应限制欠超高、过超高，以保证高速铁路线路所要求的高平顺性和高舒适度。高速列车运行时，设计超高与欠超高之和允许值$[h_m+h_q]$，见表2-1。

高速列车运行时设计超高与欠超高之和允许值$[h_m+h_q]$ 表2-1

舒适度条件		优秀	良好	一般
设计超高与欠超高之和允许值$[h_m+h_q]$(mm)	有砟轨道	200	220(220)	250(260)
	无砟轨道	220	235	265

3. 曲线半径

线路上设置曲线是为了更好地适应地形的变化，减少工程量。曲线包括圆曲线和缓和曲线。曲线地段会增加轮轨的磨耗，影响列车的安全与稳定运行。最小曲线半径是限制列车最高速度的主要因素之一，且对工程费和运营费都有很大影响，因此，在条件允许的情况下，需要限制曲线的半径。

最小曲线半径与运输组织模式、速度目标值、旅客乘坐舒适度和列车运行平稳度等有关：

（1）只运行高速或快速旅客列车的客运专线，最小曲线半径由式（2-1）确定：

$$R_{min}=\frac{11.8\,v_{max}^2}{[h_m+h_q]} \tag{2-1}$$

式中：R_{min}——最小曲线半径，m；

v_{max}——列车设计最大速度，km/h；

$[h_m+h_q]$——实设超高与欠超高之和的允许值，mm。

（2）在客货共线的高速线路上，其最小曲线半径由式（2-2）确定：

$$R_{min}=\frac{11.8(v_{max}^2-v_{min}^2)}{[h_q+h_g]} \tag{2-2}$$

式中：v_{max}、v_{min}——旅客列车设计最高速度与货物列车最低行车速度，km/h；

$[h_q + h_g]$——欠超高与过超高之和的允许值,mm。

曲线半径的选用必须通过技术和经济两方面综合比较后确定。我国设计速度350km/h的客运专线铁路取最小曲线半径为7000m,在特殊困难条件下,经过技术经济比选后,最小曲线半径可采用5500m。我国京沪高速铁路最小曲线半径不小于7000m。若考虑满足各种不同速度列车的组合运行条件的舒适性,最小曲线半径采用9000~11000m,最大曲线半径不大于12000m。

4. 缓和曲线及最小夹直线长度

(1)缓和曲线线形及长度。

在直线与圆曲线之间设置的缓和曲线,其作用是当列车由直线(或圆曲线)驶向圆曲线(或直线)时,使离心力逐渐产生或消失,并减缓外轮对外轨的冲击。因此,在设计高速铁路的缓和曲线时,应考虑缓和曲线始终点和缓和曲线范围内运行的列车应有较好的稳定性,以确保行车安全和舒适;缓和曲线线形要力求简单,便于测设与养护;缓和曲线应尽量短些,以减少工程量和投资费用。列车从直线经由缓和曲线进入圆曲线,在缓和曲线范围内,将曲率、超高由零过渡到圆曲线地段的规定值,这种过渡是逐渐递变的,它应满足行车安全和旅行舒适的要求。

缓和曲线的线形很多,较为常用的线形有三次抛物线形、三次抛物线余弦改善型、半波正弦曲线形等。缓和曲线的长度对行车的安全平顺性有直接影响。太短,显然将不利于行车的安全平顺;但太长,又将给设置和养护带来困难。

一般缓和曲线的长度应考虑下列因素:外轨超高递增坡度不致使内轮轮缘脱轨;外轮升高速度不致影响旅客的舒适;未被平衡离心加速度的增长率不致影响旅客的舒适等。

我国京沪高速铁路采用的是三次抛物线形。三次抛物线形具有线形简单、设计方便、平立面的有效长度长、现场运用和养护经验丰富等特点。我国高速铁路区段缓和曲线长度可按表2-2选用。

缓和曲线长度 表2-2

曲线半径(m)	缓和曲线长度(m)		
	较长	一般	困难
14000	350	290	210
12000	410	330	260
11000	450	370	290
10000	500	410	330
9000	560	470	380
8000	640	540	450
7000	700	570	460
6000	700	580	480
5500	700	600	490

(2)缓和曲线间的夹直线最小长度。

列车通过同向曲线或反向曲线时,受力情况甚为复杂,除因外轨超高关系车辆绕线路纵轴转动外，还有缓和曲线始终点处的冲击以及未被平衡横向加速度变化的影响等。为了使列车平稳地通过该地段，必须在同向曲线或反向曲线之间加入一段夹直线段。

简单计算夹直线 $L_{夹}$ 的数值表达为：

$$L_{夹} = \frac{v_{max}}{2} \tag{2-3}$$

式中：v_{max}——列车速度。规定速度 300km/h 时，同向曲线或反向曲线之间夹直线长度至少为 150m，特殊情况下至少为 100m。

国外高速铁路的夹直线最小长度约为 $0.4v_{max} \sim 1.0v_{max}$。其中，法国规定高速铁路的相邻曲线间的夹直线最小长度为 $0.5v_{max}$，德国规定高速铁路的夹直线最小长度为 $0.4v_{max}$。

日本规定高速铁路夹直线长度一般应大于 100m；列车速度低于 110km/h，可大于 50m。

我国客运专线铁路考虑高舒适性，夹直线最小长度为 $0.8v_{max}$，困难条件下为 $0.6v_{max}$。

夹直线应尽量长些，这对运营是有利的。特别是反向曲线时的夹直线更应长些，因为列车通过反向曲线时，其曲线单位附加阻力比单个曲线增大，影响运行中列车的稳定与安全。

5. 线间距

线间距是指相邻两股线路中心线之间的最短距离。高速铁路线间距标准，主要受列车交会运行时气动力作用的控制。

在高速双线铁路上，当两列车相遇时，最初的风压力使列车相互排斥，到接近列车尾部时变为相互吸引，产生会车压力。不论是作用在相互排斥的方向或是相互吸引的方向，所产的最大压力是基本相等的。这个会车压力的最大值与列车的最大运行速度、列车外形尺寸、交会车列车侧壁间净距离等因素有关，其中，列车头部流线程度的影响最为显著。因此，为避免强大风压造成损害，许多国家根据其具体情况选择适当的线间距。

日本铁路规定线路中心距至少为 4.2m（车辆限界宽度 3.4m）。在站内线路上，还考虑安全距离 0.8m、人宽约 0.4m，则站内线间距定为 4.6m。

我国铁路客运专线上不仅运行有速度 300～350km/h 的高速列车，还有相当数量的跨线旅客列车，因此，我国客运专线线间距为：250km/h $<$ 设计速度 $v \leq$ 300km/h 的采用 4.8m；300km/h $<$ 设计速度 $v \leq$ 350km/h 的采用 5.0m。

6. 建筑限界

建筑限界分为铁路建筑限界、隧道建筑限界和桥梁建筑限界。我国高速铁路建筑限界的基本尺寸取最大高度 7.25m、最大宽度 4.6m，可满足高速行车安全要求。曲线地段的建筑限界，应考虑因超高产生车体倾斜对曲线内侧的限界加宽，其加宽量的计算，见下式：

$$W = H \times h/1500 \tag{2-4}$$

式中：W——曲线内侧加宽值，mm；

H——轨顶面至计算点的高度，mm；

h——外轨超高值，mm。

二、铁路线路纵断面

（一）坡道对列车的影响

为了适应地面的起伏，线路上除了平道以外，还修成不同的坡道。因此，平道与坡道就成了线路纵断面的组成要素。但坡道会给列车运行带来不良影响。列车在坡道上运行时，会受到一种由坡道引起的阻力，这一阻力称为坡道附加阻力。机车车辆所受的重力，可以分解为垂直于坡道的分力和平行于坡道的分力。前一个分力由轨道的反作用力所抵消，后一个分力就成为坡道附加阻力。由此可见，坡度越大，列车上坡时坡道阻力也就越大，列车的速度就越低。

（二）高速铁路线路纵断面的标准

1.限制坡度

在一个区段上，决定一台某一类型机车所能牵引列车质量（最大值）的坡度，称为限制坡度。限制坡度的确定主要取决于机车的牵引功率、牵引特性和制动特性。与普速铁路相比，由于高速铁路具有功率高、速度快的特点，运营时可以为机车爬坡提供强劲的动能，故设计中允许采用较大的坡度值。

各国根据本国国情采用不同的限制坡度：日本高速铁路采用35‰，法国铁路东南线和地中海线采用35‰。我国客运专线的正线最大坡度不宜大于20‰，困难地段达不应大于30‰，动车组走行线的最大坡度不宜大于35‰。

2.竖曲线

竖曲线是铁路线路纵断面上的曲线。当相邻两坡度代数差超过一定数值时，应设置竖曲线以缓和坡度的急剧变化，保证列车平稳运行。在铁路线路的纵断面上，相邻两坡段的变坡点处，坡度代数差用绝对值 Δi 表示，即

$$\Delta i = |i_1 - i_2| \tag{2-5}$$

由于列车在经过变坡点时会产生附加应力和附加加速度，其值与坡度代数差成正比。因此，在设计纵断面时，相邻坡段的坡度代数差应尽量小些，不得超过允许的最大值。若超过，就应设置竖曲线来连接两个相邻的坡段。

高速铁路线路的相邻坡度差大于1‰，应设置竖曲线。竖曲线一般采用圆曲线形。竖曲线半径的大小，除应保证列车经过变坡点时车钩不脱钩、车轮不脱轨外，还应考虑在竖曲线上产生竖向离心加速度和离心力对旅客舒适度的影响。因此，在一定机车车辆构造条件下，竖曲线半径与行车速度有关，行车速度越高，竖曲线半径应越大。

竖曲线的半径通常按下式确定：

$$R_S = \frac{v^2}{3.6 \times a_S} \quad (\mathrm{m}) \tag{2-6}$$

式中：R_S——竖曲线半径，m；

v——列车速度，km/h；

a_S——竖向离心加速度，m/s^2，一般为 $0.4m/s^2$、困难为 $0.5m/s^2$。

法国 TGV 东南线的竖曲线半径采用25000m；而日本除东海道新干线采用10000m以外，其余各线均采用15000m。

我国客运专线铁路需设置圆曲线形竖曲线的，竖曲线最小长度不宜小于25m，竖曲线半径不得小于15000m，允许速度大于200km/h的地段，竖曲线半径应不小于20000m。

我国高速铁路区间正线亦应采用圆曲线形竖曲线连接，最小竖曲线半径应根据所处区段远期设计速度按表2-3选用，但最大竖曲线半径不大于40000m。当相邻坡段的坡度代数

差大于30‰时,动车组走行线应采用圆曲线形竖曲线连接,竖曲线半径宜为10000m,困难时为5000m。

我国高速铁路竖曲线半径采用标准 表2-3

最高行车速度 v(km/h)	350	300	250	200
竖曲线半径 R(m)	25000	25000	20000	15000

竖曲线与竖曲线、缓和曲线、道岔均不得重叠设置。竖曲线与平面圆曲线不宜重叠设置,困难条件下,符合表2-4条件可重叠设置。

竖曲线半径、平面圆曲线半径选用规定 表2-4

设计最高速度(km/h)	350	300	250	200
竖曲线半径(m)	≥25000	≥25000	≥20000	≥15000
平面圆曲线半径(m)	≥7000	≥4500	≥3200	≥2000

3. 最小夹坡段长度

高速铁路线路除了最小坡段长度满足两个竖曲线不重叠的要求外,还要考虑两个竖曲线间有一定的夹坡段长度,保证列车在前一个竖曲线终点处产生的振动在夹坡段长度范围内衰减完毕,不至于在进入一个竖曲线起点时产生叠加,保证高速铁路运行的平稳性与舒适性。此外,还要考虑坡段能够适应地形,以减少工程的投资。

法国规定高速铁路,夹坡段长度不小 $0.4v_{max}$。我国客运专线铁路最小夹坡段长度不小于 $0.4v_{max}$。

想一想:既然曲线、坡度对高速铁路行车影响这么大,那么所有的区段都采用直线岂不是更好?为什么没有这么设置?

做一做:舒适度条件良好的无砟轨道客运专线线路上,列车最高设计速度350km/h,其最小曲线半径为多少?

知识拓展1

《铁路技术管理规程》(高速铁路线路部分)

第31条 为了保证线路、桥隧、路基等设备质量,应设工务段等工务维修机构。

工务段管辖正线长度,应根据单线或双线、平原或山区等条件确定。在工务段管辖范围内有动车段、枢纽或编组站时,应适当减少正线管辖长度。

铁路局根据需要和条件,设供铁路专用的采石场和林场。

第32条 工务维修机构应有机具检修、配件修理、辅助加工等设施,动力、机修、起重、试验等设备,以及轨道车和汽车等运输工具;根据养护维修需要还应有大型养路机械、工务专用机械设备、移动检测设备,以及检修、焊轨基地等。

第33条 铁路线路分为正线、站线、段管线、岔线及安全线等。

正线是指连接车站并贯穿或直股伸入车站的线路。

站线是指到发线、调车线、牵出线、货物线及站内指定用途的其他线路。

段管线是指机务、车辆、工务、电务、供电等段专用并由其管理的线路。

岔线是指在区间或站内接轨，通向路内外单位的专用线路。

安全线是为防止列车或机车车辆从一进路进入另一列车或机车车辆占用的进路而发生冲突的一种安全隔开设备。

第34条 铁路区间线路最小曲线半径规定见第2表（本书表2-5）；最大曲线半径为12000m。

第2表 铁路区间线路最小曲线半径 表2-5

路段设计速度(km/h)		最小曲线半径(m)	
200	客运专线	一般	2200
		困难	2000
250	有砟轨道	一般	3500
		困难	3000
	无砟轨道	一般	3200
		困难	2800
300	有砟轨道	一般	5000
		困难	4500
	无砟轨道	一般	5000
		困难	4000
325	有砟轨道	一般	7000
		困难	6000
	无砟轨道	一般	7000
		困难	5500

限速地段曲线半径应符合有关设计规范的规定。

区间正线的最大坡度不宜大于20‰，困难条件下经技术经济比较后不应大于30‰。动车组走行线的最大坡度不宜大于30‰，困难条件下不应大于35‰。当动车组走行线的最大坡度大于30‰时，宜铺设无砟轨道。

第35条 中间站、越行站应设在直线上。始发站宜设在直线上，困难条件下设在曲线上时，曲线半径不应小于相应路段设计速度的最小曲线半径。

到发线有效长度范围内应设在平道上，当设在坡道上时不大于1‰，越行站可设在不大于6‰的坡道上。车站咽喉区的正线坡度宜与到发线有效长度范围内坡度一致；困难条件下，始发终到站不宜大于2.5‰，中间站不宜大于6‰。到发线有效长度范围内应采用一个坡段。

知识拓展2

高速铁路外轨超高的设计

当我们乘坐的汽车驶过弯道时，常会感觉到有一股力量拉扯着身体向前进曲线的切线方向运动，这股力量叫离心力。当汽车以60km/h的速度驶过弯道时，我们就会感觉到身体不适，但为什么人们坐在速度达到300km/h的高速动车组列车上，离心力的感觉反倒不明显了？这都归功于铁路施工中采用了曲线外轨超高设计。

列车在曲线上运行时，需通过钢轨外轨和列车轮缘的接触，由外轨对轮缘施加作用力，迫使列车沿曲线方向运行。力的方向和线速度方向垂直，并沿半径指向圆心，这个力就是迫使列车进行曲线运动的向心力。轮缘同时会有一个作用于外轨的反作用力（这个力可视为离心力），该力可使轮缘和外轨之间产生磨损如图2-1所示。

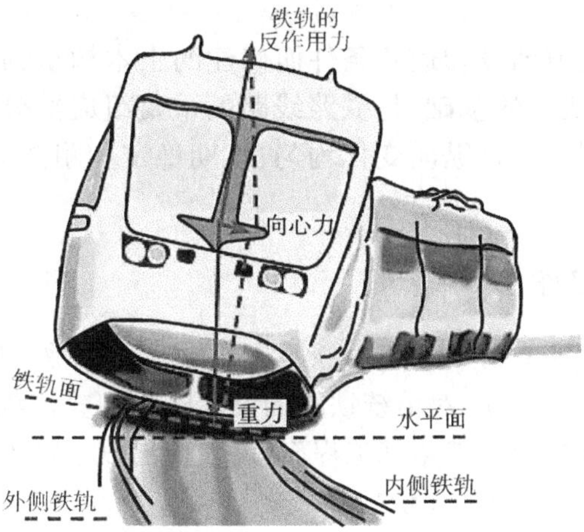

图2-1 外轨超高示意图

列车高速通过曲线时，需要钢轨外轨提供的向心力非常大，如果不对铁路外轨进行其他设置，这个力将直接作用在外轨内侧。显然，这个力会使列车轮缘和外轨产生巨大的摩擦，将极大地影响列车运行速度，同时也会给轮缘和外轨带来损伤，降低它们的使用寿命，并对列车运营安全产生极大的威胁。

那么该如何解决这个问题呢？

（1）在乘坐普速列车时，当通过小半径曲线地段时，列车车速往往会降低。这样做的目的正是为了降低离心力，保证车辆运行安全及乘客乘坐的舒适度，但这种方法与高速铁路发展的初衷相背离。

（2）增大线路的曲线半径。高速铁路的曲线半径一般要大于普速铁路，以便满足高速运行的需要。这同时也意味着高速铁路需要占用更多的耕地和空间，建设投资费用也随之增加，因而在铁路线路规划中需要综合考虑，不能够仅依靠增大曲线半径来解决问题。

（3）当以上方法均无法很好地解决离心力问题时，则通过设置外轨超高最终达到减小离心力的目的。

为了解决列车在曲线上运行所需要的向心力和轮轨间的磨损问题,保证列车能满足设计速度,并可以经济、舒适地通过弯道,在当前的铁路建设中,常用的办法是将曲线段的外轨轨枕下的道床加厚,使外轨高于内轨,这种外轨与内轨的高差即为曲线外轨超高。

仅仅通过垫高高速铁路外轨,利用车体倾斜时自身重力的分力便能为列车提供进行匀速圆周运动时的向心力。相比增加曲线半径的方法,这种方法大大节省了空间和建设投入,同时也不会降低列车运行速度,还能减轻轮轨间的磨损,为旅客提供更为安全、舒适、快速的乘车体验,体现了科技工作者对物理力学的巧妙运用。

第二节　高速铁路路基

铁路路基是为满足轨道铺设和运营条件而修建的土木构筑物,它与桥梁、隧道相连,共同组成一个线路整体,是轨道的基础,是铁路线路的重要组成部分。路基作为轨道的基础,必须有变形小、强度高、刚度大且纵向变化均匀、长期稳定和耐久等特性,以确保列车高速、安全、舒适、平顺运行。

一、高速铁路路基的特点

自20世纪60年代世界上第一条高速铁路在日本建成以来,世界范围内出现了修建高速铁路的热潮。高速铁路的出现,对传统铁路的设计施工和养护维修提出了新的挑战,在许多方面改变了传统的设计观念。就路基工程而言,表现出以下特点:

(1)高速铁路路基的多层结构系统。

高速铁路线路结构已经突破了传统的轨道—道床—土路基这种结构形式。目前,主要有有砟轨道和无砟轨道两种形式。

(2)控制变形是轨下系统(路基)设计的关键。

控制变形是轨下系统设计的关键,各种不同结构形式的首要目的是为高速铁路线路提供一个平坦、均匀和稳定的轨下基础。路基是整个线路结构中薄弱的,也是最不稳定的环节,是轨道变形的主要来源,它们在多次重复荷载作用下所产生的累积永久下沉(残余变形)将造成轨道的不平顺。同时,它们的刚度对轨道面的弹性变形也起着关键性的作用,因而,对列车的高速走行条件有重要的影响。高速行车对轨道变形有严格的要求,因此,变形问题便成为高速铁路设计所考虑的主要控制因素。普速铁路路基按强度破坏设计,这对于高速铁路路基而言,是远远不够的,一般情况下,在达到强度破坏前,高速铁路路基已经出现了不能容许的过大有害变形。

(3)在列车、线路这一整体系统中,路基是重要的组成部分。

变形问题相当复杂,是一个世界性的难题。日本及欧洲等国家和地区虽然实现了高速,但它们都是通过采用高标准的、昂贵的强化线路结构和高质量的养护维修技术来弥补这方面的不足。

二、高速铁路路基结构

高速铁路路基一般由基床表层、基床底层、路堤和地基等部分组成，如图 2-2 所示。其中，基床表层是轨道的直接基础，是基床的重要组成部分，受到列车动荷载的剧烈作用，对轨道的平顺和稳定影响很大，通常称为承载层和持力层，是高速铁路路基结构中最为重要的部分之一。基床表层除了给轨道提供坚实稳定的基础外，还必须具有：

(1)足够的强度来抵御外力作用，避免破坏。

(2)足够的刚度，抵抗变形。

(3)良好的稳定性，以免基床的表层刚度与强度在外界不利因素的作用下发生改变。

(4)为路基提供保护，具有良好的扩散应力的能力。

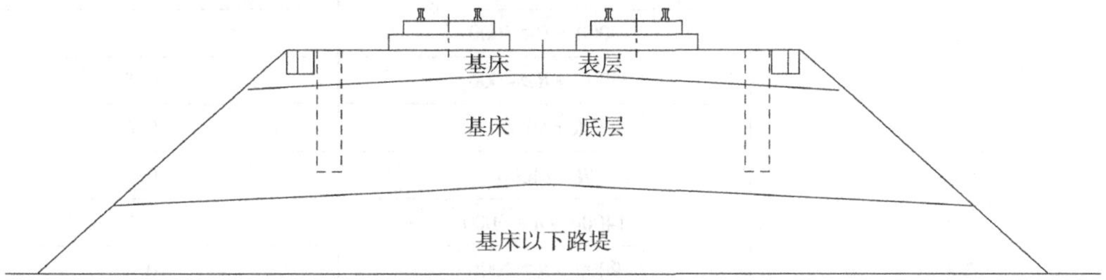

图 2-2 高速铁路无砟轨道路基横断面

不良基床表层产生的轨道变形是良好基床表层产生的轨道变形的数倍，而且还会随着速度的提高而增大。因此，为了向高速铁路提供较大的路基刚度和强度，需对基床表层进行特别加强。

三、路基面形状及宽度

无砟轨道支承层(或底座)底部范围内路基面可水平设置，支承层(或底座)外侧路基面两侧应设置不小于 40‰的横向排水坡。有砟轨道路基面形状应为三角形，由路基面中心向两侧应设置不小于 40‰的横向排水坡。曲线加宽时，路基面仍应保持三角形。

有砟轨道路基两侧的路肩宽度，双线不应小于 1.4m、单线不应小于 1.5m。

直线地段标准路基面宽度应符合表 2-6 的规定。

无砟轨道正线曲线地段路基面不应加宽，轨道结构和接触网支柱等设施的设置有特殊要求时，根据具体情况分析确定；有砟轨道正线曲线地段加宽值应在曲线外侧按表 2-7 的规定加宽。曲线加宽值应在缓和曲线内渐变。

路基面标准宽度 表 2-6

轨道类型	设计速度(km/h)	双线线间距(m)	路基面宽度	
			单线(m)	双线(m)
无砟轨道	250	4.6	8.6	13.2
	300	4.8		13.4
	350	5.0		13.6

续上表

轨道类型	设计速度(km/h)	双线线间距(m)	路基面宽度	
			单线(m)	双线(m)
有砟轨道	250	4.6	8.8	13.4
	300	4.8		13.6
	350	5.0		13.8

有砟轨道曲线地段路基面加宽值 表2-7

设计速度(km/h)	曲线半径 R(m)	路基外侧加宽值(m)
250	$R \geqslant 10000$	0.2
	$10000 > R \geqslant 7000$	0.3
	$7000 > R \geqslant 5000$	0.4
	$5000 > R \geqslant 4000$	0.5
	$R < 4000$	0.6
300	$R \geqslant 14000$	0.2
	$14000 > R \geqslant 9000$	0.3
	$9000 > R \geqslant 7000$	0.4
	$7000 > R \geqslant 5000$	0.5
	$R < 5000$	0.6
350	$R > 12000$	0.3
	$12000 \geqslant R > 9000$	0.4
	$9000 \geqslant R \geqslant 6000$	0.5
	$R < 6000$	0.6

四、基床

路基基床应由基床表层和基床底层构成,基床表层厚度:无砟轨道为0.4m,有砟轨道为0.7m,基床底层厚度为2.3m。路基面的宽度,应考虑设计速度、轨道类型、线间距、电缆槽、接触网支柱、路肩宽度等由计算确定。有砟轨道路肩宽度:线路设计速度为200km/h区段的路肩宽度不应小于1.0m;250km/h及以上区段双线不应小于1.4m,单线不应小于1.5m。无砟轨道路肩宽度应根据无砟轨道形式、电缆槽和接触网基础类型等因素确定。

路基应采用优质填料填筑坚实,基床及过渡段应强化处理,并设置良好的防排水设备、完善的防排水系统、安全可靠的防护设施和支挡结构,工后沉降应满足相应的限值要求。对于不良地质条件,特殊土及特殊环境等地段的路基,应采取可靠的加固处理措施,困难时应以桥梁等结构物代替。在路基范围内埋设电缆和接触网支柱基础时,必须保证路基的稳定和坚固及排水等设施的正常使用。路基宜优先采用有利于环保的植物(以灌木为主)保护,植物选择应根据当地条件、种植目的及经济适用性等确定,宜以优良的乡土植物为主。

无砟轨道路基工后沉降,应当满足线路平顺性、结构稳定性和扣件调整能力的要求。有砟轨道路基工后沉降,应满足线路平顺性和养护维修工作量的要求。具体限值应执行有关规定。

五、路堤

路堤定义:当线路的路肩设计高程高于天然地面时,以填筑方式修筑而成的路基。

填料可分为 A、B、C、D、E 五组。A 组:优质填料,包括硬块石,级配良好和细粒土含量小于 15% 的漂石土、卵石土、碎石土、圆砾土、角砾土、砾砂、粗砂、中砂。B 组:良好集料,包括不易风化的软块石(胶结物为硅质或钙质),级配不良的漂石土、卵石土、碎石土、圆砾土、角砾土、砾砂、粗砂、中砂、细粒土含量在 15% ~30% 的漂石土、卵石土、碎石土、圆砾土、角砾土和细砂、黏砂、砂粉土、砂黏土。C 组:一般填料,包括易风化的软块石(胶结物为泥质),细粒土含量在 30% 以上的漂石土、卵石土、碎石土、圆砾土、角砾土和粉砂、粉土、黏粉土。D 组:不易使用的差质填料,包括强风化及全风化的软块石、黏粉土和黏土。E 组:严禁使用的劣质填料,包括有机土。

路基的稳定安全系数考虑列车荷载作用时不应小于 1.25。软土及松软土地段的路基应结合工程实际,选择代表性地段提前修筑试验段。受洪水或河流冲刷及受水浸泡的路堤部位应采用水稳性好的渗水性材料填筑,并应放缓边坡坡度、设置边坡平台、加引边坡防护。雨季滞水及排水不畅的低洼地段的浸水影响范围应以渗水性材料填筑,并应采取排水疏导措施。在高地下水位的黏性土地基上填筑路堤时,路堤底部应填筑渗水材料。有条件时,宜采取降低地下水位的措施。

路堤边坡坡度可根据路基填料、路堤高度、地震力、基底地质条件、水文气候条等因素综合分析确定。地震区路堤应选用抗震稳定性较好的填料,基底垫层材料应采碎石(卵石)或粗砂夹碎(卵)石,不得采用细砂或中砂。在可液化地基上填筑路堤时,应根据实际情况,采取换填、设置反压护道或地基加固等抗震措施。

六、路堑

路堑定义:当线路的路肩设计高程低于天然地面时,以开挖方式修筑而成的路基。

膨胀土、湿陷性黄土、季节冻土等特殊土基床,应根据具体情况进行挖除换填、隔水防渗、排水等措施,基床以下的膨胀土、湿陷性黄土等应在路基变形分析的基础上,采取地基处理措施。地面横坡较陡,下侧路堤边坡较高的半填半挖无砟轨道路基,采用挖除换填无法控制横向较大差异沉降时,应根据地形地质条件采用回填级配碎石、混凝土或竖向钢筋混凝土承载结构等措施进行处理。路堑均应设置侧沟平台,平台宽度不宜小于 1.0m。在土石分界处,透水和不透水层交界面处及路堑边坡高度较大时,均应设置边坡平台,平台宽度不宜小于 2.0m,并应满足路堑边坡稳定需要,边坡平台上应做好防水及加固措施。路堑边坡形式和坡度应根据地层的工程地质、水文地质、气象条件、防排水措施及施工方法等因素通过力学分析综合确定。非硬质岩石路堑宜采用路堤式路堑断面形式。

七、路桥过渡段

路堤与桥台连接处应设置过渡段,可采用沿线路纵向倒梯形过渡形式。过渡段路基基床表层应掺入 5% 水泥。

路堤与横向结构物(立交框构、箱涵等)连接处,应设置过渡段,可采用沿线路纵向倒梯形过渡形式。横向结构物顶面填土厚度不大于1.0m时,横向结构物及两侧20m范围基床表层级配碎石应掺入5%水泥。

路堤与路堑连接处应设置过渡段。过渡段可采用下列设置方式:路堤与路堑连接处为硬质岩石路堑时,在路堑一侧顺原地面纵向开挖台阶,每级台阶自原坡面的挖入深度不应小于1.0m,台阶高度约0.6m,并应在路堤一侧设置过渡段;路堤与路堑连接处为软质岩石或土质路堑时,应顺原地面纵向开挖台阶,每级台阶挖入深度不应小于1.0m,台阶高度约0.6m。土质、软质岩路堑与隧道连接地段应设置过渡段,并采用渐变厚度的混凝土或掺5%水泥的级配碎石填筑,无砟轨道与有砟轨道连接处路基应设置过渡段,并符合轨形式过渡要求。桥梁、涵洞及桥隧等工程之间的短路基长度不应小于40m,特殊情下短路基长度不满足上述要求时,应对过渡段路基进行特殊处理。

八、路基排水

路基排水设施设计降雨的重现期应采用50年。路基面排水设计应综合考虑轨道形式、电缆槽、接触网立柱基础、声屏障基础等因素,并符合下列规定:线间排水应根据线路、气候条件及对轨道电路的影响等综合考虑,宜采用横向直排方式;轨道结构要求采用集水井排水时,集水井的位置、排水管的材料和结构尺寸及埋设深度和方式应根据荷载,降雨量和防冻、防渗要求等综合确定。

侧沟、天沟、排水沟及无砟轨道线间排水沟应采用混凝土浇筑或整体式预制拼装结构,不得采用浆砌片石。现浇混凝土水沟的厚度宜为0.2m,深度较大的矩形水沟的厚度应通过计算确定。

低矮路堤或路堑地段,地下水位较高或无固定含水层时,可采用明沟、排水槽、渗水暗沟、边坡渗沟、支撑渗沟等设施排除地下水;埋藏较深的地下水或固定含水层危害路基时,可采用渗水隧洞、渗井、渗管或仰斜式钻孔等设施排除地下水。渗水暗沟和渗水隧洞的纵坡不宜小于5‰,困难条件下不应小于2‰,在出口位置应采用较陡纵坡。渗水暗沟等地下排水设施应设置反滤层。

在易产生冻害的地区,采用渗水暗沟和渗水隧洞降低地下水位时,最高地下水位加毛细水上升高度,应低于最大冻结深度以下不小于0.25m处,或采用必要的防冻设施。严寒地区出水口应采取防冻措施。

排水设施布置应符合下列规定:地面横坡明显地段的排水沟、天沟可在横坡上方一侧设置;当地面横坡不明显时,宜在路基两侧设置;路堑地段应于路肩两侧设置侧沟;年降水大于或等于400mm地区,路堑边坡平台宜设置截水沟;地面排水设施的纵坡不应小于2‰;排水沟沟顶应高出设计水位不小于0.2m;天沟不应向路堑侧沟排水,受地形限制需排入侧沟时,必须设置急流槽,并根据流量调整下游侧沟截面尺寸;路基排水宜根据所处地点排水条件纳入相关排水工程的系统设计之中。

九、路基防护

(1)路堤边坡应设置坡面防护工程,防护类型应根据工程类型、当地年平均降水、工程及水文地质条件、边坡坡度与高度、材料来源、施工条件、环境保护及景观要求,经技术经济分析后合理选用。路基防护应符合下列规定:路堤边坡防护应贯彻绿色防护的理念,结合绿色通道建设,遵循因地制宜、安全可靠、经济适用、易于管护、兼顾景观的原则;当路堤边坡适宜进行植物防护,且能保证路基边坡的稳定时,宜采用植物防护或植物防护与工程防护相结合的措施,植物防护宜采用灌草结合、灌木优先的方式;路堤边坡高度较高时,宜在两侧边坡内分层铺设宽度不小于3m的土工格栅等土工合成材料;浸水地段受水流冲刷的路基边坡应根据流速、流向及冲刷深度,采用抗冲刷能力强的防护措施。

(2)土质、软质岩路堑的边坡坡面(含边坡平台、侧沟平台)均应进行防护或加固。并符合下列规定:土质路堑边坡可采用植物防护措施,较高的土质路堑边坡根据地层性质可采取窗孔式护坡、骨架护坡或锚杆框架梁等措施;软质岩路堑应根据岩体结构、结构面产状、风化程度、地下水及气候条件等确定边坡加固措施,可采用窗孔式护坡、喷混植生、锚杆框架梁内喷混或客土植生等措施防护。

(3)较完整的硬质岩路堑边坡应采用预裂、光面爆破并结合嵌补及锚杆框架梁防护。当边坡岩体破碎时,根据边坡高度可采用喷混植生、锚杆框架梁内喷混或客土植生等防护措施,边坡较高时可在锚杆框架梁内打设锚杆挂钢绳网防护。

(4)骨架护坡应采用带截水槽的结构,骨架埋置深度宜为0.4~0.6m,间距不宜大于3m。

(5)地下水发育及膨胀土路堑边坡宜结合边坡防护,采用边坡支撑渗沟加固,必要时结合深层排水孔加强地下水排泄。

十、路基支挡

路基支挡建筑物是指各种为使路基本体稳定,或者使与路基本体性状有关的周围土体稳定而修建的建筑物,如图2-3所示。在陡坡路基、深路堑、耕地保护区及邻近城镇等地段应设置支挡结构保证路基边坡稳定,节约用地并减少填筑工程量。

图2-3 挡土墙(图片来源:人民网)

在城市、风景区周边及耕地保护区周边宜根据现场条件,采用悬臂式、扶壁式、L形挡墙及加筋土挡墙等轻型支挡结构。地震区宜采用加筋土挡墙等柔性支挡结构。采取重力式支挡结构,路堤墙高度不宜大于6m,路肩墙高度不宜大于8m。路基支挡结构应采用钢筋混凝土或素混凝土材料,墙背反滤层宜采用袋装砂夹砾石或土工合成材料。

想一想:既然路基松软易造成垮塌,是不是路基结构越坚硬越好?

做一做:请同学们利用网络查找关于高速铁路路基设计的有关规定,搜索几个有关路基的事故,学习造成路基事故的原因。

知识拓展

路基支挡建筑物的历史

我国铁路最早和最普遍使用的路基支挡建筑物为重力式挡墙，如滨洲、滨绥、哈大、京山、沈山、京汉、粤汉、京沪等铁路，如图2-4所示。重力式挡墙以浆砌片石构筑，人工操作，简单易行，对于防止路基土质边坡的坍塌、支承路堑高坡和填土路堤的侧向土压力等，有显著功效。新中国成立以后，随着大量山区铁路和海滨、冻土、沙漠等铁路的修筑，由于地势险恶、地质复杂、气温和水文条件差异大，不良地质和特殊土对铁路的危害大，再加上新技术、新工艺和新材料不断应用，使得各种形式的路基支挡建筑物也随之有了很大发展。

图2-4　重力式挡土墙

首先，对支挡建筑物的勘测设计有了很大改进。如对土压力的计算，以前多采用库仑理论，自20世纪50年代起，我国结合铁路荷载种类，先后推导出适合不同形式挡墙使用的计算公式及有关简化图表，以满足设计需要。这一时期，通过试验确定，当路基挡墙为俯斜式且倾角较大时，墙背会出现“第二断裂面”。在20世纪60年代的挡墙设计计算中，按“第二断裂面”的理论改进土压力计算公式，并绘出判识曲线，使挡墙的承载力设计得到了较大的改进。20世纪70年代以后，不断研究和总结经验，针对不同的地质水文资料，编制出有关地震区、浸水区以及各种特殊土适用的一些支挡结构物有关的计算方法和图表，并纳入全路标准设计图，供设计应用。20世纪80年代以来，随着电子计算机的推广应用，结构可靠度理论又被引入到路基工程建筑物的计算中，用于探索更完善的路基挡墙压力计算方法。这一时期的方法尽可能考虑多因素的综合影响，用随机理论和极值求法来计算土柱强度和挡墙的承载力，使挡墙设计在确保安全的条件下，省工、省料。

其次，体现在路基支挡建筑物的结构形式上。因地制宜地进行了许多创新，除了继续大量使用和改进重力式挡墙外，同时发展了一些轻型的新式支挡结构和特别设计的加固建筑物，用于不同的铁路沿线地域，起到了更好地稳定和加固路基的作用。如重力式挡墙的改进型，有衡重式挡墙、托盘式挡墙和檐式挡墙等。轻型的新式挡墙有锚杆挡墙、锚定板挡墙、抗滑桩和桩板墙等。锚杆挡墙和锚定板挡墙与过去的重力式挡墙相比，具有结构轻、柔性大、构件可以预制和拼装等优点，尤其适用于某些地基不良或石料缺乏的地区，对加固路基发挥了良好的作用。抗滑桩和锚固桩是山区铁路处理塌方和滑坡而发展起来的路基支挡新技术,20世纪60~70年代,铁路建设向西南、西北等山区发展,遇到的塌方和滑坡很多,为了治理滑坡,进行过许多试验研究,其中在稳固路基和防塌方面,创造性地运用了各种锚固、抗滑建筑,除了桩柱基础外,还有沉井基础等,作用也很好。1978年,由铁道部专业设计院主持,在柳州铁路局召开的全路新型支挡结构经验交流及选优会议上,总结了路基支挡建筑物的设计、施工经验,对后期铁路建设中择优发展铁路路基的支挡建筑物有很大的促进作用。

最后,在路基支挡建筑物中,广泛采用各种新材料和新工艺,使其在技术经济上更加合理和先进。最突出的是各种土工合成材料的应用,如土工织物、土工膜、特种土工合成材料和复合型土工合成材料等。土工合成材料是用合成纤维、塑料、橡胶等高分子聚合物制成的用于岩土工程的新型建筑材料,具有防渗、隔离、加筋、过滤、排水和防护等功能,可以根据工程的要求进行选用。土工织物是一种化纤产品,透水性,抗拉强度大,抗剪力强,可广泛用作渗水固结材料。土工膜有以沥青作为浸润黏结剂的沥青土工膜和聚合物土工膜两类,可加筋,也可不加筋,具有耐火、防腐蚀和抗拉强度大,延伸率可达150%~600%等特点,不易老化,在支挡建筑物中使用,可显著提高承载能力和稳固性。在路基工程中常用的特种土工合成材料有土工格栅、土工模袋、土工网、土工垫、土工格室和超轻型土工合成材料等。复合型土工合成材料指综合运用土工织物、土工膜和某些特种土工合成材料的组合材料,它能按工程需要,将不同构成材料的性能结合起来,更好地发挥材料的多功能作用。在路基的支挡建筑物中,如果埋入加筋的土工合成材料,可依靠其与岩土的相互摩擦作用,限制土体侧向变形、增强土体承载的整体性。修筑陡坡(路堤或路堑)时,把加筋材料埋入土中,可阻止坡面滑动,防止滑坍。在填土坡端埋入筋材,可使边坡填土更加密实,防止填料侧向移动。在挡墙上部边坡放置土工织物,可阻止雨水渗入土层,保护挡墙。除了土工合成材料外,钢纤维、玻璃纤维和锚喷混凝土等也有广泛应用。

第三节 桥隧建筑物

当铁路线路需要跨越江河、山岭,或与既有公路、铁路形成立体交叉时,需要修建桥隧建筑物。

一、高速铁路桥梁

桥梁(图2-5)是高速铁路土建工程中的重要组成部分,桥上线路与路基上、隧道中的线路不同,除基础沉降外,桥梁结构在列车活载通过时会产生变形和振动;在风力、温度变化、日照、制动等因素下会产生各种变形,桥上线路平顺性也会随之发生变化。因此,每座桥梁都是保证线路平顺的干扰点。为了保证列车的行车安全和乘坐舒适,高速铁路桥梁除了具备一般桥梁的功能外,还要确保列车高速通过的平顺、稳定。相关资源见二维码2-1。

二维码2-1

桥隧建筑物

图 2-5　京沪高速铁路丹阳至昆山特大桥

(一)高速铁路桥梁的特点

高速铁路具有高速度、高舒适性、高安全性、高密度连续运营等特点,这对其土建工程提出了严格的要求。由于速度大幅度提高,高速列车对桥梁结构的动力作用大于普速列车对桥梁结构的动力作用,桥梁若出现较大挠度,会直接影响桥上轨道的平顺性,造成结构物承受很大的冲击力,旅客舒适度受到严重影响,轨道状态不能保持稳定,甚至影响列车的运行安全。此外,为保证轨道的平顺性,还必须限制桥梁的预应力徐变上拱和不均匀温差引起的结构变形,这些都对高速铁路桥梁结构的刚度和整体性提出了严格的要求。高速铁路桥梁的特点如下:

1. 桥梁所占比例大、高架长桥多

高速铁路设计参数限制严格,曲线半径大、坡度小,并需要全封闭行车,导致桥梁建筑物数量要大大多于普速铁路,图 2-6 所示为国内高速铁路桥梁占比。

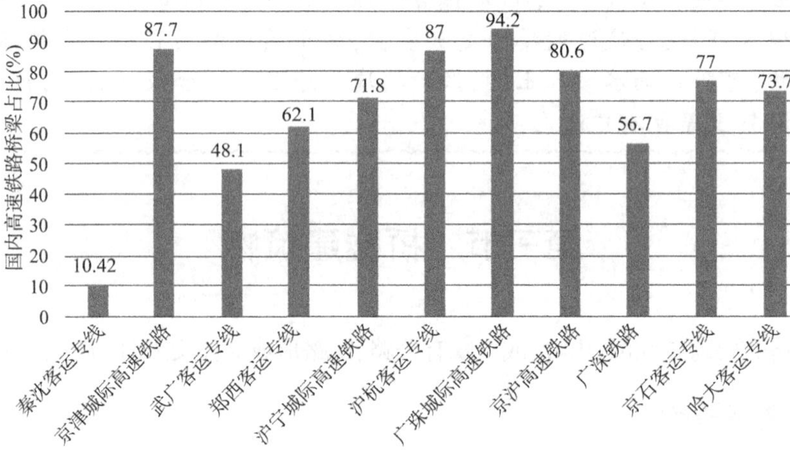

图 2-6　国内高速铁路桥梁占比

2. 以中小跨径为主

由于高速铁路对线路、桥梁、隧道等土建工程的刚度要求严格,因此,高速铁路桥梁跨径不宜过大,应以中小跨径为主。京沪高速铁路线上桥梁绝大多数为中小跨径,常用桥式为等跨径布置的双线整孔简支梁,跨径有 24m、32m、40m 几种,且以 32m 梁居多,其中 20m 以下跨径的桥梁由 4 ~5 片箱梁组成。秦沈客运专线常用的简支梁是 20m、24m 双线整孔箱梁及 32m 单双线整孔箱梁。部分国家高速铁路跨径最大的桥梁见表 2-8。

部分国家高速铁路跨径最大桥梁 表 2-8

国　名	桥　名	所在线路名称	主跨(m)
中国	赣江特大桥	京九高速铁路	300
德国	法伊茨赫希海姆美因河桥	汉诺威—维尔茨堡线	162
西班牙	阿姆波斯特桥	巴塞罗那—瓦朗斯线	158
瑞典	伊戈尔斯塔桥	格鲁亭线	158
日本	第二千曲川桥	北陆新干线	135
法国	旺塔布伦桥	地中海线	100
中国	沪苏通长江公铁大桥	通沪铁路	1092

3. 刚度大、整体性好

列车高速、舒适、安全行驶的需求,要求高速铁路桥梁必须具有足够大的刚度和良好的整体性,以防止桥梁出现较大挠度和振幅。同时,必须限制桥梁的预应力徐变上拱和不均匀温差引起的结构变形,以保证轨道的高平顺性。一般来说,高速铁路桥梁设计主要由刚度控制,强度基本上不控制其设计。尽管高速铁路活载小于普速铁路,但实际应用的高速铁路桥梁,在梁高、梁重上均超过普速铁路。

4. 纵向刚度大

高速铁路要求依次铺设跨区间无缝线路,而桥上无缝线路钢轨的受力状态不同于路基,结构的温度变化、列车制动、桥梁挠曲会使桥梁在纵向产生一定的位移,引起桥上钢轨产生附加应力。过大的附加应力会造成桥上无缝线路失稳,影响行车安全。因此,墩台基础要有足够的纵向刚度,以尽量较少钢轨附加应力和梁轨间的相对位移。

5. 重视改善结构耐久性,便于检查、维修

国内外大量桥梁的使用经验表明,结构的耐久性对桥梁的安全使用和经济性起着决定的作用。经济性好是指建造费用与使用期内的检查维修费用之和达到最少,片面地追求较低的建造费用而忽视耐久性,往往会造成很大的经济损失。因此,高速铁路桥梁结构设计应十分重视结构物的耐久性设计,统一考虑合理的结构布局和结构细节,要使结构易于检查维修,以保证桥梁的安全使用。

6. 具有良好的动力特性

高速铁路桥梁设计除必须满足一般铁路桥梁的要求外,还需满足一些特殊的要求,具备良好的动力特性。这是因为在列车高速运行条件下,结构的动力响应加剧,从而使列车运行的安全性、旅客乘坐的舒适度、荷载冲击、材料疲劳、列车运行噪声、结构耐久性等问题都与普速铁路不同。

7. 强调结构与环境的协调

高速铁路作为重要的现代交通运输线,应保证结构与环境的协调,重视生态环境保护。这主要指桥梁造型要与周围环境相一致并注重结构外观和色彩,在居民点附近的桥梁应有降噪措施,避免桥面污水损害生态环境等。

(二)高速铁路对桥梁的要求

高速铁路由于具有高速度、高舒适性、高安全性、高密度连续运营等特点,一般采用全封闭的行车模式,导致桥梁的比例相比普速铁路明显增大。因此,高速铁路桥梁除了满足一般铁路桥梁的要求外,还要满足其他一些特殊要求。

(1)高速行车要求结构物有高度的抗挠和抗扭刚度,因此,不应采用柔性结构。

(2)采用钢结构和框架结构,不仅可以减少维修工作量,当有局部损伤时也不会影响整体。

(3)采用多跨连续的钢筋混凝土梁桥,在受力方面,比较安全可靠。

上述这些都对高速桥梁结构的刚度及整体性提出了严格的要求。我国高速铁路桥梁基本遵循以下原则:

(1)采用双线整孔桥梁,主梁整孔制造或分片制造整体联结。双线桥梁一方面提供了很大的横向刚度,同时在经常出现的单线荷载下,竖向刚度比单线桥增大了一倍。

(2)除了小跨度桥梁外,大多采用双线单室箱形截面。

(3)增大梁高。

(4)尽量选用刚度大的结构体系,如连续梁桥、刚架桥、斜拉桥等。

(5)桥梁跨度不宜过大。

(三)桥梁结构形式

各国高速铁路的桥梁结构形式呈多样化,有预应力混凝土简支箱梁(图2-7)、连续箱梁、多片式T梁、上承式钢板连续结合梁,下承式钢桁梁、鱼腹式上承钢桁连续结合梁、大跨径系杆钢拱、斜拉桥(图2-8)等多种结构形式。设计时应根据桥梁的使用功能、河流水文条件、工程地质情况、轨道类型以及施工设备等因素综合考虑和选择桥梁结构形式。我国高速铁路桥梁绝大部分为多孔等跨预应力混凝土简支箱梁,有20m、24m、32m三个跨径系列,主要以32m梁为主。

图2-7 简支箱梁桥

图2-8 斜拉桥

高架线路上多采用多孔等跨简支梁桥的形式,具有如下优点:

(1)等跨简支体系的桥跨外形一致,截面相同,构造布置统一,使桥跨密集的高架线路的运营管理工作大为简化,也便于结构的日常检查和养护维修。

(2)高架线路采用简支体系的梁桥,更能适应地质不良、地基承载力低的地段。

(3)等跨简支梁,适宜于现场工厂化预制,逐孔架设,能显著提高施工速度。

跨越主要交通干线或通航河流时,将会采用特殊结构的大跨径梁式,一般选用连续梁、连续刚构、拱及结合梁桥等,并尽量采用双线整孔箱形截面。大跨径桥梁由于对外界激励的敏感性强,且结构庞大,不易更换,对其物理、力学性能及结构的可靠性要求比小跨径桥梁更高。典型的高速铁路大跨径桥梁如图2-9所示。

图 2-9 南京大胜关大桥

对于跨径 16m 及以下的桥梁，钢筋混凝土框架桥、钢筋混凝土连续刚架、小跨径刚架连续梁、整体式钢筋混凝土板梁、横向联结的多片式 T 梁等均能满足高速行车的要求，可以根据工点的实际情况、施工条件等来选择合理的结构形式。

（四）桥面布置及附属设施

1. 桥面的布置

（1）桥上有砟轨道轨下枕底道砟厚度不应小于 0.35m。

（2）桥上应设置防护墙兼作挡砟墙，其顶面与相邻轨道轨面等高。直线地段有砟轨道桥梁的线路中心线至挡砟墙内侧净距不应小于 2.2m。

（3）桥面应为接触网支柱、电缆槽等有关设施的安装预留位置。

（4）桥上栏杆宜采用工厂化集中预制的混凝土构件，在踏面以上的高度不宜小于 1m。

（5）接触网支柱在桥上的位置应根据接触网的技术要求和曲线内侧限界加宽要求确定。

（6）桥面宽度应按照建筑限界、作业维修通道或人行道、电缆槽、接触网立柱、养护维修方式等要求确定。

2. 救援疏散通道规定

（1）桥长超过 3km 时，应结合地面道路条件，每隔约 3km（单侧约 6km），在线路两侧交错设置一处可上下桥的救援疏散通道。

（2）救援疏散通道应满足抗震的要求。

（3）桥上应设置疏散导向标志，救援疏散通道侧对应的桥上栏杆或声屏障位置应预留出口。

（4）桥梁救援疏散通道应与地面道路顺接。铁路桥墩墩柱可能受到汽车（船舶）撞击时，宜设置防护工程。

二、高速铁路隧道

隧道（图 2-10）是铁路线路穿越山岭的构造物，修建隧道可大幅度缩短线路长度，降低线路高程，改善通过不良地质地段的条件，降低铁路造价，高速列车的运行状态对线路的平纵断面提出了更高的要求，隧道在线路中的比例也有所增大。

图 2-10　高速铁路隧道

(一)高速铁路隧道的特点

高速铁路隧道与普速铁路隧道最大的区别就是当列车以高速通过隧道时,会产生极强的空气动力学效应,即瞬间压力、洞口微气压和行车阻力,对行车安全、旅客舒适度及洞口环境等均产生不利影响。归纳起来,高速列车行经隧道会引起如下问题:

(1)由于瞬变压力的变化,会造成旅客及乘务人员耳膜压感不适,舒适度降低,对乘坐人员和车辆产生危害。

(2)高速列车进入隧道时,会在隧道出口产生微气压波,发出轰鸣声响,引发附近建筑物的振动,影响居民正常生活。

(3)高速列车通过隧道时,行车阻力变大,使运营能耗增大,并要求机车牵引动力增大。

(4)形成空气动力学噪声。

(5)影响隧道维修养护人员的正常作业。

(二)高速铁路隧道结构设计的要求

高速铁路隧道结构设计不仅要满足空气动力学特性的要求,还要从构造和防灾上满足高速铁路隧道建筑衔接和配置的各功能空间的要求。

1. 加大隧道净空有效面积

克服空气动力学效应的一个有效手段是加大有效净空面积,从结构受力等方面对断面进行优化。隧道横断面由隧道建筑限界、轨道数量、线间距、应预留的空间(如安全空间、避难和救援空间、线路上部建筑维修空间等)、空气动力学影响所需的空间和设备安装空间构成。

隧道的横断面由堵塞比决定,即列车的横断面面积与隧道的横断面面积比值(β)。β 值越小,压力瞬变现象越不明显。在确定了列车的类型与速度后,就可以根据列车的断面面积来确定隧道的断面面积。

2. 设置安全空间

安全空间是为铁路工作人员和养护维修人员预留的空间。内设扶手、保护栏等。我国规定,隧道内安全空间应在距线路中心线 3.0m 以外,单线隧道设在电缆槽一侧,多线隧道必须设在两侧。安全空间尺寸高度不应小于 2.2m,宽度不应小于 0.8m;安全空间的地面应不低于轨面规定的高度，必须平整，允许有3‰的横向排水坡。安全空间的地面与接触网设备的带电部分之间的距离不小于3.95m，安全空间的边界应带有反光的白色线条标志。如果不设安全空间，就必须设避车洞。

3. 避难和救援通道

设置在隧道中线路两侧的一个贯通的避难和救援通道，称为避难和救援通道，该通道直通到隧道外，用于自救或外部救援。救援通道应设在安全空间的一侧，距线路中心线不应小于2.3m。救援通道走行面不低于轨面高度，宽度不应小于1.5m，在装设专业设施处，宽度可减少0.25m，净高不应小于2.2m。

4. 工程技术作业空间

线路和上部建筑维修空间是为进行上部建筑维修作业，而留出的一定的维修空间。工程技术作业空间用以安装设备或加强衬砌以及安装降噪声护墙板。在安全空间和救援通道以外，其宽度应为0.3m。架设接触网设备空间是电气化铁道上预留架设接触网等设备的空间，与既有线标准相同。

5. 运营通风

在长度大于8km的电气化铁路隧道，应设置运营通风设备。该设备应考虑防灾通风，以利于控制灾害范围和采取救援。

6. 照明设备

隧道内的照明设置应考虑维修养护、满足紧急情况下人员疏散及救援人员的通行要求，还要考虑列车进入隧道后的亮度和旅客舒适的要求。

7. 防灾救援

隧道内列车发生灾害主要是脱轨翻车和隧道内列车火灾两大类。高速铁路隧道的安全防灾主要有列车火灾事故的预防、发现和消防、救援。因此，对隧道内的防火设施、隧道内外的监测通报技术，隧道的避难、通风、排烟设施有较高的要求。对于高速铁路隧道的防灾，主要措施是应设置救援通道、隧道照明、逃生路线标志牌、气流显示和风向测量装置，以及紧急呼救电话和人行道等。另外，在靠近城市和有条件的隧道洞口处和紧急通道出口处，设置供外部救援车辆停放的场地。

三、高速铁路隧道设计规定

1. 一般规定

隧道主体结构设计使用年限应为100年，隧道设计应体现动态设计理念。隧道设计应考虑列车进入隧道诱发的空气动力学效应对行车、旅客舒适度、隧道结构、隧道内设施或设备及环境等方面的不利影响。隧道内采用无砟轨道时，应根据无砟轨道铺设要求，设置隧道地基沉降观测标。隧道辅助坑道的设置应综合考虑施工、防灾救援等能力的要求。隧道结构防水等级应达到地下工程一级标准。风险管理应贯穿于隧道的设计和施工全过程，并根据项目不同阶段有所侧重。新建双线10km及以上的特长隧道，应根据地形地质条件，结合施工方法、施工组织要求，以及运营与防灾救援疏散工程设置等需要，进行修建单洞双线隧道和双洞单线隧道的技术经济比较分析。

2. 衬砌内轮廓

隧道衬砌内轮廓的确定因素如下:

(1)隧道建筑限界。

(2)股道数及线间距。

(3)隧道设备空间。

(4)空气动力学效应。

(5)轨道结构形式及其运营维护方式。

(6)养护及工程技术作业空间。

(7)救援通道空间。

(8)机车车辆类型及其密封性。

3. 隧道净空有效面积

(1)设计速度目标值为300km/h、350km/h时,双线隧道净空有效面积不宜小于100m²,单线隧道净空有效面积不宜小于70m²。

(2)设计速度为250km/h时,双线隧道净空有效面积不宜小于90m²,单线隧道净空有效面积不宜小于58m²[《铁路隧道设计规范》(TB 10003—2006)]。

4. 隧道救援通道的设置

(1)隧道救援通道应贯通设置,单线隧道单侧设置,双线隧道双侧设置,救援通道距线路中线不应小于2.3m。

(2)救援通道的宽度宜为1.5m,高度不应小于2.2m。

(3)救援通道走行面不应低于轨面,走行面应平整、铺设稳固。

5. 隧道安全空间的设置

(1)安全空间应设在距线路中线3.0m以外,单线隧道在救援通道一侧设置,多线隧道在双侧设置。

(2)安全空间的宽度不应小于0.8m,高度不应小于2.2m。

6. 防排水

隧道防排水设计方案应结合隧道洞身水环境要求和水文地质条件确定。隧道防排水应采取"防、堵、截、排,因地制宜,综合治理"的原则。

双线隧道应设置双侧水沟和中心水沟,中心水沟应与双侧水沟相连通。水沟的设置应考虑清理和检查要求,暗埋中心排水沟应设检查井。检查井间距不宜大于50m,其盖板面宜与隧底填充面齐平,侧沟在边墙衬砌侧应预留进水孔,间距不宜大于4m。侧沟与中心水沟间应设置排水管,间距不大于50m。

隧道衬砌结构的施工缝、变形缝应按一级防水要求,采取可靠的防水措施。隧道洞内排水系统应与洞外排水系统顺接,必要时设置具有检修、维护功能的缓冲井(池)。

想一想:为什么桥梁修建并不都是直线连接?是不是穿越所有山体都需要修建隧道?

做一做:请同学们查找一座高速铁路桥梁、一条高速铁路隧道,并结合本节知识点简要说明其设计特点。

知识拓展

高速铁路桥隧实例简介

一、武汉天兴洲长江大桥

武汉天兴洲长江大桥(图2-11)是公铁两用桥,由武汉市与中国国家铁路集团有限公司合作建设,大桥位于武汉长江二桥下游10km处,西北起于汉口平安铺,东南止于武昌武青主干道,主桥长4657m,主跨504m,公路引线全长8043m,铁路引线全长60.3km,全桥共91个桥墩,总投资约110亿元。其中主跨为504m,可以同时承载2万t的荷载。

图2-11 武汉天兴洲长江大桥

武汉天兴洲长江大桥是中国第一座能够满足高速铁路运营的大跨经斜拉桥,其4线铁路为京广高速铁路和沪汉蓉客运专线,其中沪汉蓉客运专线设计速度250km/h。上层为6车道公路,设计速度80km/h;下层为可并列行驶4列火车的铁道,设计速度200km/h。

二、狮子洋隧道

狮子洋隧道(图2-12)是广深港高速铁路上的一个水下隧道,位于广州市南沙区庆盛站和东莞市虎门站之间。为双洞单线隧道,左、右线各长10.8km,设计速度250km/h。隧道穿越小虎沥、沙仔沥和狮子洋3条水道,是国内里程最长、建设标准最高的水下铁路隧道之一。在安全设计上,隧道可满足"抗震、抗火、抗爆、抗洪"要求。其抗震设计可抗7级强震;抗爆设计可抵御5kg炸药的冲击;抗洪设计可以满足300年一遇的洪水水位下,河道的冲刷变形对隧道的影响。其防水设计采用了双道密封条,可以防渗防漏,满足100年耐久性要求。此外,隧道内设计的19条逃生横通道,可以有效应对火灾、火车意外撞击等事故,保证人员可以安全撤离。

图2-12 狮子洋隧道

第四节　高速铁路轨道

高速铁路轨道(图2-13)和普速铁路轨道结构一样,也是由钢轨、轨枕、连接零件、道床、防爬设备和道岔等主要部件组成。由于经常处于列车运行的动力作用下,所以其各组成部分均应具有足够的强度和稳定性,以保证列车按照规定的最高速度,安全、平稳和不间断运行。

图2-13　高速铁路轨道示例

一、高速铁路对轨道结构的要求

1.应具有可靠的稳定性和高平顺性

钢轨直接支撑着列车的运行,其合理外形和良好的内在质量是保证列车舒适性、安全性的前提;而轨下基础的高精度和高可靠性,是钢轨精确稳定的几何位置的重要保证。因此,必须选用高精度和高可靠性的轨道部件。高精度铺设轨道结构是实现轨道初始高平顺性的保证。轨道结构铺设阶段产生的初始不平顺,是运营阶段不平顺产生、发展、恶化的根源,一旦出现这种不平顺,就会对轨道结构和路基基础产生不良影响。因此,应确保轨道铺设的精度。我国高速铁路线路轨道铺设精度规定见表2-9。

我国高速铁路线路轨道铺设精度　　表2-9

项目		高低	轨向	水平	扭曲(6.25m)	轨距
有砟轨道	幅值(mm)	2	2	2	2	+2
无砟轨道	幅值(mm)	2	2	1		+1
道岔	幅值(mm)	2	2	2		+1
弦长		10				

2.良好的轨道弹性

高速铁路轨道结构具有良好的弹性十分重要。轨道具有良好的弹性,不仅可以使轨道具有较强的抗振动与抗冲击能力,而且有利于减少噪声干扰,因此,轨道结构具有良好的弹性是各国高速铁路追求的目标。轨道结构弹性良好包括两方面的含义:一是用于吸收高速行车引起的振动,即起到"吸振"作用;二是沿轨道纵向弹性的均匀性。有砟轨道的弹性主要由散粒道砟道床和轨下垫层提供。无砟轨道的弹性主要由混凝土基床与轨道板之间的乳化沥青、水泥砂浆和轨下垫层提供。

3.可靠的轨道部件

高速铁路轨道结构是极为重要的工程结构,要求其具有极高的安全可靠性,对组成轨道结构的各部件自然也提出了极为严格的性能和质量要求。

4.便利的养护维修

高速列车运行时,不允许出现任何超过技术标准的偏差,一旦出现,则必须在第一时间内迅速处理,因此,在研究和配置轨道结构及部件的同时,就要考虑养护维修的方便。

5. "天窗"维修制度

计算运输能力时,应考虑高速铁路轨道维修时间,因此,设计一条新线,在计算运输能力时就应预留足够的维修"天窗"时间。

6. 轨面平顺性

高速铁路要特别注意保持轨面的平顺性。研究表明,高速铁路的列车速度高,轨面不平顺(焊接接头不平顺、各种原因引起的轨面凸凹不平顺等)将使列车簧下质量产生共振,造成列车与轨道的振动及行车噪声的产生,影响列车的平稳和舒适。

7. 长、短波不平顺

既要重视轨面短波不平顺,也要重视线路长波不平顺给高速行车带来的影响。所谓长波不平顺是指波长20m以上的不平顺。高速铁路之所以要重视长波不平顺的不利影响,是因为某些波长的长波不平顺会引起列车的共振,从而影响旅客的乘坐舒适度。

二、高速铁路轨道结构类型

高速铁路上的轨道结构可分为有砟轨道(道砟轨道)和无砟轨道(板式轨道)两种类型。这两种轨道类型有各自的优缺点,目前世界高速铁路轨道结构的发展趋势是完善有砟轨道结构和运用无砟轨道。

1. 高速铁路有砟轨道

有砟轨道是一种传统的铁路轨道结构,在国内外已获得广泛应用。有砟轨道具有结构形式简单、造价低、建设周期短,线路的弹性和减振性能较好,而且噪声较小,轨道超高和几何形态调整简单且被破坏后修复时间短、自动化及机械化维修效率高等优点。但随着行车速度的提高,其缺点也逐渐显现。例如,轨道的横向抗力较小,容易产生不均匀下沉,桥上道床稳定性较差,行车时空气动力作用会使道砟飞散,轨道结构被破坏后,维修工作量大。

高速铁路采用有砟轨道时的要求比普速铁路严格得多,如为减小枕下作用荷载和增加轨道横向阻力,而增大轨枕底部与道床表面接触面积,形成了重型轨枕和宽轨枕结构形式;为增加大轨枕纵向支撑的连续性,采用宽轨枕、框架轨枕和纵向轨枕;为提高轨道的弹性,在轨下、枕下和道砟下应用弹性垫层等。

2. 高速铁路无砟轨道

无砟轨道结构是用耐久性好、塑性变形小的材料代替道砟材料的一种新型轨道结构。由于取消了碎石道砟道床,轨道保持几何状态的能力提高,轨道稳定性相应增强,维修工作减少,应用效果明显优于有砟轨道,成为目前高速铁路轨道结构的主要发展方向。德国、法国、日本等国的高速铁路都大比例地应用无砟轨道,荷兰、西班牙、意大利等国也都积极进行无砟轨道的试验与试铺。在速度300km/h及以上的高速铁路采用无砟轨道结构更具优越性。

目前,我国高速铁路线路中只有部分连接线和过渡线采用的是有砟轨道,绝大多数高速铁路线路均采用的是无砟轨道。无砟轨道与有砟轨道优缺点比较见表2-10。本节主要介绍无砟轨道的结构。

无砟轨道与有砟轨道优缺点比较　　表 2-10

性　能	无砟轨道		有砟轨道	
	优点	缺点	优点	缺点
可靠度	线路平面几何形状易于保持	不允许地基沉降	容易实现沉降的调整	线路平面几何形状不易保持
运输能力	有较高的运输能力	—	—	较低的运输能力
承载能力	有较高的承载能力	—	—	较低的运输能力
使用寿命	60 年	一旦维修,需较长时间,中断行车	出现问题,容易维修且维修时间较短	30 年
投资成本	较低	较高	较低	较高
用地	节约用地	维修费用较高	维修成本较低	用地较多
是否需要设置过渡段	—	需设置过渡段	不需设置过渡段	15 年需更换道砟
舒适性	可达到较高最大速度	—	—	可达到一般最大速度
适应较高载要求	能适应较高荷载要求	—	—	适应较高荷载要求低
环境	选线更自由	需要更高降噪标准	较小降噪处理	选线的自由度较小
安全性	列车在高速运行中无道砟飞起	—	—	列车在高速运行中会出现道砟飞起

三、高速铁路无砟轨道结构

无砟轨道是由钢轨、扣件、道岔和轨下基础组成,如图 2-14 所示。

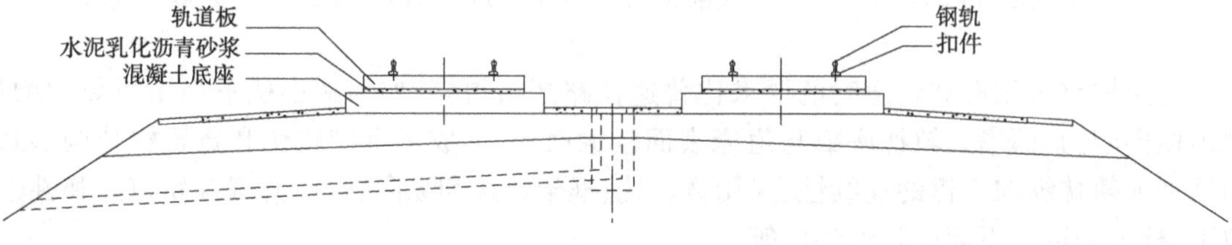

图 2-14　无砟轨道横断面图

1. 钢轨

钢轨是轨道的主要结构之一,由轨头、轨腰、轨底组成。为保证列车高速运行的平顺性,线路下部基础、轨道上部结构及各轨道部件,都要为钢轨的正常工作提供良好条件。而钢轨本身,其内在质量、材质性能、断面公差、平直程度等都是十分重要的特性。钢轨在技术上要能保证足够的强度,韧性,耐磨性、稳定性和平顺性,在经济上能保证合理的大修周期;减少养护维修工作量。

钢轨的功用在于引导机车车辆的车轮前进,承受车轮的巨大压力,并传递到轨枕上。钢轨必须为车轮提供连续、平顺和阻力最小的滚动表面。在自动闭塞区段,钢轨还可兼作轨道电路之用。

(1)钢轨质量。

钢轨的类型,以每 1m 大致质量(kg)数来划分。目前,我国铁路的钢轨类型主要有75kg/m、60kg/m、50kg/m、43kg/m。60kg/m 钢轨的横向、垂向刚度是可以满足高速列车动弯应力的强度需求的。目前,我国高速铁路、日本新干线、法国 TGV 和德国 ICE 均采用 60kg/m 钢轨。

(2)钢轨尺寸允许偏差及平直度要求。

高速铁路的轨道结构区别于普通线路的最重要的特点是,对轨道不平顺的严格控制。体现在钢轨上则是对高速铁路表面尺寸质量、平直度、表面平整度和扭曲的严格要求。钢轨尺寸的精确和外形的平直是轨道平顺的基本保证之一。

(3)钢轨的化学成分。

高速铁路钢轨的质量问题主要表现为由于钢轨内部夹杂、缺陷所引起的疲劳折损。提高钢轨材质的纯净度是减少钢轨疲劳折损、提高钢轨的可靠性、延长其使用寿命的有效途径。钢轨的化学成分是影响其力学性能、焊接性能及其他使用性能的基本因素,也是钢轨材质纯净度的重要指标。

2. 扣件

高速铁路的扣件除要求具有足够的扣压力以确保线路的纵、横向稳定之外,还要求弹性好,以保证良好的减振、降噪性能;扣压力保持能力好,以降低维修工作量;绝缘性能好,以提高轨道电路工作的可靠性,延长轨道电路长度,降低轨道电路投资。

(1)有砟轨道用扣件。

随着混凝土轨枕的发展与应用,我国从 1957 年就开始混凝土枕用扣件(图 2-15)的研究,开发了多种扣件类型,如螺栓扣件、63 型扣板式扣件、67 型拱形弹片式扣件、70 型扣板式扣件、弹条Ⅰ型扣件、弹条Ⅰ型调高扣件、弹片Ⅰ型调高扣件、弹条Ⅱ型扣件、弹条Ⅲ型扣件等。随着高速铁路建设的发展,又新近研发了弹条Ⅳ型扣件和弹条Ⅴ型扣件。

a)

b)

图 2-15 扣件示例

(2)有螺栓弹条扣件(图 2-16)。

弹条Ⅰ型扣件与弹条Ⅱ型扣件是随着混凝土轨枕的应用及无缝线路的铺设而开发的弹性扣件,目前正在线路上大量使用,其由弹条、螺旋道钉、轨距挡板、挡板座、橡胶垫板等组成,混凝土轨枕设挡肩,为有螺栓扣件。弹条Ⅰ、Ⅱ型扣件适用于采用 60kg/m 钢轨并铺设无缝线路的轨道,弹条Ⅰ型扣件也适用于采用 50kg/m 钢轨的轨道。

图 2-16 弹条扣件

弹条Ⅰ型扣件弹条分 A、B 两种类型，A 型弹条单个弹条扣压力 8kN，弹程 9mm，B 型弹条单个弹条扣压力 9kN，弹程 8mm，轨下胶垫的静刚度为 90 ~ 120kN/mm。弹条Ⅰ型扣件单个弹条扣压力 10kN，弹程 10mm，轨下胶垫的静刚度为55 ~ 80kN/mm。弹条Ⅰ型扣件具有扣压力大、强度安全储备大、残余变形小等优点。

(3)无螺栓弹条扣件(图 2-17)。

为适应少维修轨道结构的要求，我国开发了弹条Ⅲ型扣件，扣件由弹条、预埋铁座、绝缘轨距块、橡胶垫板组成，混凝土轨枕不设挡肩，为无螺栓扣件。该扣件具有零部件少、结构紧凑、扣压力大、保持轨距能力强、维修工作量少等优点，尤其适用于采用大型机械作业的线路，但扣件不能进行钢轨高低调整是其主要缺点。

(4)高速铁路用弹条Ⅳ型扣件(图 2-18)。

弹条Ⅳ型扣件系统是为满足高速铁路运营条件，针对铺设预应力混凝土无挡肩枕的有砟轨道的线路条件，并依据《客运专线扣件系统暂行技术条件》而设计的一种无螺栓扣件系统，是在原弹条Ⅲ型扣件系统的基础上经多年深入研究和大量试验优化改进而成的。

图 2-17 无螺栓弹条扣件

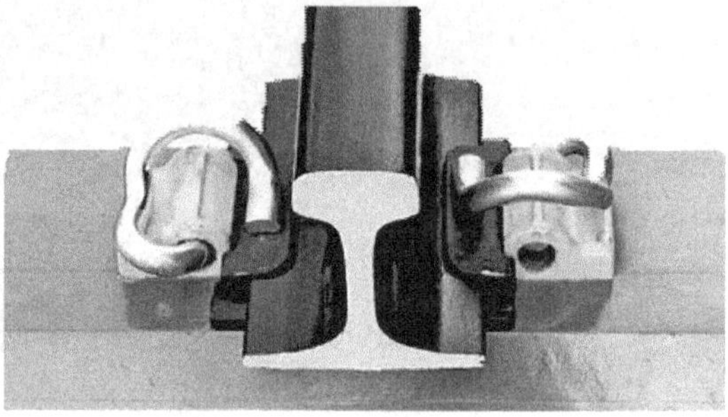

图 2-18 弹条Ⅳ型扣件

弹条Ⅳ型扣件系统由 CA 型弹条、绝缘轨距块、橡胶垫板和定位于预应力混凝土无挡肩枕的预埋铁座组成。钢轨接头处采用 JA、JB 型弹条和接头绝缘轨距块。与弹条Ⅲ型扣件系统一样，弹条Ⅳ型扣件系统为无螺栓扣件系统，属轨枕不带混凝土挡肩的弹性不分开式扣件。具有零部件少、结构紧凑、扣压力大、保持轨距能力强、维修工作量少等优点，尤其适用于采用大型机械作业的线路。

3. **道岔**(图 2-19)

道岔是铁路线路的重要设备,也是制约列车运行速度的关键因素之一。目前,国内有三个系列的高速铁路道岔,分别为德国技术、法国技术和国内自主研发的高速铁路道岔。高速铁路道岔由于其自身的特点,与普通道岔在设计、制造、铺设及养护维修方面有较大的区别。道岔的使用性能与道岔的制造、铺设水平密切相关。尤其是道岔的铺设质量,将直接影响道岔上道后能否满足运营要求。同时,一旦道岔初期铺设质量出现问题,之后将难以整治。因此,对道岔的铺设应给予充分重视。

a) b)

图 2-19 高速铁路道岔图例

由于列车高速运行的特点,高速铁路道岔的使用条件相比普速铁路道岔,有较大不同,主要表现在以下几个方面:

(1)较高的容许通过速度。

目前,国内高速铁路有两种速度,一种是 200 ~ 250km/h,另一种是 300 ~ 350km/h,道岔的直向通过速度应与区间相同,不能限速。同时,由于列车运行速度较快,在个别岔位,对道岔侧向的通过速度也较快,需要采用大号码道岔。

(2)较高的旅客乘坐舒适度。

列车在高速运行条件下,旅客对舒适度比较敏感,因此,高速铁路的舒适度要求要比普速铁路高得多。对于道岔区,列车通过时只能有轻微的感觉,甚至没有感觉,平稳性、舒适性要达到较高的水平。

(3)高安全性。

对于高速运行的列车,安全性至关重要。保证列车通过时的安全性是道岔上道使用的前提。

(4)较长的使用寿命与较少的维护工作量。

高速铁路由于行车速度高、密度大,只能在天窗点进行维护,因此,要求道岔必须有较长的使用寿命,同时尽量减少养护维修工作量。

(5)道岔的轨下基础与区间相匹配。

目前的高速铁路分为有砟轨道和无砟轨道两种,道岔区的道床类型应与区间相匹配,避免频繁地设置过渡段。

归纳起来,高速铁路道岔具有以下特点:

①道岔种类较为单一,以单开道岔为主。

②道岔号码较大,一般在 18 号以上,最大可达 62 号。

③道岔要具有高平顺性、高稳定性。

④辙叉普遍采用可动心轨辙叉。

⑤道岔适用于跨区间无缝线路。

⑥电务转换采用外锁闭装置。

⑦轨下基础采用混凝土长岔枕，并与道床相匹配。

⑧道岔要具有监测系统，用于严寒地区的道岔要具有融雪装置。

⑨道岔要具有较高的制造、组装、铺设精度。

⑩道岔的铺设需要专用设备。

根据目前的技术发展趋势，速度350km/h高速铁路采用无砟轨道，速度250km/h高速铁路采用有砟轨道，个别城际轨道交通，虽然最高运行速度不超过250km/h，采用有砟轨道，但列车轴重较轻，也应采用速度350km/h高速铁路道岔。

四、无砟轨道类型

我国对无砟轨道的研究几乎与国外同时起步，初期只是在隧道、大桥和客运站铺设。随着客运专线和京沪高速铁路的建设，无砟轨道也得到了迅速发展，并提出了适用于我国高速铁路桥梁、隧道结构的三种无砟轨道形式。

1. 长枕埋入式无砟轨道

长枕埋入式无砟轨道（图2-20）由预应力混凝土轨枕、混凝土道床板和混凝土底座组成。在道床板和底座之间设置隔离层，使道床板可以修复或更换，在隔离层上还可设置弹性垫层以增加轨道整体弹性。其轨枕可在工厂预制，道床板和底座在现场灌注。

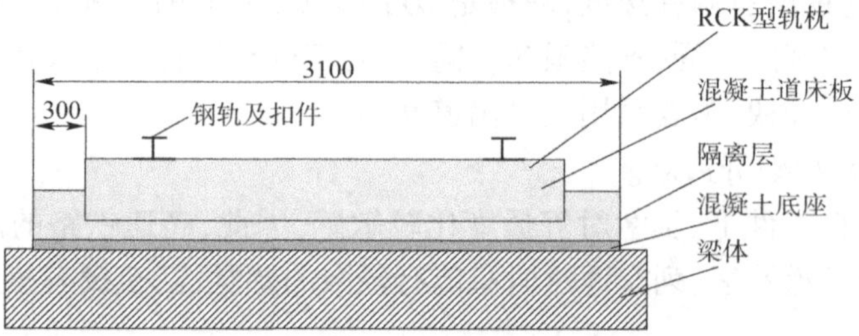

a)长枕埋入式无砟轨道横断面(尺寸单位：mm)

b)长枕埋入式无砟轨道实物图

图2-20 长枕埋入式无砟轨道

2. 板式无砟轨道

板式无砟轨道(图 2-21)由预制的轨道板、乳化沥青砂浆及混凝土底座组成。轨道板由工厂预制,在桥上或隧道内将混凝土底座现场浇筑完成后,再将轨道板及其上部的钢轨、扣件就位,然后在轨道板和混凝土底座之间灌注乳化沥青砂浆,给轨道提供适当弹性的缓冲层,同时可确保轨道几何精度。

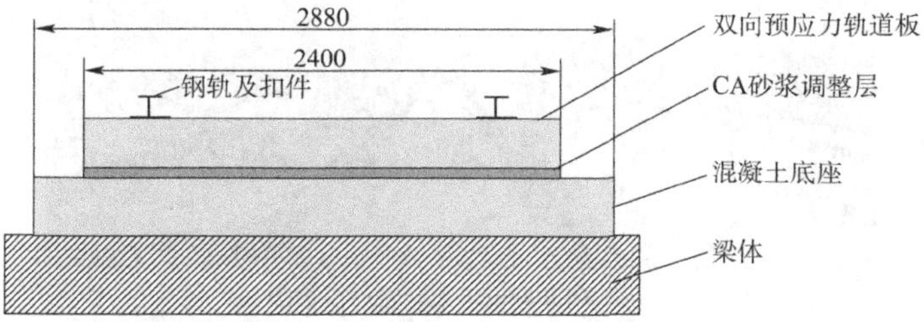

a)板式无砟轨道横断面(尺寸单位：mm)

b)板式无砟轨道实物图

图 2-21　板式无砟轨道

板式无砟轨道已成为国内外高速铁路应用较成熟的一种轨道结构形式,我国京津城际铁路采用的就是这种轨道类型。

京津城际铁路应用的是 CRTSⅡ型板式无砟轨道,如图 2-22 所示。这种无砟轨道,沿袭了博格板式无砟轨道的特点,采用了预应力轨道板结构、经数控磨床打磨的高精度承轨槽、轨道板快速测量定位系统以及高性能沥青水泥砂浆垫层等先进的技术和工艺。同时,又结合京津城际铁路以长桥为主的实际情况,对长桥上无砟轨道结构进行了改进,这些改进包括设置路桥过渡段端刺和摩擦板、桥面上设两布一膜滑动层以及梁面增加剪力齿槽和 C、D 侧向挡块,取消凹形限位槽,取消无缝线路轨道结构中的钢轨调节伸缩器,考虑我国铁路轨道电路传输的制式,又增加了钢筋绝缘保护的措施等。从轨道扣件、轨道板等方面实现了路基、桥梁、隧道地段无砟轨道结构的统一,简化了轨道板的生产和底座混凝土的施工。

3. 弹性支承块式无砟轨道

弹性支承块式无砟轨道(图 2-23)由混凝土支承块、块下橡胶垫、橡胶套靴、填充混凝土道床板及混凝土底座组成。在工厂完成支承块、块下橡胶垫及橡胶套靴的预制,混凝土底座现场浇筑完成后,将支承块、橡胶垫、橡胶套靴与钢轨、扣件进行组装并精确定位,然后灌注混凝土道床板,就地成型。

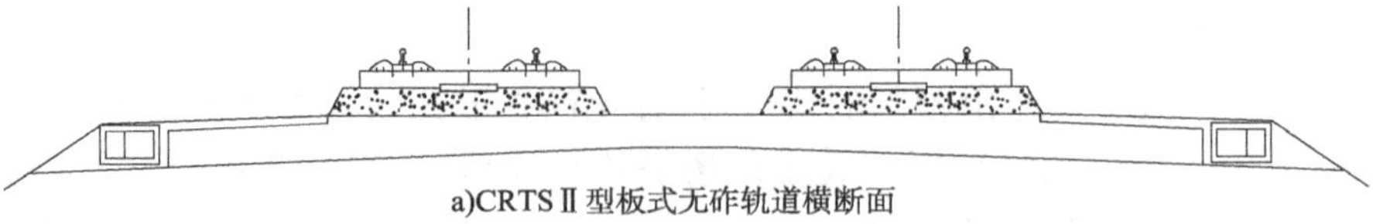

a)CRTSⅡ型板式无砟轨道横断面

b)CRTSⅡ型板式无砟轨道实物图

图 2-22　CRTSⅡ型板式无砟轨道

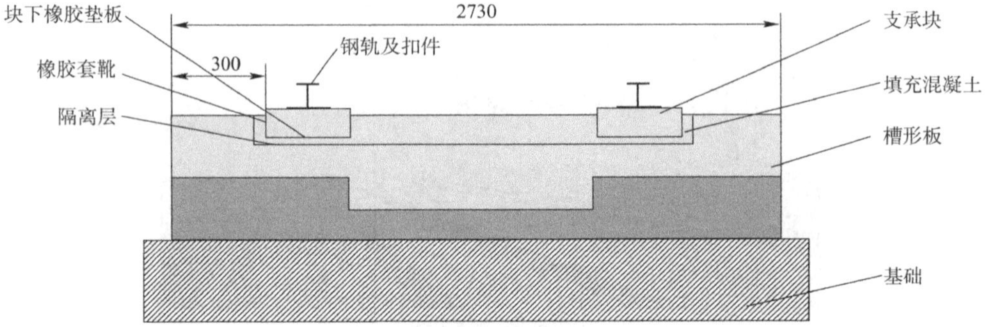

a)弹性支承块式无砟轨道横断面（尺寸单位：mm）

b)弹性支承块式无砟轨道实物图

图 2-23　弹性支承块式无砟轨道

想一想：无砟轨道的优点众多，为何现在仍有很多有砟轨道线路？

做一做：试分析普通道岔与高速铁路道岔的相同点及不同点。上网查找当前高速铁路道岔辙叉号数。

知识拓展1

《铁路技术管理规程》(高速铁路部分)中关于铁道线路的规定

第43条 新建300km/h及以上铁路、长度超过1km的隧道及隧道群地段,可采用无砟轨道。

正线及到发线轨道应采用一次铺设跨区间无缝线路,正线钢轨应采用100m长定尺的60kg/m钢轨。绝缘接头应采用胶接绝缘接头。高速铁路有砟轨道正线应采用特级碎石道砟。

第44条 轨距是钢轨头部踏面下16mm范围内两股钢轨工作边之间的最小距离。直线轨距标准为1435mm。

第45条 线路两股钢轨顶面,在直线地段应保持同一水平。

曲线地段的外轨超高,应按有关规定的办法和标准确定。

第46条 道岔应铺设在直线上,正线道岔不得与竖曲线重叠。车站正线及到发进路上的道岔宜采用可动心轨道岔,道岔轨型应与正线和到发线的轨型相同。

钢轨伸缩调节器应铺设在直线上,避免与竖曲线重叠。

第47条 道岔辙叉号数选择应符合下列规定:

1. 正线道岔的直向通过速度不应小于路段设计速度。

2. 正线与到发线连接应采用18号道岔。两正线间的渡线应按功能需要选用18号及以上道岔。

3. 始发或终到车站以及改、扩建车站,在特别困难条件下,可采用12号道岔。

4. 正线与联络线连接的道岔辙叉号数应按联络线设计速度选用,并宜选用大号码道岔。

第48条 道岔应保持良好状态,道岔各零部件应齐全,作用良好,缺少时应及时补充。道岔出现伤损或病害时,应及时修理或更换。

第49条 联锁道岔应配备紧固、加锁装置,以备联锁失效时用以锁闭道岔。铁路局应制定联锁失效时防止扳动的办法。

紧固装置采用紧固器,加锁装置采用勾锁器。

第50条 线路应全封闭、全立交,线路两侧按标准进行栅栏封闭,对铁路技术作业的专用通道和处所,须设置"非铁路作业人员禁止进入"的警示标志。站内不得设置平过道。

第51条 安全线设置条件应符合下列规定:

1. 联络线、动车组走行线与正线接轨时应设置安全线,与到发线接轨时可不设安全线。

2. 维修工区(车间)等线路与到发线或其他站线接轨时,应在接轨处设置安全线。

3. 有折返列车作业的中间站,有动车组长时间停留的到发线两端应设置安全线。

4. 接车线末端、接轨处能利用其他站线及道岔作为隔开设备并有联锁装置时,可不另设安全线。

安全线的设计应符合相关设计规范的要求。

第 52 条 各种建(构)筑物、电线路、管道及渡槽跨越铁路,横穿路基,或在桥梁上下、涵洞内通过铁路时,应提出设计、施工方案和安全措施等文件,经铁路局同意,并派员对施工现场实行安全监督下,方可施工。

第 53 条 防护栅栏设置应符合铁路线路防护栅栏有关标准的规定。

第 54 条 防护栅栏的设备管理由工务部门负责,治安管理由铁路公安部门负责。

第 55 条 对各类通道须设门加锁,由使用单位落实管理责任。

铁路工务、电务、车务、供电等部门因作业需要设置作业门时,按照"谁使用,谁申请,谁管理"的原则,由使用单位提出申请报铁路局栅栏设备管理部门批准,站区内还需经车务部门批准,经与栅栏设备管理单位和属地铁路公安部门办理书面手续后方可设置。

铁路工作人员专用通道、作业门应有警示标志。

第 56 条 根据铁路噪声排放治理需要,可在铁路两侧设置声屏障。声屏障应满足国家和行业相关标准和规范的要求。

声屏障设置应符合铁路建筑限界的规定,安装强度须保证运输安全,并满足铁路设施检修和维护的要求,不得影响其他行车设备的安全运行。

声屏障应进行定期检查和维护。

第 57 条 路基声屏障连续长度超过 500m 时,应根据疏散和检修要求统一设置安全通道,安全通道外边坡处应有安全通行条件;桥梁声屏障安全通道应结合救援疏散通道设置。

知识拓展2

无缝线路

无缝线路是指将钢轨焊接起来的线路,称焊接长轨线路,又因长轨中有存在巨大的温度应力,故也称温度应力式无缝线路。按焊接长轨条长度不同而有普通无缝线路和跨区间无缝线路。前者的焊接钢轨长度一般约为 1~2km,在两长轨条之间设置 2~4 根标准轨,用普通钢轨接头形式与长轨条连起来,形成缓冲区,它虽然减少了钢轨接头,但缓冲区内仍然存在钢轨接头。跨区间无缝线路为焊接长轨条贯穿整个区段,并与车站道岔焊接,桥上铺设无缝线路,自动闭塞地段采用强度高的绝缘接头,取消了介于长轨条与它们之间的缓冲区,消灭了钢轨接头,彻底实现了线路的无缝化。上述两种无缝线路的长轨条两端存在具有一定伸缩量的伸缩区,长度一般为 50~100m,中间部分为无伸缩的、温度力最大的固定区。与上述两种无缝线路不同的是放散温度应力式无缝线路,它又分为自动放散和定期放散两种。前者是在焊接长轨条两端设置伸缩调节器自动释放钢轨中的温度力,它主要用在高速铁路和桥梁上的线路。后者是把钢轨内部的温度力每年调整放散 1~2 次,放散时,松开焊接长轨条上的全部零件,使它自由伸缩,放散内部的温度力,在一定的轨温条件下把扣件全部扣紧而锁定。它主要适用于年轨温差较大的寒冷地区。但由于放散温度应力工序比较繁杂,故很少采用。

第五节 高速铁路轨道技术检测与管理

由于列车不间断地运行以及自然界和人为的作用,往往使高速铁路线路发生各种变形或损坏。为了确保列车能按规定的最高速度安全、平稳、不间断地运行,以及延长线路各部分的使用寿命,必须加强对线路的养护维修和监测,保证线路设备经常处于完好状态。尤其是对高速铁路线路,各国都更加重视对该类线路的检测和管理。

一、线路的检测与机械监测设备

1. 线路的检测

高速铁路轨道设备由于列车荷载的反复作用,钢轨会变成凹凸不平的状态,称为轨道变形。为了保证机车车辆安全平稳地运行,必须经常对轨道状态进行检查和测量,并对变形进行修整。

车辆的摇摆是由于轨道和车辆走行装置的变形所引起,轨道必须给轮缘提供连续平顺滚动的接触表面。因此,要求轨道具有一定的几何形位,必须经常对轨道的高低、水平、轨距以及三角坑等进行检查和测量,并对其进行修整。对钢轨除进行正常磨耗、锈蚀等一般性检查外,还要用钢轨擦伤检查车和超声波探伤机进行周密检查。发现钢轨、道岔及叉心的磨耗或损伤的测量值超过容许值时,应及时进行修补或更换。

2. 机械监测设备

为适应高速列车运行的要求,在高速线路上采用了一系列现代技术和设备,从而实现了减少维修工作的目的。

(1)捣固机(图 2-24)。

目前,在线路维修作业中已采用了多头捣固机和捣固拨道机,具有捣固、拨道两种功能,并组装成专用车辆在线路上作业。捣固镐头由 16 个增加为 64 个,利用激光进行拨道,并设有机械装置,用以测定道砟夯实程度和轨道位置。

(2)清筛机械(图 2-25)。

在有砟轨道上,采用清筛机械以代替人力,每小时可以清筛 325 ~400m 长的道床。

图 2-24 捣固机

图 2-25 道砟清筛车

(3)轨排运送机(图 2-26)。

轨排运送机安装在大修列车上,它能够拆铺结构复杂的道岔,并直接铺设和回收 120m

以上的焊接长钢轨。每换120m轨排需要约100min,施工时用起重机逐节拆除旧轨排,平整道床后再逐节铺放新轨排,以捣固机捣固并对轨道进行整理。

(4)轨道检测车(图2-27)。

轨道检测车可以在高速运行中检查动荷载下的轨道几何状态,并能及时处理数据。当轨道变形超过规定限度时,能在现场自动喷射涂料,在轨道上留下标志。

图2-26　轨排运输机

图2-27　轨道检测车

轨道检测车可以测定轨距、水平、方向、高低(轨道超高)、线路摇摆测量、车辆振动加速度等项目。此外,还能测定噪声强度。

轨道检测车的测定设备主要包括检测部、运算部和记录部等。现代检测车是使用电子计算机和各种分析仪器,及时处理轨道检测数据,检测数据记录除用磁笔模拟记录在纸上外,各国还采用模拟磁带和数字磁带记录,并装有光学示波器记录装置。此外,还有钢轨探伤车、钢机磨削车等。

(5)融雪装置及地震检测警报系统。

穿行寒冷和地震地区的高速铁路,为了确保列车的安全和可靠运行,必须十分重视防雪、防震等有关问题。

图2-28　国外除雪车

在防雪方面,通常在列车头部安装犁雪机以排除轨道上的积雪(图2-28),或采用可以在钢轨下储存降雪的高架构造。此外,还可以采用设置于轨道沿线的洒水器喷洒温水融雪的方法。为监视雪情变化,还可以设置工业电视和积雪深度测厚仪等设备。

在防震方面,除对建筑物在进行设计时就已考虑抗震因素外,还可以在轨道沿线设置地震仪,一旦测得较大地震时,便让列车自动停车,以减轻灾害所造成的损失。近年来,又研制了地震早期检测警报系统。这一系统的功能,并非单凭系统设置地点的地面震动大小来判断地震的危险度,而是在测得地震初动后,能立即推测地震参数(震源、震级),判断地震危险度等情况。

二、线路的维修养护与管理

世界各国对高速铁路平顺性的维修管理工作都十分重视,要求也很严格。管理办法归纳如下:

1. 高速铁路轨道不平顺的安全管理(紧急补修和限速管理)

当某处轨道不平顺比较严重,且若不处置可能危及行车安全时,必须进行紧急补修或限速管理。

(1)紧急补修和限速管理的标准。

各国大多依据轨道不平顺幅值对行车安全的影响和运营经验,制订紧急补修和限速管理标准。我国研究制订了轨道不平顺安全监控管理标准的理论和方法,较科学地根据各种轨道不平顺的幅值、波长、波数和周期性等特征参数,对脱轨系数、减载率、侧向力和车体振动加速度等的影响,以最不利波长的幅值为控制值,制订了我国干线轨道不平顺的紧急补修和限速管理值。

(2)紧急补修和限速管理的实施。

轨道检查车检出的轨道不平顺超过紧急补修标准的部位时,应要求养路工区在限定的时间内紧急补修,使其达到日常维护标准范围以内。超过限速管理标准的,应立即通知行车指挥部门,发出限速慢行命令,同时,由工务部门施行紧急补修。由此有效地避免了轨道不平顺引起的脱轨事故和车辆剧烈振动。日本、法国等国的铁路还通过定期(一周或10天)监测客车车体垂直和水平振动加速度,实施轨道不平顺的紧急补修和限速管理(称为车辆振动监测管理)。

2. 轨道不平顺的预防性计划维修管理

为了限制需要紧急补修的处数和避免出现限速地段,保证列车能经常平稳舒适地运行,延长设备使用寿命,经济合理地进行维修工作,对轨道实行预防性计划维修管理是非常必要和有效的。所谓预防性计划维修,即在轨道平顺状态已成段不良但尚未恶化之前,有计划地安排大型养路机械进行成段综合维修,使轨道的平顺状态达到作业验收标准。

各国制订轨道不平顺预防性计划维修标准的主要依据是列车平稳和舒适性要求、减少紧急补修工作量、工务部门的维修能力和经验维修周期等技术指标。

3. 轨道不平顺的日常养护管理

高速铁路只有经常保持高平顺的优良状态,才能保证乘车平稳舒适,减少轨道和车辆零部件的伤损,延长轮轨系统的维修周期,使高速铁路获得较好的综合技术经济效益。因此,在两次预防性计划维修之间,或计划维修和大修之间,还应根据高速铁路轨道检测车等作出的检测记录,充分利用“天窗”时间,对轨道进行局部养护,消除那些变化较快、超过日常维护目标值和舒适度管理目标的少数局部轨道不平顺。国外多数国家的维护目标值,即是使轨道经常保持优良状态的控制标准值,也常称为优良目标管理值。舒适度目标值是为了防止引起高速车辆超过规定的舒适性指标而设立的管理目标值。实行优良目标管理,管小防大,对于延长维修周期,经常保持高平顺状态,效果良好。

三、高速铁路道岔的养护维修与管理

1. 初期养护

道岔铺设初期,是道岔构件磨耗变形、道床压实稳定时期,因此,必须加强稳定方面的养护工作。

(1)加强巡视、检查、观测。

(2)加强基础,全面起道捣固一遍,特别是加强钢岔枕部位的捣固。

(3)需对各类螺栓全面复紧一遍,并对各类螺栓、垫板及轨腰轨底全面涂油一遍。

(4)道岔使用初期,心轨易产生肥边,需及时打磨,以防心轨和翼轨掉块。

(5)保持几何尺寸的良好状态。

2.经常养护

(1)工长每月应对道岔全面检查两遍,检查道岔的空吊、离缝、磨耗和螺栓松动等项目。

(2)巡道工除按一般标准巡视外,对于高速铁路道岔,还应注意以下内容:

①心轨连接板与钢岔枕边缘是否碰卡,如发现类似情况,应及时通知工区处理。

②转换部分道岔的横向螺栓是否松动,一经发现应及时紧固。

(3)应及时对轨距块进行调整,使轨距块与轨底及挡肩之间无2mm以上的间隙。

(4)滑床板和护轨垫板弹片的销钉容易松动退出,应及时加强检查补充。

(5)注意加强道岔及其前后线路的锁定工作,以防止心轨串动,严重时造成心轨连接板碰卡钢岔枕立墙,进而影响心轨转换。

(6)密切注视薄弱部件的病害情况及其发展趋势。

想一想:大型机械是否会全部替代所有人力检修作业项目?

做一做:总结轨道不平顺的影响因素有哪些?

知识拓展

《铁路技术管理规程》(高速铁路部分)中关于线路养护的规定

第18条 铁路技术设备的养护维修工作,应实现机械化、自动化、专业化、信息化,落实责任制和检验制,坚持以预防为主、检修与维护并重、预防与整治相结合的原则,合理确定检修项目和检修周期,组织定期检查,加强日常维修,提高设备质量。

基础设施实行天窗修制度,优先采用综合维修模式,并应坚持"严检慎修"的原则,实现设备状态修与预防性计划修相结合的维修方式。

第19条 铁路技术设备应保持完整良好状态。根据设备变化规律、季节特点,安排设备检修。检修单位应保证检修质量符合规定的标准和使用期限,并经检验合格后,方准交付运用。

第20条 为满足检修需要,应建立检修基地,设置检修、试验设备(包括检查车、试验车)、运输工具、必要的生产辅助车间和生产房屋,并应储备定量的器材和备品,以备急需和替换时使用。储备的器材和备品动用后,应及时补齐。

对各种机械设备应制定相应的检修、维护范围及安全操作规程。有关人员应做到正确使用,精心维护,细心检修,保持其良好状态。

第21条 铁路技术设备,除由直接负责维修及管理的部门经常检查、周期维修外,铁路局还应按规定组织有关人员进行定期全面检查和专项检查。具体办法由铁路局规定。

固定行车设备定期全面检查和专项检查的检查结果记入《行车设备检查登记簿》内。检查中发现问题，要及时解决；对危及行车安全的，须立即采取措施；当时不能解决的，要安排计划，限期完成，并进行复查；需要上级解决的，要按程序上报。

第22条 铁路局有关专业管理部门应按规定组织专项检查。其中：

1.对线路的平面及纵断面复测、限界检查，每五年不少于一次；技术复杂及重要的桥梁、隧道检定，每十年不少于一次。

2.登乘机车、动车组列车或其他旅客列车尾部对线路全面检查，每月不少于一次。

3.对线路地面信号、机车信号、轨道电路设备、应答器和列车无线调度通信设备等的运用状态，每月检查一次；场强覆盖每季度检查一次。登乘动车组列车检查车载信号显示状态及列车无线调度通信设备运用质量，每月不少于一次。

4.对接触网状态，每月检查一次；对接触网设备限界检查，每五年不少于一次；对其他供电设备定期检查。

5.对为客运服务的建(构)筑物(包括限界)和生产、办公房屋检查，每年不少于一次；对客运服务设备每年春运前进行一次全面检查。

铁路局根据需要可加密检查或随时检查。

铁路总公司专业技术机构根据线路的年通过总重、线路允许速度，使用专用设备定期对主要线路进行轨道、通信信号、接触网检查和钢轨探伤。

第23条 在铁路总公司指定地点设事故救援列车、电线路修复车、接触网抢修车，配备应急通信设备，并处于整备待发状态，其工具备品应保持齐全整洁，作用良好。

根据运输生产需要，铁路局应在无救援列车的二等以上车站成立事故救援队，配备简易起复设备和工具。

铁路总公司、铁路局应急救援指挥中心应建设应急平台，配备相应的应急指挥设施和通信等设备，确保事故现场的图像、话音及数据在规定的时限内传送至应急救援指挥中心。

机车、自轮运转特种设备上均应备有复轨器和铁鞋(止轮器)。

动车组应配备止轮器(铁鞋)、紧急用渡板、应急梯、过渡车钩和专用风管。

第24条 铁路应根据沿线的风速、降雨量、降雪量、地震动峰值加速度、地质条件以及线路环境、设计速度等情况，建立相应的自然灾害及异物侵限监测系统，对风雨雪、地震灾害和异物侵限等实时监测报警或预警。

对于常年大风区段，根据需要设置防风设施。

自然灾害及异物侵限监测系统现场监测设备、基站、区间中继站、无人值守变配电所和紧急疏散通道按规定设置防护设施。

第25条 铁路局应根据历年降雨、洪水规律和当年的气候趋势预测，发布防洪命令，制定防洪预案，汛期前进行防洪检查处理，完成防洪工程和预抢工程，储备足够的抢险材料及机具，组织抢修队伍并进行演练，发动沿线群众建立路地联防机制。加强雨中和雨后的设备检查，严格执行汛期安全行车措施，强化降雨量和洪水位警诫制度、防洪重点处所监护制度。对于防洪重点处所，有条件的应安装自动报警装置。对水流量大、河床不稳定的桥梁，要设置必要的监测装置，建立观测制度，掌握桥梁水文及河床变化情况，及时采取预防和整治措施。汛前，须将防洪重点处所抄送相邻相关铁路局。

一旦发生灾害，积极组织抢修，尽快修复，争取不中断行车或减少中断行车时间。设备修复后，须达到规定标准。

加强对电子电气设备的雷电防护及电磁兼容防护工作，逐步建立雷电预警系统，减少或防止雷电等自然灾害对设备的影响。

应采用综合接地系统。贯通地线的接地电阻不大于1Ω。

第26条 对防寒工作，应提前做好准备。铁路局要抓好以下工作：

1. 对有关人员进行防寒过冬培训，并按规定做好防寒劳动防护用品的配备和发放工作；

2. 对铁路技术设备进行防寒过冬检查、整修，并根据需要做好包扎管路等工作；

3. 做好易冻设备、物资的防冻解冻工作；

4. 储备足够的防寒过冬材料、燃料和工具，检修好除冰雪机具和防雪设备，组织好除冰雪队伍。

第27条 在需要进行防暑工作的调度室、行车人员值班室、较大车站的生产车间、作业人员间休室等重要生产房屋，应设有降温设备。露天作业场所根据需要设置凉棚。

在炎热季节应有足够的防暑用品和药物，并应有供职工饮用的清凉饮料。

在暑季前，应对防暑降温设备进行检查、整修。

第28条 有火灾危险的机车车辆内均须备有灭火器。客车内的茶炉，餐车低压锅炉、炉灶须有防火措施。餐车低压锅炉还须有防爆措施。

机车车辆停车及检修库、油脂库、洗罐所、通信信号机械室、计算机机房、牵引变电所控制室及为客运服务的建(构)筑物等主要处所，均须备有完好的消防专用器具。

有关单位应建立和健全消防组织，定期进行检查。

第29条 铁路行车安全监测设备是保障铁路运输安全的重要技术设备，应具备监测、记录、报警、存取功能，保持其作用良好、准确可靠，并定期进行计量校准。

铁路行车安全监测设备主要包括：

1. 机车车辆的车载监测设备；

2. 机车车辆的地面监测设备；

3. 轨道、通信、信号、牵引供电、电力等固定设备的移动检测设备；

4. 线路、桥梁、隧道、通信、信号、牵引供电、电力等固定设备的在线自动监测设备；

5. 自然灾害及异物侵限监测系统；

6. 列车安全防护预警系统及施工防护设备。

第30条 铁路行车安全监测设备应实现信息共享，为运输组织、行车指挥、设备检修、救援及事故分析等提供信息。

复习思考题

1. 简述缓和曲线的常用线形。

2. 简述我国客运专线的线间距。
3. 简述我国高速铁路竖曲线半径标准。
4. 简述高速铁路路基工程特点。
5. 简述路基面标准宽度。
6. 简述高速铁路桥梁的特点。
7. 简述我国高速铁路桥梁基本遵循的原则。
8. 简述高速铁路隧道特点。
9. 简述高速铁路轨道设计要求。
10. 简述高速铁路道岔特点。
11. 简述无砟轨道类型。
12. 简述初期养护的内容。

第三章　高速铁路信号与通信

本章概述

本章节主要讲述了高速铁路的信号与控制系统的发展；高速铁路信号基础设备；国外列车运行控制系统与我国的中国列车运行系统（CTCS）；调度集中系统（CTC）；微机联锁系统；高速铁路通信系统。

建议学时

10 学时

第一节　高速铁路信号与控制系统的发展

一、世界高速铁路信号与控制系统的发展

高速铁路信号与控制系统是保障高速列车运行安全，提高运输效率的关键技术系统。世界各国在高速铁路的发展过程中，非常重视高速铁路信号与控制技术的研究和开发。

高速铁路信号与控制系统是集计算机技术、通信技术和控制技术为一体的行车指挥、列车运行控制和管理自动化系统。它是保障行车安全、提高运输效率的核心，也是标志一个国家轨道交通技术装备现代化水准的重要组成部分。高速铁路信号与控制系统通常被称为基于通信的列车控制系统（Communication Based Train Control System，CBTC）或先进列车控制系统（Advanced Train Control System，ATCS）。世界各国高速铁路采用的 ATC 系统，主要有欧洲铁路交通管理系统/欧洲列车控制系统（ERTMS/ETCS）、德国和西班牙高速铁路使用的连续式速度监督机车信号和列车无线通信系统（LZB 系统）、法国 TGV 铁路使用的 TVM300 和 TVM430 系统、意大利高速铁路的 9 码列车自动控制系统、北美地区的 ATCS 和先进铁路电子系统（Advanced Railroad Electronics System，ARES）、日本新干线的 ATC 以及我国的中国列车运行系统（Chinese Train Control System，CTCS）。

欧洲现有的列车运行控制系统种类繁多，为克服欧洲各国信号制式复杂、互不兼容，保证高速列车在欧洲铁路网内互通运行，欧盟的支持下，欧洲各信号厂商联合制定 ERTMS/ETCS 技术规范。ERTMS/ETCS 是一个先进的列车自动防护（Automatic Train Protection，ATP）系统和机车信号（Cab Signaling）技术规范。安装符合 ERTMS/ETCS 技术规范的列车运行控制系统，不仅能提高列车的安全性，而且能在欧洲境内穿越国境时

实现互通运营。

目前,欧洲各国铁路使用了10多种列车运行控制系统,设备由多个厂商提供,技术水平有较大差异。结合欧洲各国铁路现状,兼顾既有设备及今后列车运行控制系统发展趋势,ERTMS/ETCS技术规范确定5个应用等级。ERTMS/ETCS技术规范核心思想是以欧洲车载设备EUROCAB作为核心;以欧洲应答器(EUROBALISE)作为列车定位修正基准;以欧洲应答器EUROBALISE(应用等级1)、欧洲环线EUROLOOP(应用等级1)及欧洲无线EURORADIO(应用等级2、应用等级3)作为车地信息传输的通道;以CBTC作为欧洲铁路列车运行控制系统今后的发展方向。ERTMS/ETCS技术规范具有系统开放性、互可操作性、互用性、兼容性和模块化等特点。

ERTMS/ETCS的低等级系统在原有设备的基础上,增加一些新的设备(模块)就能方便地升级到更高的等级,原有的列车控制车载设备在高等级的系统中可以继续使用。欧盟已通过立法确定,ERTMS/ETCS不仅是欧洲高速铁路强制实行的信号技术规范,也将成为欧洲通信领域的一个强制实施的标准。

德国铁路早在20世纪60年代就开始研究用于最高行车速度200km/h的连续式列车运行自动控制系统LZB。LZB是德国铁路、西门子公司及劳伦茨公司合作研究的成果,于20世纪70年代后期开始推广。LZB是目前世界上典型的连续式列车速度控制系统之一,这种连续式ATC系统不但能反映地面信号,而且能自动控制列车的牵引和制动。德国科隆—法兰克福300km/h高速铁路采用LZB连续感应式ATC系统。LZB80系统最突出的特点之一就是利用铺设在钢轨之间的轨道交叉环线实现车地之间的双向信息传输。同时利用每100m交叉一次的铺设方法可以实现列车准确定位。

TVM系列是法国CSEE公司研制的列车运行控制系统。法国TGV东南干线列车最高速度为270km/h,大西洋新干线为300km/h,列车追踪间隔为4min,采用TVM300型列车速度监督设备。TVM300系统速度监督采用人控为主的阶梯控制方式。1992年,我国京广线郑武段引进了TVM300系统。

法国CSEE公司在TVM300基础上,开发了一种先进的列车速度控制系统——TVM430系统。该系统目前已在法国北部的TGV高速铁路、英吉利海峡的隧道线、韩国釜山至普松的高速铁路线得到应用,我国秦沈客运专线引进了TVM430系统。

TVM430系统采用了分段模式曲线控制方式。TVM430系统的地面设备采用了数字式的编码轨道电路。TVM430车载设备系统与TVM300系统方案相同,TVM430系统采用大规模集成电路替代了TVM300的分离元件。

意大利高速铁路采用的ETR500高速列车,被称为“意大利欧洲之星”。意大利SASIB公司开发了DTC型数字轨道电路。DTC型数字轨道电路的特点是可以利用轨道电路实现列车与地面双向通信。地对车传输安全信息,车对地传输非安全信息。车对地传输也是连续的,这样有利于实现地面对列车的闭环控制。

北美地区的ARES是为了提高铁路运输的安全和效率而研制的两种基本控制系统之一。它采用全球定位卫星接收器和车载计算机,通过线通信与地面控制中心连接起来,实现对列车的智能控制。中心计算根据线路状态信息和机车计算机报告的本身位置和其他列车状态信息等,随时计算出应采取的措施,使列车有秩序地行驶,并能控制列车最佳的制动效果。

日本自1964年建成东京—大阪的全长515.4km的首条高速铁路,40多年来未发生任何死亡事故,这与严格的管理及安全可靠的列车控制设备是分不开的。为解决现行ATC系统的缺点,20世纪90年代初日本就开始数字ATC的研究。日本DS-ATC系统2002年12月开始在东北新干线上应用,是面向高速度、高密度运行的高度安全和高度可靠的、对应多种类车辆的、可在舒适的乘车感觉下实现减速控制的ATC系统。DS-ATC系统采用设备优先的制动控制方式。常规制动减速曲线是通过理论计算得出的,车载控制设备沿着该减速曲线平滑地完成制动控制。因此,总能得到理想的速度变化,很好地执行间隔控制与计划运行曲线,有利于按图行车,也能提高乘车舒适度。由于减速曲线是针对不同性能的车辆具体计算出来的,因此非常适合多种类车辆并存运行的情况。此外,采用了一次制动控制方式,列车能够按照适合于各自制动性能的制动模式曲线实施最佳运行,能够缩短运行间隔时间和提高列车速度。

日本运行管理系统(Computerized Safety Maintenance and Operation System of Sinkansen, COSMOS),支撑着稳定的高速度、高密度运行,与DS-ATC和其他子系统相配合,全面支持高速铁路系统的运用。而且,采用了自律分散技术,可在不中断运行的情况下阶段性地扩展系统。COSMOS主要有编制列车时刻表、车辆运用与车辆分配等计划,并对其进行管理、根据时刻表信息及列车在线信息,自动控制进路、设定临时限速并在运行图紊乱时进行运行调整等功能。

我国的高速铁路信号系统是铁道部参照欧洲列车运行控制系统的相关技术标准并结合我国的高速铁路的建设需求而发展起来的。自2004年1月国务院批准通过《中长期铁路网规划》以来,我国高速铁路从引进吸收再创新,到自主掌握核心技术,形成了以CTCS为核心的信号系统。到2017年底,以“四纵四横”为骨干的中国高速铁路运营里程达2.5万km,占世界高速铁路总长的66.3%。我国根据线路速度将CTCS分为0~4共5个等级。其中,CTCS-2控制系统主要应用于200~250km/h的铁路干线列车的控制,CTCS-3级应用于300~350km/h及以上的高速铁路的控制。相关资源见二维码3-1。

二维码3-1

高速铁路信号与控制系统发展

二、高速铁路信号基础设备

1.高速铁路的信号机

高速铁路由于有一套性能可靠、安全程度高的列车运行控制系统,正常情况下,列车运行不需要地面信号显示,完全靠车载信号监视,列车控制车载设备自动控制列车运行。因此,大部分线路取消了区间地面通过信号机(个别线路仍设置),只在站内的正方向、反方向接车口分别设置进站信号机,在每一到发线两端设置出站信号机。由于各中间站很少有调车作业,所以大部分车站站内也不需设置调车信号机,少数车站设有大型养路机械作业车停车线或有检修基地连接线路,需设置少量的调车信号机。

为了不影响高速铁路旅客列车的运行安全,所有地面信号机都采用矮型机构,不用高柱信号机。在列车运行控制系统正常使用时,各地面信号机均处于灭灯状态,只有列车运行控制系统不能正常使用,需要靠地面信号指示列车运行时,才开启地面信号机,点亮相应的灯光。

进站信号机采用矮型机构以后,其灯位设置如图3-1所示。进站信号机各种灯光的显示意义与既有线路进站信号机基本相同,不再重复。在灯位设置时,之所以有两个空灯位,就是为了保证由两个灯光构成组合信号显示(如一绿一黄、两个黄灯、黄闪黄、一红一白)时,中间至少隔一个灯位。

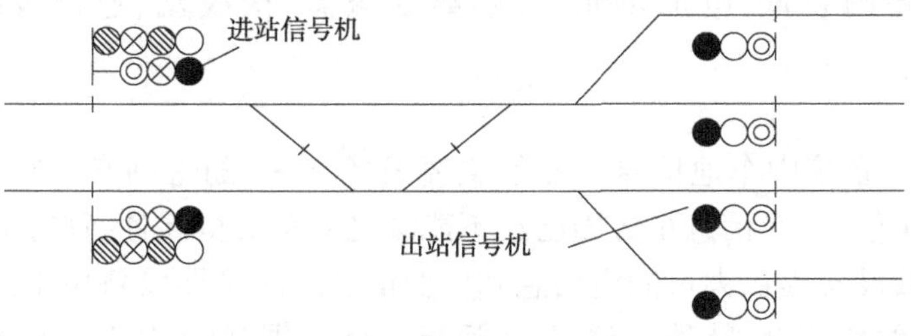

图 3-1　高速铁路进站、出站信号机

出站信号机只有红、绿、白三个灯位,也不需要设置发车进路表示器的小白灯。

绿灯点亮表示允许向区间发车,由于只是在非正常情况下才使用地面信号机,因此也不需要区分正方向或反方向发车,也不需要明确指示区间有几个分区空闲。

红灯点亮指示列车停车,不许越过信号机。

红灯与白灯同时点亮,表示引导发车。即允许列车出发进入区间,速度不允许超过20km/h,随时准备停车。这是既有线车站出站信号机所没有的显示。

出站信号机一般不需要兼作调车信号机,所以白灯不单独点亮。有调车作业的车站,个别线路需要出站信号机兼作调车信号机时,可以点亮白灯,作为允许调车的指示信号。

2. 高速铁路的轨道电路

轨道电路在高速铁路中主要起到两个作用:第一个作用是监督列车的占用,由轨道电路反映该段线路是否空闲,为开放信号、建立进路或构成闭塞提供依据,同时利用轨道电路的被占用关闭信号,把信号显示与轨道电路是否被占用结合起来。第二个作用是传递行车信息,例如移频轨道电路中传送的行车信息,为列车运行自动控制系统直接提供控制列车运行所需要的前行列车位置、运行前方信号机状态和线路条件等信息,以决定列车运行的目标速度,控制列车在当前运行速度下是否停车或减速。

在高速铁路区段,区间采用 ZPW-2000A 型无绝缘轨道电路,中间站站内和大站的正线及到发线采用 ZPW-2000A 型无绝缘轨道电路。站内与区间的轨道电路相同时,称为一体化轨道电路。只有大站的站内其他轨道电路区段才采用 25Hz 相敏轨道电路。

3. 转辙设备

高速铁路正线采用 18 号提速道岔,联络线采用 62 号或 42 号道岔。提速道岔均采用外闭方式,由交流转辙机牵引,有 S700K 型、ZYJ7 型、ZDJ9 型,必须多点牵引多点检查。其他道岔采用 ZD6 系列电动转辙机。一组道岔设置的转辙机的数量要视道岔号码、固定辙叉还是可动心轨、S700K 型转辙机还是 ZYJ7 型转辙机而定。

转辙机的外锁闭装置直接把尖轨与基本轨或心轨与翼轨密贴夹紧并固定,它消除了内锁闭方式的缺陷,适应了列车高速运行的要求,密贴检查器用于检查尖轨和心轨的密贴状态,也可以用于道岔挤岔时切断表示。在 200km/h 以上区段的道岔必须安装。根据工作原理,密贴检查器分为直线式、摆动式。

运行速度200km/h以上的高速铁路需安装电加热道岔融雪系统设备(简称融雪设备)。当发生降雪或温度变化时,系统可自动或人工启动电加热融雪电路。融雪设备是道岔转辙设备的基本组成部分,也是防雪灾的重要措施。融雪设备由控制中心、车站控制终端、控制柜、环境检测装置、电加热元件、隔离变压器、接线盒、连接线缆和信息通道等组成。

4.应答器

应答器是ATC系统中车地信息传输的主要设备之一,随着列车运行速度不断提高,仅依靠轨道电路发送信息,在信息量方面已经不能满足列车安全高速行驶的要求,需增加应答器向列车控制车载设备提供大量固定信息和可变信息。应答器设备用于向列车控制系统传送线路基本参数、线路速度、特殊定位、列车运行目标数据、临时限速、车站进路等固定和实时可变的信息,用于在特定地点实现地面与列车间的相互通信。

(1)无源应答器。

无源应答器存储固定信息,平常处于休眠状态,当列车经过无源应答器上方时,无源应答器接收到车载天线发射的电磁能量后,将其转换成电能,使地面应答器中的电子电路工作,把存储在地面应答器中的数据循环发送出去,直至电能消失(即车载天线已经离去)。

(2)有源应答器。

有源应答器通过电缆与地面电子单元(LEU)连接,可实时发送LEU传送的数据报文。平常也处于休眠状态,当列车经过有源应答器上方时,有源应答器接收到车载天线发射的电磁能量后,将其转换成电能,使地面应答器的发射电路工作,将LEU传输给有源应答器的数据循环实时发送出去,直至电能消失(即车载天线已经离去)。

三、高速信号控制系统的基本组成

高速铁路信号系统是一个以调度集中为龙头、车站设备为基础、通信网络为骨架,集行车调度指挥、列车运行控制、设备检测、灾害防护和信息管理等功能于一体的综合控制系统。高速铁路控制系统主要由列车运行控制系统、调度集中系统和计算机联锁等系统构成。

列车运行控制系统根据车站进路、前行列车位置、安全追踪间隔等向后续列车提供行车许可、目标速度值等信息,由车载列车控制设备对列车运行速度实施监督和控制。

调度集中系统根据列车基本运行图所制订的日、班计划和列车运行正、晚点情况,编制各阶段计划,并下达给各个计算机联锁系统。

计算机联锁系统根据计划,实时建立列车运行,进、出站及站内行车的安全进路。

想一想:1.高速铁路信号与控制系统由哪些部分组成?

2.高速信号控制系统的基本组成是什么?

做一做:1.请同学们在互联网上查阅我国高速铁路信号与控制系统近些年的发展情况。

2.查阅有源应答器和无源应答器在功能上各有什么作用?

知识拓展

高速铁路信号系统智能技术应用及发展

目前，世界各国高速铁路信号系统，如我国的CTCS-2级ATC系统、CTCS-3级ATC系统、欧洲ETCS、日本DS-ATC系统等都实现了部分自动化，但列车运行仍然以人工驾驶为主。

随着网络规模的逐渐扩大、运行速度的不断提高，高速铁路信号系统已经从保障高速铁路安全高效运行，拓展到多层域状态智能感知、系统协同控制、安全态势评估、大数据融合与智能维护、行程智能引导等前沿领域与技术的系统性研究领域。以京张高速铁路、京雄高速铁路为代表的一批智能高速铁路项目的启动与实施，搭载着云计算、物联网、大数据、北斗定位、5G通信、人工智能等先进技术迅猛发展，标志着中国高速铁路进入智能化发展新阶段。现阶段，高速铁路自动驾驶（ATO）、智能调度指挥（CTC）、智能运维等技术，在支撑高速铁路信号系统智能化的过程中起到了关键作用，实现了列车控制自动化、调度指挥智能化及运维监控现代化。

一、高速铁路自动驾驶（ATO）

在ATP系统保障列车安全运行的前提下，ATO系统按照优化运行曲线驱动列车安全高效运行，通常采用控制器追踪既定速度—位置曲线的方法，从而提高列车运行效率，降低牵引能耗，减轻司机劳动强度。

主要功能包含以下五个方面：

（1）车站自动发车控制。当车门/站台门关闭、出站进路排列完成后，ATO车载设备获得发车授权并提示司机发车；经司机按压按钮确认后，ATO车载设备控制列车自动发车。

（2）区间自动运行控制。在区间运行时，ATO车载设备根据地面设备提供的运行计划（即下一车站的到达时刻），结合列车的牵引制动性能，自动选择区间运行曲线；并根据该曲线控制列车加速、巡航、惰行、减速和停车，实现自动运行。

（3）车站自动停车控制。ATO车载设备通过精确定位应答器进行位置校正，并根据列车停车位置和制动性能，自动控制列车在车站股道停车标处对标停车。

（4）车门自动开门防护控制。列车进入车站股道停车后，ATP判断列车停准、停稳并根据接收的站台侧信息，对车门进行开门防护；ATO按接收到运行计划，自动打开相应的车门。

（5）车门/站台门联动控制。当车站设置站台门时，ATO系统实现车门与站台门的联动控制。

二、高速铁路智能调度指挥——CTC系统

高速铁路调度可分为战略层、战术层和操作层三个层次，包括运行计划制订和运行计划调整两个方面。对比既有调度与智能调度，CTC是从“人工经验型被动反应”向“科学高效主动调控”转变，其目的是“一日一图”和“优化调整”，在运输资源和约束动态变化时快捷编制运行图，在发生突发事件造成行车秩序紊乱时尽快恢复行车秩序。具体表现为，在战略层和战术层，从开行方案和运行图的分层分布迭代转变为“开行方案—运行图”动态一体化编制；在操作层面，从凭人工经验调度为主变化为数据驱动的预测性智能调度。

相对原调度指挥系统,CTC系统在列车运行计划智能调整、列车进路和命令安全卡控以及行车信息数据平台信息共享等方面有了进一步优化和完善,其主要功能包含以下三个方面:

(1)列车运行计划智能调整。在风雨雪等恶劣天气或设备故障等应急情况下,利用列车交路、最小折返时间和到发线运用等关键信息数据库,并遵循不改变列车运行先后顺序和停靠站点的基础策略,建立与限速关联的晚点车次、总晚点时间、到发线运用等综合列车运行计划智能调整策略,实现列车运行计划的智能和快速调整,以提高调度员应急处置效率;同时通过建立列车计划调整专家知识库,对不同因素造成的晚点和调整方案进行归类,实现调整案例和经验的累积,解决调度员对应急方案学习和调整方案进一步优化的问题。

(2)列车进路和命令安全智能卡控。融合CTC相关行车和信号逻辑关系,拓展自律卡控条件,提高行车安全性。智能卡控内容包括:进路道岔一键单锁和解锁,实现对重点列车进路的重点智能盯控;卡控不一致的调度计划与执行路径,防止调度员阶段计划中的人为错误;有效卡控分路不良道岔的未单锁操作等。

(3)行车信息大数据平台。将CTC系统与铁路运输信息集成平台深度结合,实现CTC与客运、供电、施工、防灾等多专业信息互联和实时共享,提供应急处置流程、列车运行综合展示、客票(旅客人数、座席)信息和司乘信息展示、线路停送电的自动化卡控、施工命令符号自动上图和防灾限速信息自动提取等功能。

三、高速铁路智能运维

基于电务大数据的智能运维系统按照铁路局和铁路总公司两级部署进行架构设计,采用统一的技术架构、技术标准、分析与计算框架。系统遵循"平台+应用"模式,平台应用铁路一体化信息集成平台中的铁路数据服务平台,信号各子系统数据经过汇聚与融合后统一存入到平台中,在平台之上开发电务运维的智能化应用模块。高速铁路智能运维系统采用电务监测、检测和作业管理等信息系统产生的海量结构化和非结构化数据。

高速铁路智能运维系统总体分为三个部分:数据汇聚与融合、数据服务与数据应用。

(1)数据汇聚与融合。系统将信号集中监测等系统产生的动态信息以及信号技术设备履历管理系统产生的静态信息统一汇聚,并将各系统产生的多种类型的、独立的、松耦合的、语义不一致的数据进行集成融合,通过数据的抽取、净化、转化、加载过程,从物理和逻辑层面构成一个集成的数据集合,为后续的数据服务和应用打下基础。

(2)数据服务。数据汇聚与融合完成后,统一送至数据服务平台。数据服务平台作为铁路一体化信息集成平台的重要组成部分,是中国国家铁路集团有限公司及各铁路局进行数据集中管理、数据分析和数据共享的基础,为大数据应用提供数据交换与分析支持。

(3)数据应用。运用数据服务平台提供的分析和挖掘工具,对电务大数据进行深度挖掘和分析;综合分析数据服务平台中各信号系统数据,为各类电务人员提供智能化的应用。主要包括设备综合监测、设备全寿命周期管理、设备智能诊断、设备健康管理与故障预测、应急指挥、智能化作业等。基于数据服务平台，通常采用大数据分析与因果逻辑分析两种方法对电务大数据进行深入挖掘和分析，实现电务智能化应用，包括如下主要功能：

①设备综合监测。系统通过数据服务平台实时监视各信号设备的工作状态，并集中显示各信号设备状态、业务和管理信息。系统通过对车载和地面信号设备技术状态的联动分析，实现车地闭环监测。系统通过地理信息系统(GIS)地图实时显示各信号设备及作业人员的地理位置，可以快速实现应急指挥及任务工单自动下发。

②设备全寿命周期管理。系统利用数据服务平台上各信号系统的全量动静态信息，实现对电务设备的全寿命周期管理。系统赋予每个设备、板件唯一身份标识码，对其出厂—运行—维修—中修—大修—更改—报废的整个过程进行追踪，并结合预报警、故障等动态信息，对其全寿命周期内运行用情况进行分析，保证设备健康、高效、低成本的运行。

③智能诊断分析。采用综合分析法，对存在内在联系的信息进行持续跟踪分析，智能比对关键数据的一致性，智能分析逻辑的正确性，及时发现信号设备异常状态。采用大数据分析法，在大量数据里发现有价值数据，实现设备隐患提前发现、设备故障精确定位。

④设备健康管理与故障预测。依托数据服务平台的数据优势，实现信号设备的健康管理和动态养护，当设备即将达到维修周期或出现劣化趋势时，及时预警提醒维护人员进行维护系统以日常的健康日志、年度体检、寿命评估、年状态分析等方式开展健康管理，对设备的健康状况进行评估；系统以铁路局为单位，以各信号设备监测检测及维修信息为对象，采用可视化分析、数据挖掘算法、预测分析等大数据分析方法，进行数据分析，并综合运用基于物理失效、数据驱动以及基于两者融合的故障预测技术进行故障预测。

⑤应急指挥。在出现应急情况时，系统根据智能诊断分析的结果快速定位故障点或范围，综合协同现场人员、应急车辆、备品备件、技术资料、技术专家等资源，通过电子地图、卫星地图等直观的方式实现对应急情况的可视化指挥调度，并通过智能化作业卡控流程实现指挥调度工单的自动下发。

⑥作业流程智能化卡控。依托数据服务平台的电务生产指挥及设备智能诊断分析信息，实现作业流程的智能化卡控。根据电务生产指挥系统的计划及设备诊断结果，系统自动生成生产计划，并按照作业流程自动派发工单，作业工单可以自动同步到作业人员手持终端；通过作业过程中汇聚到数据服务平台的设备监测及人员作业信息，实现对作业过程的智能化监控；通过对作业后相关设备技术状态的分析，实现对作业效果的智能评估。

第二节　列车运行控制系统

一、列车运行控制系统的基本功能与分类

(一)列车运行控制系统的功能

列车运行自动控制系统(ATC)，是保证列车安全、快速运行的系统。ATC 系统的主要作

用是完成列车的间隔控制和速度控制,对列车运行全过程或一部分作业实现运行速度、位置等状态的监督、控制和调整,确保行车安全,提高运输效率。其基本工作原理为:利用地面提供的线路信息、前车(目标)距离和进路状态,列车控制车载设备自动生成列车允许速度控制模式曲线,并实时与列车运行速度进行比较,超速后及时进行控制。

完整的 ATC 系统包括车载设备和地面设备。地面设备提供线路信息、临时限速、目标距离和进路状态等基本控制信息。车载设备生成速度控制模式曲线并实现列车运行的监控。

ATC 系统有如下基本功能:

(1)线路的空闲/占用及列车完整性检查。

(2)列车移动授权计算(间隔控制)。

(3)为司机提供丰富的行车信息。

(4)监控列车安全运行,防止超速(速度控制)。

(二)列车运行控制系统的分类

1.按照地-车信息传输方式划分

(1)点式 ATC 系统。

点式 ATC 系统采用高信息容量的地面应答器或地面轨道环线或其他感应设备进行地面对车载设备的信息传输,该方式结构简单,安装灵活,可靠性高,目前在欧洲轨道交通中应用较为广泛。点式 ATC 系统因其主要功能是实现列车超速防护,所以又称之为点式超速防护(点式 ATP)系统,它是一种点式传递信息,用车载计算机进行信息处理,最后达到列车超速防护目的的系统。

采用点式 ATC 系统,如果要求运输效率比较高,则可以通过应答器注入的方式将信号机前的应答器信息提前传送给列车,保证列车在信号开放的情况下及早提速前行。

(2)连续式 ATC 系统。

点式 ATC 系统的主要缺点是信息传递的不连续性,有时会对列车的精确定位或高效运行造成影响;鉴于这个问题,欧洲一些国家的铁路信号公司相继研制开发了连续式 ATC 系统。这种系统采用轨间交叉环线、音频轨道电路、GSM-R、漏泄交叉环线、无线或波导管等方式作为信息传输通道,实现了信息的连续传递。目前,各国高速干线铁路和城市轨道交通,都采用了连续式 ATC 系统。其技术基础是目前正在飞速发展的信息传输与处理技术。

按地-车信息传输所用的媒体分类,连续式 ATC 系统可分为有线与无线两大类,前者又可分为利用轨间交叉环线与利用数字编码音频轨道电路技术两类。按自动闭塞的性质分类,连续式列车运行自动控制系统可分为移动闭塞与虚拟闭塞两类。按地-车之间所传输信息的内容分类,ATC 系统可分为速度码系统与目标码系统。前者由控制中心通过信息传输媒体将列车最大允许速度直接传至车上,这类制式在信息传递与车上信息处理方面比较简单,速度分级是阶梯式的,国内外许多高速铁路和城市轨道交通线路的信号系统均是采用此种制式。后者从地面传至车上的是前方目标点的距离等一系列基本数据,由车载计算机进行实时计算得出列车的最大允许速度。显然,这种制式的信息传输比较复杂,而速度控制则是实时、无级的,现在应用和研发的系统大多数均是采用该类系统。

(3)点连式 ATC 系统。

针对国情特点,我国的铁路列车运行控制系统采用点连式 ATC 系统。点式应答器作为线路数据的输入,连续式轨道电路作为列车前方轨道空闲信息的传输媒介。这种方式有效利用了轨道线路和点式设备,典型的应用是目前 CTCS-2 级的控制方式。

在点连式 ATC 系统中,轨道电路作为连续信息传输的通道,分别采用低频信息代表列车运行前方闭塞区段的空闲数目,在每个区段或间隔几个区段设置应答器,用其向列车传送线路参数信息,车载 ATP 设备将接收到的点式应答器数据与轨道电路接收的连续信息进行综合计算,则计算出列车目标点的目标距离和限制速度,实时比较列车的运行速度和限制速度,实现对列车的安全控制。

2. 按控制模式划分

ATC 系统按照系统控制模式分成速度码阶梯控制方式和速度-距离模式曲线控制方式。

(1)速度码阶梯控制方式。

速度码阶梯控制方式是在一个闭塞分区内只控制一个速度等级,列车在一个闭塞分区运行的过程中只按照一种速度判断列车是否超速。阶梯控制方式又可分为出口检查方式的入口检查方式两种。

出口检查方式要求司机在闭塞分区内将列车运行速度降低到目标速度,ATP 车载设备在闭塞分区出口检查列车运行。如果司机按照允许速度操纵列车,ATP 设备不干预司机正常操作,当司机违章操作或列车运行超过允许速度时,列车控制设备将自动实施制动。在每个闭塞区段的速度含义中存在允许速度/目标速度的意义,本区段的允许速度为该区段的入口速度,本区段的出口速度就是下个闭塞分区的允许速度,这种控制模式属于滞后控制,列车制动后需要走行一段距离才能减速(或停车)。因此,在禁止信号后方需要设置一段防护区段用于过走防护。法国 TVM300 就采用这种控制方式。

入口检查方式就是列车在闭塞分区入口处接收到允许速度后立即依此速度进行检查,没有目标速度指示,一旦列车速度超过允许速度,则列车控制设备自动实施制动,使列车运行降低到目标速度以下。入口检查方式中,本区段的入口速度就是本区段的允许速度。日本新干线 ATC 就采用这种方式。在该种控制方式下,需要在列车停车前设置一个地面环线或应答器设备,用于防止列车冒进信号,该点式设备的布置要求列车以 30km/h 的速度运行时采取紧急制动后能在危险点前停车。这种控制方式比滞后式控制方式在间隔控制方面,有了很大提升。

速度码阶梯控制方式的主要优点是简单,需要地-车传输的信息量小,不需要确定列车的准确位置,只需要确定列车占用哪个区段即可。但是缺点也是明显的,就是铁路运输系统的行车能力受到了限制。

(2)速度-距离模式曲线控制方式。

为了缩短列车间的间隔距离,采用速度-距离模式曲线方式能实现列车间的安全速度和间隔控制。速度-距离模式曲线控制是根据目标速度、线路参数、列车参数、制动性能等确定的反映列车允许速度与目标距离间关系的曲线,速度-距离模式曲线反映了列车在各点允许运行的速度值。ATC 系统根据速度-距离模式曲线实时给出列车当前的允许速度,当列车超过当前允许速度时，设备自动实施常用制动或紧急制动，保证列车能在停车地点前停车。因此，采用这种控制方式的 ATC 系统不需要设置安全防护区段。这种控制系统又分成以下两种方式：

分段速度控制模式是将轨道区段按照制动性能最差列车安全制动距离要求，以一定的速度等级将其划分成若干固定区段。一旦这种划分完成，每一辆列车无论其制动性能如何，其与前行列车的最小追踪距离只与其运行速度、区段划分有关，这对于制动性能好的列车，其线路通过能力将受到影响。TVM430 就采用这种控制方式。

一次速度-距离模式曲线控制的制动模式是根据目标距离、目标速度的方式确定的速度-距离模式曲线，该方式不设定每个闭塞分区速度等级，采用一次制动。以前方列车占用闭塞分区入口为目标点，通过地-车信息传输系统向列车传送目标速度、目标距离等信息。该方式能减少闭塞分区长度对列车运行间隔时分的影响。一次连续速度-距离模式曲线控制方式更适于高中速共线的线路。

3. 根据系统功能、人机分工和自动化程度划分

ATC 系统按照系统完成的功能、人工的自动化程度分成 ATP 系统和 ATC 系统。

(1) ATP 系统。

ATP 系统可对列车运行速度进行实时监督，当列车运行速度超过最大允许速度时，自动控制列车实施常用制动或紧急制动，使列车停在显示禁止信号的信号机或停车标前方。ATP 系统的车载设备以仪表或数字指示方式（车内信号方式）向司机给出列车最大允许速度、目标距离和目标速度等信息，司机只要按允许速度操纵列车，就能可靠保证列车安全运行，不冒进信号。通俗地说，一般 ATP 系统不包含列车的自动加速和自动减速，只是起到超速防护的目的，我国也将 ATP 系统称为列车超速防护系统。

(2) ATC 系统。

ATC 系统可根据行车指挥命令、线路参数、列车参数等实时监督列车运行速度，通过控制列车多级常用制动，自动降低列车运行速度，保证行车安全。ATC 系统是比 ATP 系统高一级的列车自动控制系统，它可替代司机的部分操作。通俗地说，铁路的 ATC 系统可以包含列车的自动减速，这种控制模式可以有效降低司机的劳动强度，并且能够提高运输效率，不会因为司机的水平不一样而造成效率的降低，目前我国 200km/h 的动车组引进的 ATP 设备可以理解为日本方式的 ATC 系统，即在传统的 ATP 系统上加上一个设备优先控制列车制动的操作模式。

4. 按人-机设备优先等级划分

ATC 系统按照优先控制级别分成设备优先的 ATC 系统和人工优先的 ATC 系统。前者以日本新干线 ATC 为代表，后者以德国 LZB 或法国高速铁路 TVM300/TVM430 系统为代表。

(1) 设备优先的 ATC 系统。

设备优先的系统，当要求列车减速时，在闭塞分区入口处，ATP 车载设备就自动实施制动，低于目标速度后自动缓解。当列车速度超过紧急制动曲线时，则实施紧急制动，使列车停车。由于列车的减速制动完全由列车运行控制系统自动完成，不必司机人工介入，其最大优点是能够减轻司机的劳动强度，司机能集中精力确保列车正点运行，从而提高列车运行服务质量。但是,为满足旅客乘车舒适性的要求,采用这种方式对列车自身的制动系统的自动化程度以及制动性能要求非常高。它的最大常用制动必须采用可在短时间重复制动、缓解的高质量多级制动(电阻、再生、电空等)方式,特别是电空制动,它要求缓解充风时间要短,一旦列车控制设备发出减速命令,列车制动系统能根据列车实际运行状态进行自动控制,即按照保证旅客舒适的要求实施制动。

以设备制动优先的 ATC 系统的另一优点是,可以适当缩短列车运行间隔时间,保证列车按时刻表或运行图运行。根据经验,一般以人控为主的 ATC 系统,为防止运行速度超过允许速度,司机往往将列车的运行速度控制曲线调整到距离设备监督曲线较远的地方,尤其是列车前方为禁止信号时,司机往往提前降速缓行,这样就造成了列车的运行间隔加大。而设备制动优先的 ATC 系统,由于它完全由设备控制并且可以连续制动、缓解,它的运行速度控制曲线一般距离设备监督曲线较近,因此,它可以适当缩短列车运行间隔时间。

(2)人控优先的 ATC 系统。

以人控优先的 ATC 系统,列车运行速度一般由司机控制,只有列车超过允许速度,设备才自动介入实施制动。人控制动优先系统的优点是便于增强司机的责任感,使司机处于积极的工作状态,能及时处理异常情况,充分发挥人的技术能力,减少设备对司机操纵的干扰。在列车制动系统技术水平不高的条件下,司机控制列车减速比设备自动控制列车更为舒适。另外,对于以空气制动为主的列车,由于其不能在短时间内重复实施制动和缓解,因此,必须采用人控优先的控制方式。

综合以上分析,对于那些列车性能稳定、设备安全可靠、司机劳动强度大、运行间隔要求高的轨道交通运输系统,宜采用设备优先的控制系统。相关资源见二维码 3-2。

二维码3-2

列车运行控制系统

二、国外列车运行控制系统

1. 日本列车运行控制系统

日本东海道新干线于 1964 年开通,普遍采用 ATC 超前阶梯式速度监控。1991 年日本铁路开始试验数字式 ATC,亦称 D-ATC,现已用于东海道新干线。使用有绝缘数字轨道电路发送列车位置、目标速度、进路等信息;车载设备采用轨道电路信息和车载设备存储的线路数据生成一次连续速度控制曲线;列车制动采用设备控制优先方式,如图 3-2 所示。

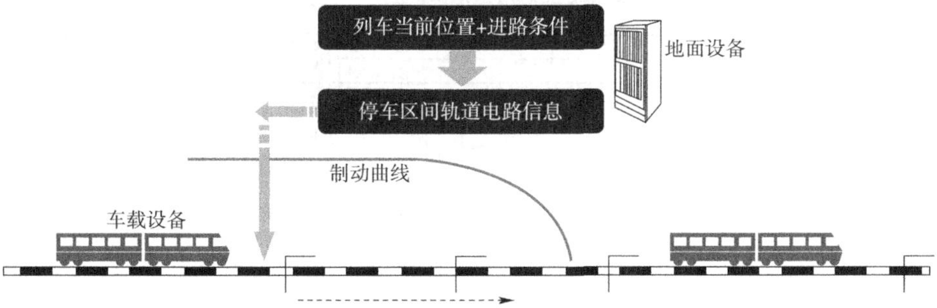

图 3-2 日本列车运行控制系统控制方式

2. 法国列车运行控制系统

法国 TGV 区段的 ATC 系统,车载信号设备采用 TVM300 或 TVM430,地对车的信息传输以无绝缘轨道电路 UM71 或 UM2000 为基础,该 ATC 系统简称 U/T 系统。TVM300 系统在 1981 年于巴黎—里昂线路首先投入使用。TVM430 系统在 1993 年于法国第三条北方线高速铁路首先投入使用。随着列车速度不断提高,速度已达 320km/h,法国 CS 公司对模拟电路构成的 U/T 系统进行了数字化改造,采用无绝缘轨道电路 UM2000,其速度监控方式改为分级速度曲线控制模式。

TVM430 系统使用无绝缘数字轨道电路向列车发送行车许可;列车制动采用司机控制优先方式;车载设备根据轨道电路信息生成分段连续速度控制曲线,如图 3-3 所示。

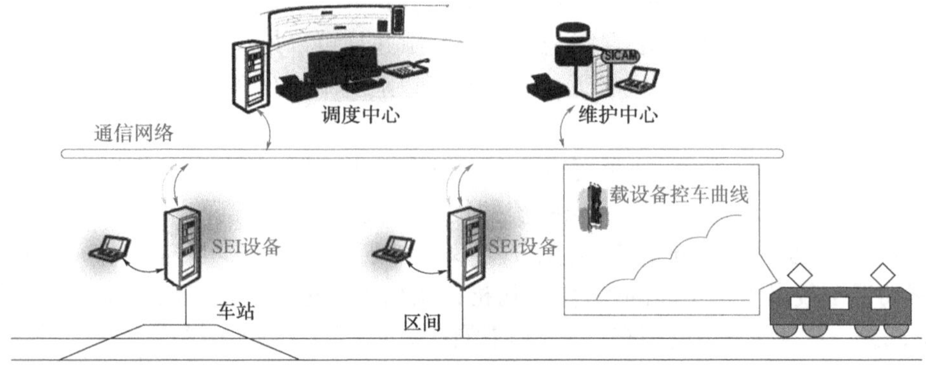

图 3-3 法国列车运行控制系统控制方式

3. 德国列车运行控制系统

德国 LZB 系统是基于轨道电缆传输的 ATC 系统,是采用连续速度控制模式的 ATC 系统。1965 年在慕尼黑—奥斯堡线路首次运用。LZB 系统是德国最新开发的基于 GSM-R 无线传输的 ATC 系统,符合 ETCS 标准,其目的是在欧洲逐步实现联运控制。

德国 LZB 系统采用轨道电缆(交叉环线)方式传输车-地信息、使用 S 棒无绝缘轨道电路实现列车占用和完整性检查;车载设备利用轨道电缆信息生成一次连续速度控制曲线;列车制动采用司机控制优先方式,如图 3-4 所示。

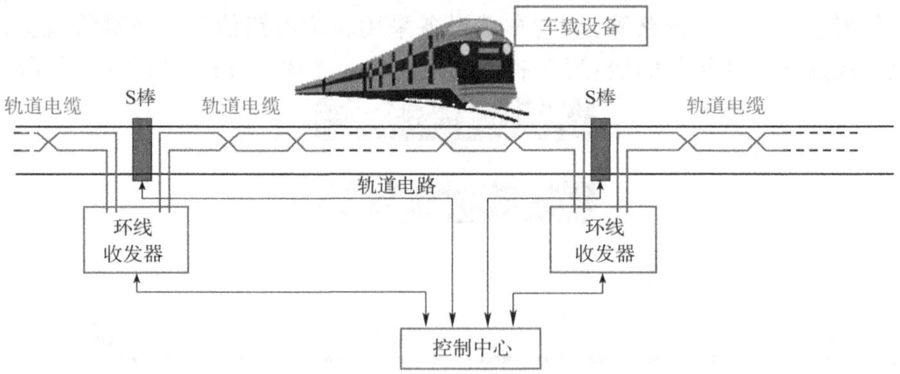

图 3-4 德国 ATC 系统控制方式

4. 欧洲列车运行控制系统

为实现欧洲铁路互联互通,欧盟确定了适用于高速铁路列车控制的标准体系,其技术平台开放;基于 GSM-R 无线传输方式的 ETCS2 系统,技术先进,并已投入商业运营;欧洲正在建设和规划的高速铁路均采用 ETCS ATC 系统,是未来高速列车控制系统的发展方向。根据不同需求分为以下几个等级:

ETCS1 级:地面信号 + 查询应答器 + 轨道电路。采用固定追踪间隔形式;司机依靠地面信号行车,地面信号机前设备产生速度监控;依靠轨道电路或计轴设备检查列车占用和完整性;利用查询应答器覆盖各国现有信号系统,并用于列车定位和传送控制命令,如图 3-5 所示。

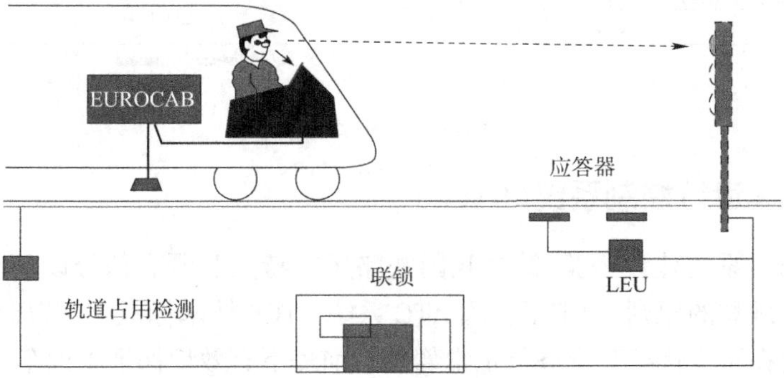

图 3-5 ETCS1 级控制方式

ETCS2 级:轨道电路 + 查询应答器 + GSM-R。与 E1 级相比,司机完全依靠车载信号设备行车(可取消地面信号机);通过 GSM-R 连续传送列车运行控制命令,车-地间可双向通信;在点式设备的配合下,车载设备对列车运行速度进行连续监控;依靠轨道电路或计轴设备检查列车占用和完整性;建有无线闭塞中心,如图 3-6 所示。

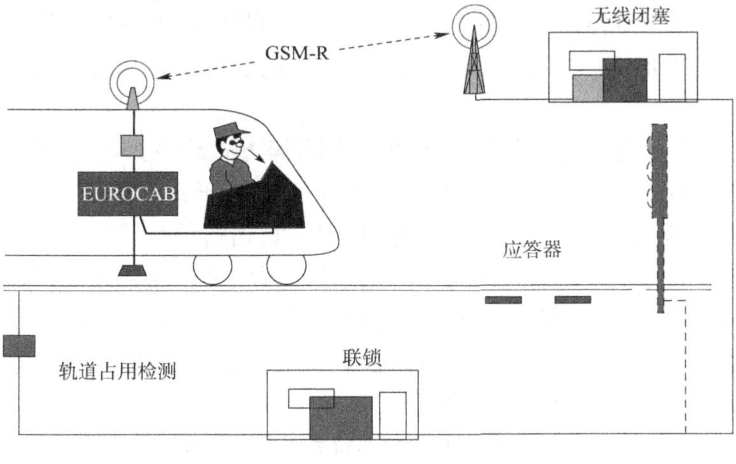

图 3-6 ETCS2 级控制方式

ETCS3 级:查询应答器 + GSM-R。与 ETCS2 级相比,ETCS3 级是靠车载设备来检查列车完整性,不需要轨道电路;点式设备、GSM-R 是系统的主要设备。取消地面信号机和轨道电路后,室外线路上的信号设备减少到最低限度;列车追踪间隔依靠点式设备和无线闭塞中心实现,具有明显的移动自动闭塞特征,如图 3-7 所示。

图 3-7　ETCS3 级方式

三、中国列车运行控制系统(CTCS)

借鉴欧洲 ATC 系统建设经验,结合我国铁路运输特点和既有信号设备制式,考虑未来发展,遵循全路统一规划的原则,制定了我国 ATC 系统 CTCS 技术标准。它以分级的形式满足不同线路运输需求,在不干扰机车乘务员正常驾驶的前提下有效地保证了列车运行的安全。

列车控制系统包括地面设备和车载设备,根据系统配置将 CTCS 按功能划分为 CTCS-0 ~ CTCS-4 级 5 个等级。

CTCS-0 级:为既有线的现状,由通用式机车信号和运行监控记录装置构成。

CTCS-1 级:由主体机车信号与加强型运行监控记录装置组成。面向 160km/h 以下的区段,在既有设备基础上强化改造,达到机车信号主体化要求,增加点式设备,实现列车安全监控功能。

CTCS-2 级:基于轨道传输信息的列车控制系统。采用车-地一体化设计,面向提速干线和高速新线(200 ~ 250km/h),适用于各种限速区段,地面可不设通过信号机,司机凭车载信号行车。

CTCS-3 级:基于无线传输信息并采用轨道电路等方式检查列车占用的列车控制系统,面向提速干线、高速新线或特殊线路(300 ~ 350km/h),基于无线通信的固定闭塞或虚拟自动闭塞,适用于各种限速区段,地面可不设通过信号机,司机凭车载信号行车。

CTCS-4 级:基于无线传输信息的列车控制系统,面向高速新线或特殊线路,基于无线通信的传输平台,可实现虚拟闭塞或移动闭塞,由无线闭塞中心(RBC)和车载验证系统共同完成列车定位和列车完整性检查,地面不设通过信号机,司机凭车载信号行车。

各等级 CTCS 技术特点和应用情况见表 3-1。

各等级 CTCS 技术特点和应用情况　　表 3-1

等　级	技术特点和应用情况
CTCS-4	基于无线通信平台传输列车控制信息,实现虚拟闭塞或移动闭塞。是我国铁路未来发展方向
CTCS-3	基于无线通信平台传输列车控制信息,轨道电路实现列车占用检查。用于 300 ~ 350km/h 线路,动车组的追踪间隔缩短至 3min。已成功应用于武广客运专线以及各城市轨道交通

续上表

等级	技术特点和应用情况
CTCS-2	基于应答器和轨道电路传输列车控制信息。用于 200～250km/h 线路，动车组的追踪间隔缩短至 5min。已成功应用于第六次大提速
CTCS-1	由主体机车信号和安全型运行监控记录装置组成。既有线改造
CTCS-0	由通用机车信号和运行监控记录装置构成。既有线现状

(一)CTCS-2

1.系统的性能特点

(1)CTCS-2 级是基于轨道传输信息的列车运行控制系统。轨道电路完成列车占用检测及完整性检查，连续向列车传送控制信息；点式信息设备传输定位信息、进路参数、线路参数、限速和停车信息。

(2)CTCS-2 级面向提速干线和高速新线，采用车-地一体化设计的列车运行控制系统。可实现行指-联锁-列车控制一体化、区间-车站一体化、通信-信号一体化和机电一体化。

采用车-地一体化设计，能够适用于各种限速区段，地面可不设通过信号机，司机凭车载信号行车。

(3)CTCS-2 级采取目标-距离控制模式(又称连续式一次速度控制)。根据目标距离、目标速度及列车本身的性能确定列车制动曲线，不设定每个闭塞分区速度等级，采用一次制动方式。

(4)CTCS-2 级采取准移动闭塞方式。准移动闭塞的追踪目标点是前行列车所占用闭塞分区的始端，留有一定的安全距离。后行列车从最高速开始采取一次制动，根据目标距离、目标速度及列车本身的性能决定一次制动曲线的计算点。目标点相对固定，在同一闭塞分区内不依前行列车的走行而变化，而制动的起始点是随线路参数和列车本身性能不同而变化的，空间间隔的长度是不固定的。这种运行方式的追踪运行间隔要比固定闭塞小一些，但与移动闭塞不完全相同，所以称为准移动闭塞。

2.系统的组成与功能

CTCS-2 级列车控制地面设备有列车控制中心 TCC、ZPW-2000 系列无绝缘轨道电路、应答器，车载设备有车载安全计算机、连续信息接收模块和天线、点式信息接收模块和天线、人机界面、测速测距模块、记录单元等。列车在运行过程中自动接收地面设备提供的信息，包括轨道电路的移频信息和应答器的报文信息。根据从地面接收的信息，车载安全计算机自动生成一条目标距离连续速度控制模式曲线，实时监控列车的运行速度，从而保障列车的运行安全。

(1)地面子系统。

列车控制中心：列车控制中心设备是 CTCS-2 级 ATC 系统的重要组成部分之一，它根据来自地面子系统或其他设备地面系统的信息，产生控制管辖内列车运行的行车许可命令，并通过轨道电路和有源应答器传输给车载子系统，保证管辖内的所有列车运行安全。系统本身为二乘二取二硬件安全冗余结构的计算机系统。系统与 CTC/TDCS、计算机联锁、LEU、微机监测采用统一技术标准的接口。其基本功能如下：

①建立线路里程标、线路长度与限速区起点、限速区长度的对应关系数据库。

②从 CTC/TDCS 处接收调度命令，从联锁处获得进路状态信息。

③根据限速、进路等信息，查询数据库，选择内部储存的应答器报文、LEU 端口，按报文发送、取消时机，安全地将应答器报文发送至 LEU 端口。

④在办理正线通过且离去区段有限速时，根据列车制动需要，输出相应进站信号机显示黄灯、接近区段轨道电路发黄码控制条件。

⑤监测 LEU 工作状态。

⑥将列车控制中心、应答器和 LEU 的工作状态、限速命令执行情况等向 CTC 或 TDCS、微机监测传送。

轨道电路：完成列车占用检测及列车完整性检查，连续向列车传送控制信息。车站与区间采用同制式的轨道电路。

点式信息设备：用于向车载设备传输定位信息、进路参数、线路参数、限速和停车信息等。

(2)车载子系统。

①连续信息接收模块：完成轨道电路信息的接收与处理。

②点式信息接收模块：完成点式信息的接收与处理。

③测速模块：实时检测列车运行速度并计算列车走行距离。

④设备维护记录单元：对接收信息、系统状态和控制动作进行记录。

⑤车载安全计算机：对列车运行控制信息进行综合处理，生成控制速度与目标-距离模式曲线，控制列车按命令运行。

⑥人机界面：车载设备与司机交互的设备。

⑦运行管理记录单元：规范司机驾驶，记录与运行管理相关的数据。

⑧预留无线通信接口。

3. CTCS-2 级列车控制车载设备的七种模式

CTCS-2 级列车控制车载设备的控车模式有完全监控、部分监控、引导、目视行车、调车、隔离和待机等模式。

(1)完全监控模式是列车的正常运行模式。列车控制车载设备根据控车数据自动生成目标-距离模式曲线，司机依据人机界面显示的列车运行速度、允许速度、目标速度和目标距离等信息控制列车运行。

(2)部分监控模式是列车控制车载设备接收到轨道电路允许行车信息，而缺少应答器提供的线路数据或限速数据时使用的模式。在部分监控模式下，限速值为 45km/h。

(3)引导模式是在进站或出站建立引导进路后，列车控制车载设备按照最高限速 40km/h 控车的模式。

(4)目视行车模式是司机控车的固定限速模式，限速值为 40km/h。列车控制车载设备显示停车信号停车后，司机按规定操作转入目视行车模式。

(5)调车模式是动车组进行调车作业的固定限速模式，限速值为 40km/h。司机按压专用按钮使列车控制车载设备转入调车模式。只有在列车停车时，司机才可以选择进入或退出调车模式。

(6)隔离模式是列车控制车载设备控制功能停用的模式。列车停车后,根据规定,司机操作隔离装置使列车控制车载设备转入隔离模式。

(7)待机模式是列车控制车载设备上电后的默认模式。列车控制车载设备自检后,自动处于待机模式。在待机模式下,列车控制车载设备正常接收轨道电路及应答器信息。

CTCS-2 级列车控制车载设备七种模式之间的转换见表 3-2。

CTCS-2 级列车控制车载设备七种模式之间的转换 表 3-2

当前模式	转换模式						
	待机模式	部分监控模式	完全监控模式	引导模式	目视行车模式	调车模式	隔离模式
待机模式	—	人工/停车	—	—	人工/停车	人工/停车	人工/停车
部分监控模式	人工/停车	—	自动	自动	人工/停车	人工/停车	人工/停车
完全监控模式	人工/停车	自动	—	人工	人工/停车	人工/停车	人工/停车
引导模式	人工/停车	自动	自动	—	人工/停车	人工/停车	人工/停车
目视行车模式	人工/停车	自动	自动	自动	—	人工/停车	人工/停车
调车模式	人工/停车	—	—	—	—	—	人工/停车
隔离模式	人工/停车	—	—	—	—	—	—

(二)CTCS-3

1.系统的性能特点

(1)CTCS-3 级是基于无线传输信息并采用轨道电路等方式检查列车占用的列车运行控制系统。CTCS-3 级面向提速干线、高速新线或特殊线路,基于无线通信的固定闭塞或虚拟自动闭塞,适用于各种限速区段,地面可不设通过信号机,司机凭车载信号行车。

(2)CTCS-3 级是基于无线通信(如 GSM-R)的列车运行控制系统,它可以叠加在既有干线信号系统上。

轨道电路完成列车占用检测及完整性检查,点式信息设备提供列车用于测距修正的定位基准信息。无线通信系统实现地-车间连续、双向的信息传输,行车许可由地面列车控制中心产生,通过无线通信系统传送到车上。

(3)CTCS-3 级与 CTCS-2 级一样,采取目标-距离控制模式(又称连续式一次速度控制)和准移动闭塞方式。由于其实现了地-车间连续、双向的信息传输,所以功能更丰富、实时性更强。

(4)CTCS-3 级 ATC 系统利用 GSM-R 无线通信网络提供车-地双向、连续、大容量的信息传输平台。无线闭塞中心(RBC)通过 GSM-R 向列车发送行车许可,列车则通过 GSM-R 向 RBC 发送列车位置和速度信息。使地面控制中心掌握管辖内每一辆列车的运行情况,保证了列车的运行安全。

2.系统的组成与功能

(1)地面子系统。

①无线闭塞中心(RBC):是 CTCS-3 级 ATC 系统的核心设备,根据车载子系统、地面子

系统、其他子系统、地面外部系统提供的列车状态、轨道占用、临时限速命令、联锁进路状态、灾害防护等信息，产生针对所控列车的行车许可(MA)及线路描述、临时限速等控制信息，通过 GSM-R 无线通信系统传输给 CTCS-3 级车载子系统。

②无线通信(GSM-R)地面设备：作为系统信息传输平台，完成地-车间大容量的信息交换。

③点式设备：采用应答器，主要提供列车定位信息。

④轨道电路：采用 ZPW-2000 系列无绝缘轨道电路，主要用于列车占用检测及列车完整性检查。

(2)车载子系统组成。

①无线通信(GSM-R)车载设备：作为系统信息传输平台，完成车-地间大容量的信息交换。

②点式信息接收模块：完成点式信息的接收与处理。

③测速模块：实时检测列车运行速度并计算列车走行距离。

④设备维护记录单元：对接收信息、系统状态和控制动作进行记录。

⑤车载安全计算机：对列车运行控制信息进行综合处理，生成目标-距离模式曲线，控制列车按命令运行。

⑥人机接口：车载设备与司机交互的接口。

⑦运行管理记录单元：规范司机驾驶，记录与运行管理有关的数据。

3. CTCS-3 级列车控制车载设备的七种模式

(1)完全监控模式是列车的正常运行模式。列车控制车载设备根据控车数据自动生成目标-距离模式曲线，司机依据人机界面显示的列车运行速度、允许速度、目标速度和目标距离等信息控制列车运行。

(2)引导模式是在进站或出站建立引导进路后，列车控制车载设备按照最高限速 40km/h 控车的模式。

(3)目视行车模式是司机控车的固定限速模式，限速值为 40km/h。列车控制车载设备显示停车信号或位置不确定时，在停车状态下司机按规定操作转入目视行车模式。

(4)调车模式是动车组进行调车作业的固定限速模式，限速值为 40km/h。司机按压专用按钮使列车控制车载设备转入调车模式。只有在列车停车时，司机才可以选择进入或退出调车模式。CTCS-3 级控车时，只能在车站内转入调车模式。

(5)休眠模式是非本务端车载设备不监控列车运行，但仍执行列车定位、记录等级转换等功能的模式。

(6)隔离模式是列车控制车载设备控制功能停用的模式。列车停车后，根据规定，司机操作隔离装置使列车控制车载设备转入隔离模式。

(7)待机模式是列车控制车载设备上电后的默认模式。列车控制车载设备自检和外部设备测试后，自动处于待机模式。在待机模式下，列车控制车载设备正常接收轨道电路及应答器信息。

CTCS-3 级列车控制车载设备按 CTCS-3 级控车时七种模式之间的转换见表 3-3。

CTCS-3 级列车控制车载设备按 CTCS-3 级控车时七种模式之间的转换 表 3-3

当前模式	转换模式						
	待机模式	完全监控模式	引导模式	目视行车模式	调车模式	休眠模式	隔离模式
待机模式	—	—	人工/停车	人工/停车	人工/停车	人工/停车	人工/停车
完全监控模式	人工/停车	—	人工	人工/停车	人工/停车	—	人工/停车
引导模式	人工/停车	自动	—	人工/停车	人工/停车	—	人工/停车
目视行车模式	人工/停车	自动	人工	—	人工/停车	—	人工/停车
调车模式	人工/停车	—	—	—	—	—	人工/停车
休眠模式	人工/停车	—	—	—	—	—	人工/停车
隔离模式	人工/停车	—	—	—	—	—	—

想一想:1. 我国列车运行控制系统与国外列车运行控制系统之间的联系是什么?

2. CTCS-2 级和 CTCS-3 级之间有什么联系?

做一做:1. 请同学们在互联网上查阅我国哪些高速铁路线路采用的是 CTCS-3 级,哪些高速铁路线路采用的是 CTCS-2 级?

2. 查阅《铁路技术管理规程》(高速铁路部分),了解 CTCS-3 级列车控制车载设备按 CTCS-2 级控车时九种模式之间的转换。

知识拓展

我国 ATC 系统现状

我国城市轨道交通建设起步较晚,但经过了探索和试验阶段后,一、二线城市已经快速地迈入了轨道交通的网络建设阶段。1965 年,我国第一条地铁在北京开工建设,1969 年建成通车,1981 年正式对外运营。根据中国城市轨道交通协会统计,截至 2020 年 9 月,中国有超过 41 个城市开通城市轨道交通,总里程超过 7100km。我国的信号控制设备供应商已经从引进国外技术,到吸收消化核心技术,最终形成了自主研发国产化信号系统的模式。国内各大城市的地铁业主也从一味地接受,到如今提出需求,紧跟甚至带领着技术发展的方向。在供应商与业主双方的共同作用下,CBTC 从传统的 IEEE 1474 标准架构,探索出了新的城市轨道交通列车运行控制系统技术发展方向。

全自动无人驾驶系统(Unattended Train Operation,UTO)减轻了正线运营以及车辆场(段)中司机的工作负担,实现了由控制中心调度人员集中化的远程操作、运营控制和调度管理的模式。因此,在继哥本哈根、迪拜等城市开通无人驾驶信号系统后,北京、上海、广州等国内一线城市也开始投入全自动无人驾驶系统——基于无线通信的列车运行控制系统(Communication Based Train Control system,CBTC)。全自动无人驾驶架构与典型 CBTC 架构,在各子系统的核心功能上没有太大区别。相比现有的 CBTC,UTO 在运营工作流程上有了较大的变化。取消司机的角色,但新增了多职能队员的岗位,负责所有运营车站和列车的巡视，并负责列车故障处置、人工驾驶、设施设备一级维修等业务。日常的运营工作流程为：列车停在车辆段或停车场系统根据出入库派班计划，分批次自动唤醒列车；当列车唤醒成功后，进入列车综合自检，自检通过的列车按计划班次等待发车指令；同时，车站工作人员对车站内所有设备进行运营前测试并开启；列车由出入场段线，根据时刻表进入正线运行；列车在无人驾驶模式下自动在区间运行，并且完成进站、停车、发车；根据时刻表，列车在折返站台自动进行控制端转换并匹配运行计划；列车完成时刻表计划，到达终点站后清客并下线；列车按回库派班计划规定的股道自动运行至停车库指定股道，上传数据后自动休眠。

此外，全自动无人驾驶架构与现有的 CBTC 相比，在功能、按钮、设备和接口上有较多的升级。主要的新增功能包括自动唤醒功能、自动休眠功能、自动存车功能、自动进入或退出运营功能、自动鸣笛功能、场(段)内自动运行功能、自动洗车功能、站台停车窗口校准对位功能、站台清客功能、列车状态监督功能、工况管理、蠕动功能、应急报警功能、远程控制功能等。主要的新增按钮包括洗车按钮、紧急关闭按钮、自动折返按钮、站台操作车门按钮、站台清客确认按钮、人员防护开关、全自动运行列车禁止出发按钮等。信号系统内部主要的新增设备包括冗余的测速脉冲电机和雷达等。信号系统与外部系统之间，主要的新增接口包括 ATS 远程控制命令接口、脱轨检测接口、火灾联动接口、列车控制管理系统接口等。

对于 CTCS-2/CTCS-3 级列车控制车载设备人机界面(DMI)，速度信号在速度表盘上以不同颜色的光带显示。速度信号显示包括列车当前速度、允许速度(列车控制车载设备允许列车在该时刻达到的安全运行速度)和目标速度(在该时刻列车控制车载设备提示列车在到达目标点的允许速度)，如图 3-8 所示。

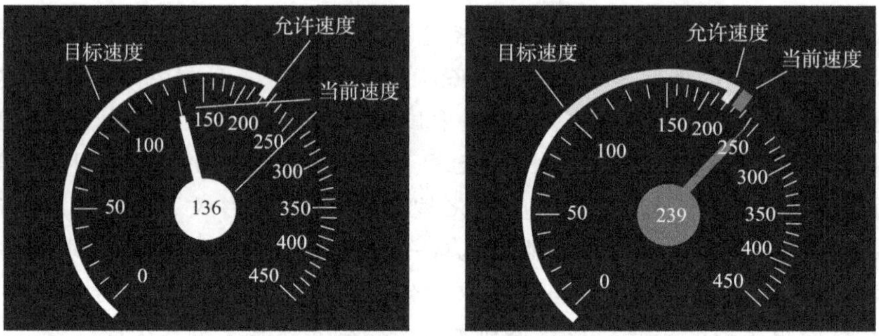

图 3-8　列车控制车载设备人机界面(单位:km/h)

列车控制车载设备的“机车信号”显示如下(图 3-9)：

(1)一个带“5”字的绿色灯光：表示列车运行前方至少有七个闭塞分区空闲。

(2)一个带“4”字的绿色灯光：表示列车运行前方有六个闭塞分区空闲。

(3)一个带“3”字的绿色灯光：表示列车运行前方有五个闭塞分区空闲。

(4)一个带“2”字的绿色灯光：表示列车运行前方有四个闭塞分区空闲。

(5)一个绿色灯光：表示列车运行前方有三个闭塞分区空闲。

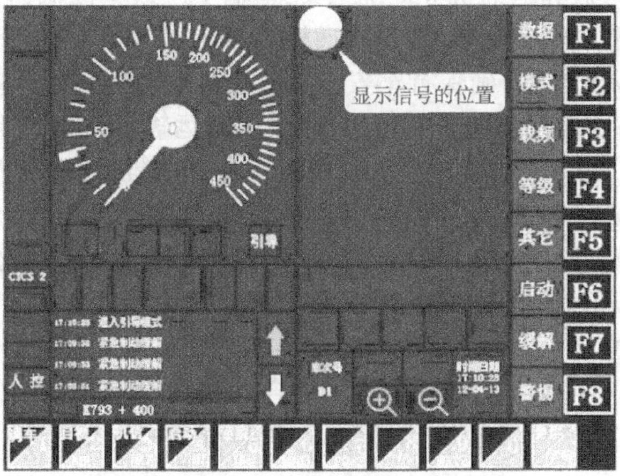

图3-9 列车控制车载设备的"机车信号"

(6)一个半绿半黄色灯光:表示列车运行前方有2个闭塞分区空闲。

(7)一个带"2"字的黄色闪光:表示列车运行前方有一个经直向进路的空闲闭塞分区,并预告次一个闭塞分区所在的进路开通经18号及以上道岔侧向位置,且进路允许速度不低于80km/h。

(8)一个带"2"字的黄色灯光:表示列车运行前方有一个经直向进路的空闲闭塞分区,并预告次一个闭塞分区空闲且开通经道岔侧向位置的进路[但不满足上述第(7)项条件]。

(9)一个黄色灯光:表示列车运行前方仅有一个经直向进路的空闲闭塞分区。

(10)一个双半黄色闪光:表示列车接近的地面信号机开通经18号及以上道岔侧向位置的进路,且进路允许速度不低于80km/h。

(11)一个双半黄色灯光:表示列车接近的地面信号机开通经道岔侧向位置的进路[但不满足上述第(10)项条件]。

(12)一个半黄半红色闪光:表示列车接近的地面信号机开通引导进路。

(13)一个半黄半红色灯光:表示列车运行前方进路未建立或信号未开放,要求及时采取停车措施。

(14)一个红色灯光:表示列车已进入未建立的进路、已越过地面上的禁止信号或已越过作为停车点的区间信号标志牌,或表示列车所在区段有灾害发生。

(15)一个白色灯光:不预告列车运行前方进路开通状态及地面信号开放状态。

无显示时,表示列车控制车载设备的"机车信号"在停止工作状态。

第三节 调度集中系统

传统铁路调度指挥主要靠人工,横向各调度区域及纵向各层级间的联系都是使用电话,列车运行情况由调度员人工绘制和调整,因此,没有形成联动的调度指挥系统。调度人员主要使用铅笔、胶擦、三角板和电话机等传统工具,运输生产效率极低,有时还会因调度与现场联系脱节、误听、误解造成列车晚点,信息沟通极为滞后,安全管控水平低下。为适应运输生产发展的需要,提高调度水平,确保行车安全,20世纪末,铁道部借鉴世界先进国家铁路管理经验,大力发展铁路信息化系统开发工作,建设铁路运输管理信息系统(TMIS),主要包括确报、运输计划、车辆、调度、日常运输统计、现在车及车流推算、军交运输等子系统。其中,调度指挥管理信息系统(DMIS)包括列调、机调、货调、客调、货调五个子系统。原有的手工作业部分被计算机代替,根据列车的运行情况,调度员可任意进行调整,既轻松方便又快捷准确。随着铁路信息化的深化发展,上下交互的列车调度指挥系统(TDCS)、基于分散自律控制原理的调度集中控制(Centralized Traffic Control,CTC)系统的出现,标志着我国铁路调度指挥装备水平的进一步现代化和自动化。结合高速铁路运输组织的特点,我国调度指挥系统采用CTC系统。

一、调度集中系统的定义与主要特点

1. 调度集中的定义

调度集中是控制中心对某一调度区段的信号设备进行集中控制,对列车进行直接指挥、管理的技术设备。

CTC系统是进一步优化生产力、减少调度指挥环节、提升运输指挥效率、以设备动作代替人工指挥的新一代调度指挥系统。其综合了网络技术、通信传输技术和远程控制技术,采用集中—分散原则,以列车运行自动调整、进路自动控制和排列为主要目的,实现列车运行及调车作业自动化。

除了完成TDCS的全部功能外,CTC系统还可以完成管内车站信号设备的操控功能,也就是说原来车站值班员要动手的工作也可以由调度中心列车调度员来完成,调度员可对某一区段内的信号设备进行集中控制,对列车运行直接指挥、管理。通俗地讲,CTC是对TDCS的升级,在TDCS的基础上增加分散自律的控制功能就是CTC。

2. 调度集中的主要特点

CTC系统是集计算机、通信、网络等现代化技术为一体的现代化综合系统,是完成高速铁路运输组织特别是日常行车组织的根本保证。其主要特点有:

(1)以设备控制为主,人工干预优先。

(2)采用分散自律技术构筑系统的应用软件。

(3)系统统一协调处理列车调车干扰问题,没有交放权的要求;基本原则是列车作业优先于调车作业,调车作业不得干扰列车作业。

(4)调度中心可以远程遥控办理车站所有作业。

(5)通常情况下,调度中心办理的作业,车站只能监视,无权更改;车站办理的作业,调度中心只能监视,无权更改。

(6)接车进路信息自动预告。

二、调度集中系统的结构及原理

1. 调度集中系统的结构

我国的CTC系统由各铁路局CTC中心子系统、车站子系统两级构成。系统采用通用的互联网体系结构，调度中心通过交换机将中心各种设备连接成一个局域网，各站交换机将车站设备连接成一个局域网。通信网络将中心局域网和各车站局域网连成一个广域网。因此，CTC 系统包括调度中心、车站、网络通信三部分构成。

(1)铁路局调度中心部分组成。

调度中心由调度中心应用系统和调度中心服务系统两部分组成。

调度中心服务系统主要由调度中心总机房设备构成，它提供应用系统后台服务，主要包括数据库服务器、应用服务器、通信服务器、接口服务器、系统维护工作站、网络管理工作电源设备及防雷等设备。

调度中心应用系统主要提供铁路局调度中心各相关工种的操作界面和培训功能。主要设备包括：调度员台、助理调度/操作员合一台、综合维修调度台、值班主任台、计划员台、培训台、打印机、绘图仪等。

(2)车站部分组成。

车站部分包括车站机械室设备和车站运转室设备。

车站机械室设备主要由车站自律机、值班员工作站主机、电务维护终端、综合维护终端(应用于无人站)、不间断(UPS)电源防雷设备等构成。车站自律机是智能型分散自律型调度集中系统的核心设备，完成车站的进路选排、冲突检测，控制输出等核心功能。电务维护终端用于监视车站子系统的运行状况，对所有操作控制命令、设备运用情况、故障报警信息和车站网络运行状态等进行分类存储、查询和打印。在无人值守车站设综合维修终端，用于电务、工务、电力、桥隧等部门在施工、维修和抢险等情况下，现场人员和调度中心的联系，以及设备日常维护、天窗修、施工以及故障处理方面的登销记手续的办理。

车站运转室内设有值班员工作站的显示器、鼠标、音箱等输入输出设备。

(3)网络通信部分。

系统网络通信系统主要由三部分构成：调度中心网络系统、车站网络系统、无线网络系统。

调度中心网络系统采用两台高性能 1000Mb/s 交换机构成中心局域网的主干，各种服务器、工作站等计算机设备均配备两块网卡与两台交换机连接，形成冗余双网结构；调度中心还采用两台高端 CISCO 路由器与车站基层广域网连接。

车站网络系统采用两台高性能交换机构成车站局域网主干，车站调度集中自律机、TDCS 采集处理机、值班员工作站、信号员工作站等设备均配备两个以太网口进行网络连接。车站网络系统配备两台路由器和车站基层广域网连接。

采用带宽为 2Mb/s 双环、迂回的高速专用数字通道，将车站基层局域网连接至调度中心局域网，每个通道环为 8 ~ 15 个车站，每个环交叉连接到车站局域网两台路由器上。为了保证中心局域网的安全，在调度中心机房和车站信号机械室内都配有安全防火墙，入侵检测机，以保证调度中心系统和车站系统不被非法入侵。

无线网络系统由三部分构成：无线车次号校核系统、无线调度命令系统、无线调车机车监控系统。

2. 分散自律调度集中系统原理

如图 3-10 所示，分散自律调度集中系统突出的特点是将程序化进路控制的功能下放由各个车站自律机来实现，也就是说，中心根据运输实际情况，编制列车运行调整计划，并适时地将调整计划下达给各个车站的自律机，由车站自律机根据列车运行调整计划自动生成列车进路操作指令，并根据车次号追踪结果适时地将进路操作命令传送给联锁系统执行，以此实现了车站作业和远程调度指挥。车站还能接收车站调车作业计划（有人站）和 CTC 中心调车作业计划（无人站），在不影响列车的前提下自动生成调车进路操作命令并下达给联锁系统执行，以实现调车作业和列车作业协调进行，解决列车作业和调车作业的矛盾。车站自律机体现了既受 CTC 中心集中控制，又按各站调车作业情况自行处理的机理。

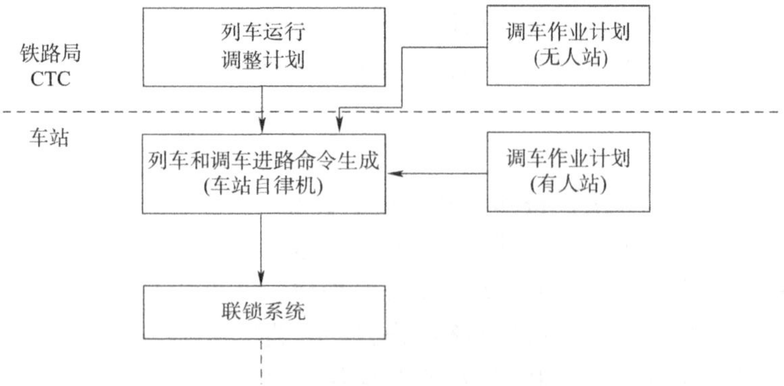

图 3-10 分散自律调度集中原理图

三、调度集中系统的系统功能与控制模式

1. 调度集中系统的系统功能

（1）远程控制：铁路局 CTC 调度中心可以实现对现场车站联锁、闭塞、信号设备的远程控制和操纵，调度员通过调度终端向车站分散自律子系统发布各类控制指令，又由车站分散自律子系统向现场联锁设备发送相应的控制命令，从而实现中心设备远程办理各站的进路、开放进出站信号、扳动道岔。通过 CTCS，CTC 系统设备还可以向限速服务器发送列车控制数据，通过应答器和 ATP 设备直接控制动车组列车运行。

（2）实时通信：CTC 系统实现中心与现场的双向实时通信。管辖区段内各次列车运行和分布情况，各区间和车站的站场显示、轨道电路占用、进路开通、信号机开放等情况，都可以通过信息传输及时地反映到调度所内的监控设备上。同时，调度所可以对现场车站列车控制中心等设备发送各类列车控制限速等实时数据，控制装设列车控制车载设备的列车运行速度，确保行车安全。

2. 调度集中系统的控制模式

（1）分散自律控制模式。

在分散自律调度集中设备上控制车站信号设备，而在联锁上位机上操作无效，联锁命令无法输入，此时只有一个“非常站控”按钮是有效的。

（2）非常站控。

所谓非常站控，就是在非常情况发生时，将分散自律调度集中系统的控制模式转为在联锁操作台上通过操作按钮办理进路的控制方式。

(3)模式转换。

在正常情况下,车站联锁系统处于分散自律控制模式。在发生某种故障(如自律机失效)、出现危险情况或在维修施工条件下,利用设置在联锁操作台上的“非常站控”按钮可将CTC无条件从分散自律控制模式转为非常站控模式。在非常站控模式下,满足一定条件时,通过再次按压“非常站控”按钮,可以将控制权由联锁的上位机转到CTC的分散自律模式下。

(4)分散自律控制模式下的操作方式。

为使分散自律调度集中更好地适应各种类型的车站,在分散自律控制模式下,又分为三种操作方式。即中心操作、车站操作和车站调车。

中心操作方式:中心操作方式是CTC中心负责该站和列车控制和调车控制,助理调度员负责该站所有的作业。一般在无人站使用这种方式。

车站操作方式:车站操作方式是调度员负责列车员运行计划的调整和下达,车站可以修改进路序列的内容,包括接发车顺序、到发线、进路触发方式等,车站人员也可直接操作进路按钮,车站也可制订调车计划,指挥调车作业。

车站调车操作方式:车站调车操作方式是CTC中心负责该站的列车控制,车站负责该项站的调车控制。调度员制订列车运行调整计划,安排车站的股道运用,车站制订调车计划,办理调车进路。一般有人车站使用这种方式。

想一想:1. 列车调度指挥系统与调度集中系统有什么联系?

2. CTC系统分为哪几层机构?

做一做:请同学们在互联网上查阅CTC作业的简易流程。

知识拓展

部分发达国家铁路列车调度指挥情况

日本和德国是世界上铁路发展较为完善、技术较为先进的国家,其路网结构较为典型,对研究我国既有线及高速铁路调度指挥有重要的借鉴和指导作用。日本国内资源较为困乏,除少量支线存在货运业务外,铁路运输以旅客运输为主;日本新干线(即高速铁路)与既有线相互独立,且分属于不同的铁路公司,各条新干线调度指挥的自动化水平均较高,但各公司采用的调度指挥系统相对独立,其组织模式也有一定差异。

德国高速铁路是路网的一部分,其主要特点为客货共线及高速、普速线路混用,既有线调度指挥与高速铁路调度指挥相互融合,采用统一的调度指挥系统和模式。其功能有列车控制、运行监视、接触网供电、客服信息管理系统和站场监控设备等,调度指挥系统为由局域网(LAN)构成的多功能综合运输控制系统。

一、日本

JR东日本铁路公司采用日本新干线综合运输管理系统(Computerized Safety Maintenance and Operation System of Sinkansen,COSMOS),COSMOS 以自主分散运行管理系统为中心,运输计划、运行管理、车站作业管理、维修作业管理、车辆管理、设备管理、信息集中管理和电力系统控制等各个子系统间信息共享,以实现综合调度、监控和综合维护管理的功能。

日本既有线主要采取 ATROS 型号的系统,北海道公司采用 PRC 型号的系统和 CTC。COSMOS、ATROS 和 PRC 各系统的车站进路和信号均由计算机自动控制,CTC 则由调度人员集中控制。当 PRC 故障时,可改为 CTC 控制或车站控制模式。COSMOS 和 ATROS 的车站控制台平时无人值守,出现突发事件时,由车站站务人员根据列车运行情况监视控制台,一般不参与行车控制。

二、德国

设置 1 个中央调度指挥中心和按区域划分的 7 个调度指挥分中心。中央调度指挥中心设在法兰克福,7 个调度指挥分中心分别设在柏林、汉诺威、杜伊斯堡、法兰克福、卡尔斯鲁厄、慕尼黑和莱比锡地区。德国铁路调度指挥将高速铁路与普速铁路合为一体,从体系结构到管理模式,高速铁路与普速铁路完全相同,实行调度指挥中心一调度指挥分中心(地区调度中心)一基层车站的三级管理指挥模式。所有中心都由通信系统连接起来,相互交换数据。每个调度指挥中心下设运输指挥中心和运行控制中心,运行控制中心又设置了远程控制中心。德国各调度指挥中心按工作进程分为 4 个级别,具有运输指挥、自动冲突解决、自动调度、信息服务等功能。

第四节　计算机联锁系统

作为高速铁路系统的一部分,联锁系统成为、保证高速铁路运营安全不可或缺的关键技术。《铁路信号名词术语》(TB/T 454—1981)中,联锁的定义是"通过技术方法,使信号、道岔和进路必须按照一定程序并满足一定条件,才能动作或建立起来的相互关系"。而用计算机技术来实现联锁功能的联锁系统称为计算机联锁系统。

二维码3-3

计算机联锁系统

由于高速铁路列车运行速度高、运行间隔小、正点率要求高,为提高系统的安全与效率,必须配有计算机联锁系统。它具有进路自动排列、进路储存及延续进路防护功能,并在车站股道设有过走防护区段及安全线,兼顾安全性与运营效率。因此,高速铁路信号联锁系统是高速铁路安全运营的关键系统,对高速铁路的发展具有重要意义。相关资源见二维码 3-3。

一、计算机联锁的结构

计算机联锁系统是安全相关系统,必须具有高可靠性和高安全性,故在其关键的联锁逻辑环节采用冗余设计结构,这种结构决定了联锁系统实现时所采用的软、硬件结构。目前,联锁冗余结构主要有 3 种:双机热备(或二取二)、三取二和二乘二取二。而在高速铁路上使用的联锁主要采用三取二和二乘二取二结构,具有高可靠、高安全性。

1. 双机热备结构

早期计算机联锁在硬件上采用双机热备结构，软件上采用双套功能相同而编码不同的程序进行联锁逻辑运算，主机计算结果输出执行，备机结果作为比较验证主机是否正常工作，若主机有故障、备机无故障，则自动切换至备机。由于双机热备结构涉及双机切换可能至危险侧的后果，因此，国外已不再开发双机热备结构，我国也停止此方面的研发，只暂准在铁路单线、支线和非提速区段使用。

2. 三取二结构

三取二结构采用3个独立处理器，将输入的信号机、道岔、轨道电路等设备信息和车站操作命令各自独立处理，再将运算结果相互交换、比较，最终三取二表决，将结果输出至驱动模块驱动信号设备动作。当其中任一处理器故障或产生差错时，该处理器判为故障，运算结果将被屏蔽，另外两个处理器组成二取二系统，不需切换。三取二系统具有容错能力，提高了系统的可用性和可靠性，但是存在不能停机检修问题。

3. 二乘二取二结构

二乘二取二结构采用具有双核 CPU 的两个联锁机 A、B，每套联锁机内为二取二结构，双 CPU 分别运算，比较一致后输出。A、B 联锁机以主从方式并行运行，两机之间通过并行接口建立的高速通道交换信息，实现同步和切换。每一联锁机各用一对光缆经过光分路器与控显双机相连，使其都能够分别与两台控显通信。当其中一套联锁机故障或产生差错时，另一套联锁机自动接替工作，两者之间有动态切换装置，负责数据同步、时钟同步、主从管理以及单机到双机的重构。由于每套联锁机是双 CPU 独立处理，两套联锁机相当于4个独立处理器在运算，是双机热备结构的加强版，大大提高了系统的可用性和可靠性，并且便于维修。

二、计算机联锁的功能

1. 联锁控制功能

计算机联锁设备具有电气集中联锁设备的所有功能，主要包括：

(1)对进路的控制：能够实现进路的自动选排、锁闭及解锁。

(2)对信号的控制：能够实现信号的自动开放、关闭及防止信号因故关闭后的自动重复开放。

(3)对道岔的控制：能够实现对道岔的单独操纵、单独锁闭及单独封锁。

2. 显示功能

由于采用大屏幕显示器或表示盘，计算机联锁系统能够提供非常直观、清晰、形象的各种显示。

(1)站形显示：在显示器上，平时用蓝色的线条显示出车站的站形，当道岔位置改变时，显示器上的道岔开通方向会随之改变。进路锁闭时，相关的线条变为白色；有车占用时，变为红色。

(2)现场信号设备状态显示：显示器上不但能清晰地显示道岔的位置，还能显示轨道区段和信号机的各种状态。

(3)按钮操作提示：值班员按下某一按钮后，在显示器上有相应的提示，以确认操作动作是否正确。

(4)系统的工作状态、故障报警显示：在屏幕上，不但能够显示系统的工作状态，而且当系统发生故障时，显示器上还有报警提示。

3. 记录储存和故障诊断功能

计算机联锁系统最突出的优点是，储存容量大，具有较强的记忆功能，系统不但能够及时地提供当前的信息显示，而且还能提供历史的信息。

(1)自动记录功能：计算机联锁系统能够随时自动记录值班员的操作、现场信号设备的动作、列车的运行情况。上述所有的信息均保存不少于48h或一个月(甚至更长的时间)，需要查询设备的动作或分析系统的故障时，可随时调用记忆期限内任意时刻的各种信息。

(2)提供图像作业再现功能：计算机联锁系统不但能保存信息，而且可以将记忆期限内任一时间的作业情况重新再现。根据需要可以选择快进、步进和正常三种再现速度。

(3)集中监测报警功能：计算机联锁系统一方面能够自动监测系统自身运行的状况；另一方面，在室外信号机、道岔或轨道电路信号设备发生故障或参数异常时，及时给出报警提示，以便及时处理。

4. 结合功能

由于计算机联锁系统可以与调度集中、微机监测、列车运行控制等远程自动化系统直接进行数据交换和信息传送，因此，可以灵活地与其他系统结合，以实现信息共享、多网合一，这样可以节省设备成本。

《铁路技术管理规程》(高速铁路部分)第77条规定：车站、线路所、动车段(所)应采用计算机联锁设备。计算机联锁设备具备与列车控制中心(TCC)、信号集中监测系统、调度集中系统(CTC)或列车调度指挥系统(TDCS)的接口功能，在CTCS-3级区段还应具有与无线闭塞中心(RBC)等设备的接口功能。

三、计算机联锁的优点

1. 人-机对话设备更新

计算机联锁系统操纵设备已由过去操纵表示合一的按钮式控制台，变为操纵表示分离的数字化仪和大屏幕显示器，采用鼠标操作，既形象直观又方便灵活。

2. 软、硬件设计模块化

各种计算机联锁系统，在软、硬件设计时，均以信号设备即信号机、道岔、轨道区段为设计对象，根据站形选择不同数量的数据模块进行连接，便于系统的设计和调试。

3. 硬件高可靠性

为了提高计算机联锁系统的可靠性，各个环节的计算机均采用高可靠性的工业控制机，在系统设计时，采用动态冗余、故障切换等方式，减少系统停机的概率，保证系统可靠工作。

4. 软件采用双套程序

在软件设计时，采用不同版本，不同思路的两套软件。输入相同的信息，两套程序同时分别运行，进行结果比较，若两结果一致，才可以输出。这样可以防止程序运行时发生错误。此外，各种信息采用冗余编码，即用多个码元表示一个信息，这样在信息传输错误时，可以防止产生错误结果。

5. 信息传输快

采用光缆或通信电缆作为传输线路,通信速度快;用同步或异步通信的方式传输信息,可以大大减少信息的传输错误。

6. 抗干扰能力强

计算机联锁系统采用隔离变压器和高抗干扰稳压电源,外部设备和计算机之间采用光电耦合,保证系统不受外界干扰。

7. 功能扩展

计算机联锁系统除了具有较强的联锁控制和显示功能外,还增加了较完善的系统自动测试和故障诊断功能。

8. 便于结合

计算机联锁系统预留的接口可以与其他信息化设备直接连接,交换信息非常方便。

随着计算机技术在自动控制领域的不断应用,计算机联锁技术也正在迅速发展,其功能不断增强,成本不断降低。计算机联锁设备的应用,已由点到线不断扩展,并将与 TDCS、CTC、CTCS 等系统同步发展,成为代表我国铁路信号现代化水平的标志。

四、我国计算机联锁系统的类型

我国自主研发的联锁系统在保证铁路运营安全方面作出了重要贡献。国内车站信号从最初的机械联锁控制、电气集中联锁,到计算机联锁,经历了 3 个发展阶段。第 1 阶段,20 世纪 70 年代初期,是机械联锁时期;第 2 阶段,从 20 世纪 70 年代中期到 20 世纪 90 年代初,是继电联锁时期;20 世纪 80 年代初期,计算机联锁开始萌芽,此后均处于计算机联锁时期。

第 3 阶段初期的产品以双机热备结构为主,如全路通信信号研究设计院的 DS6-Ⅱ型、北京交大微联公司的 JD-Ⅰ A 型、中国铁道科学研究院通信信号研究所的 TYJL-Ⅱ型和卡斯柯公司的 VPI、CIS-1 等型号的联锁系统;在计算机联锁阶段的中期以三取二结构为主,如全路通信信号研究设计院的 DS6-20 型、中国铁道科学研究院通信信号研究所的 TYJL-TR9 型、TYJL-TR2000 型和 TYJL-ECC 等型号的联锁系统;后期以二乘二取二结构为主,如全路通信信号研究设计院的 DS6-K5B 型、北京交大微联公司的 EI32-JD 型、中国铁道科学研究院通信信号研究所的 TYJL-Ⅲ型和 TYJL-ADX 型、卡斯柯公司的 iLOCK 型等系统,并且这些产品也应用到我国胶济客运专线、合宁客运专线、合武客运专线、沪杭高速铁路等线路上。

整体上,我国计算机联锁系统在联锁逻辑部分用计算机计算,在室外信号设备控制部分仍采用继电器控制。从计算机联锁发展时间上来看,我国的计算机联锁起步虽然略晚,但已覆盖全国普速铁路和高速铁路沿线。从发展的技术类型来看,我国计算机联锁已出现了全电联锁、区域联锁,我国计算机联锁发展进入了新的阶段。

想一想: 1. 我国高速铁路常用的计算机联锁有哪些种类?

2. 计算机联锁有哪些优点?

做一做: 1. 请同学们在网上查阅国外高速铁路常用的计算机联锁。

2. 请同学查阅主流计算机联锁的特点。

知识拓展

主流计算机联锁系统特点分析

一、DS6-K5B 型计算机联锁系统

DS6-K5B 型计算机联锁，是全路通信信号研究设计院与日本京三公司联合开发的计算机联锁系统。联锁机和输入输出电路采用京三公司的 K5B 型产品。联锁软件在全路通信信号研究设计院 DS6 系统联锁软件基础上移植生成，保留了通过铁道部计算机联锁检验站测试的联锁软件的核心程序和数据结构。DS6-K5B 计算机联锁系统由 5 个部分组成，分别为：控制台、电务维护台、联锁机、输入输出接口设备、电源。机柜标准：每套 DS6-K5B 型计算机联锁系统各配置有监控柜一架、联锁柜一架、电源柜一架、电子终端柜根据车站规模不同有若干架。监测柜尺寸为 600mm（宽度）×800mm（厚度）×1800mm（高度），内部安装有两个采用光缆连接串行通信接口板 INIO 卡，用于与联锁机 2 重系通信，从联锁双机取得联锁系统维护信息。联锁柜尺寸为 920mm（宽度）×800mm（厚度）×1800mm（高度），内部放置有联锁机及两个电子终端架。电源柜尺寸为 600mm（宽度）×800mm（厚度）×1800mm（高度），内有一套 UPS 电源和两路直流 24V 稳压电源及电源监控器。电子终端柜尺寸为 920mm（宽度）×800mm（厚度）×1800mm（高度），可以放置 3 个电子终端架。

电源：每套系统由电源屏提供一路单相交流 220V 稳压电源，连接至容量为 2kVA 的 UPS 电源。当车站规模较大时，需要电源屏提供一路单相交流 220V 稳压电源，连接至容量为 3kVA 的 UPS 电源。

电线缆：联锁柜至接口柜的微机电缆长度要小于 50m。联锁柜至运转室的显示终端等设备的电缆长度要小于 60m。

接口柜配置：分采集板和驱动板两种。一架接口柜可设置 10 层，每层 10 块端子板，每个端子板上有 32 个信息位。继电器的使用：进站及进路信号机的 LXJ 前接点、后接点均采集。正线上的出站信号机前接点、后接点均采集。计算机驱动的继电器全部采用直流安全型继电器（JWXC-1700）。

二、TYJL-ADX 型计算机联锁系统

TYJL-ADX 型计算机联锁系统是由日立公司提供核心硬件系统、开放软件平台，由中国铁道科学研究院通信信号研究所开发应用软件并进行系统集成。该系统分为Ⅰ、Ⅱ两系，每一系由同步的两个微处理器构成故障安全控制器（FCX），两系间互为热备。监控机软件、联锁软件和维修终端软件是由原成熟系统 TR9 型的相关软件移植而成。

机柜标准：每套 TYJL-ADX 型计算机联锁系统各配置有综合柜一架、联锁柜一架、扩展柜根据车站规模不同有若干架。综合柜尺寸为 600mm×800mm×2350mm，内设有监控机及 UPS 电源等设备。联锁柜尺寸为 900mm×800mm×2350mm，可以放置 3 个机笼，第一个机笼用于放置联锁主机，即 FCX 机笼，其余两个机笼用于放置采集、驱动板，即 FFC 机笼。扩展柜尺寸为 900mm×800mm×2350mm，可以放置 3 个 FFC 机笼，每个机笼有 6 个槽位。

电源：每套系统由电源屏提供两路交流 220V 稳压电源，每路容量为 2kVA。当车站规模较大需要两个及以上的联锁柜时，需要电源屏提供两路交流220V稳压电源，每路容量为3kVA。当联锁系统设有执表机时，需要电源屏提供四路交流220V稳压电源，每路容量为2kVA。电线缆：联锁柜至接口柜的微机电缆长度要小于25m。联锁柜至运转室的显示终端等设备的电缆长度要小于50m。

接口柜配置：可设置10层，每层12块端子板，每个端子板上有32个信息位。采集板除1～12位和17～28位可用外，其他位均不能使用。驱动板除1～8位和17～24位可用外，其他位均不能使用。第一块采集板的第12位和第一块驱动板的第1位、2位为固定端子位，不可随意占用。

继电器的使用：DXJ、LXJ、YXJ、ZXJ、TXJ、LUXJ等信号继电器设有信号防护继电器XFHJ和LUTFHJ。计算机驱动的继电器全部采用直流偏极安全型继电器（JPXC-1000）。

三、EI32-JD型计算机联锁系统

EI32-JD型计算机联锁系统由北京交大微联科技有限公司研制，采用日本信号厂家研制的硬件系统与北京交通大学研发的软件结合而成。系统包括联锁机、综合机、电务维修终端和操作表示终端。联锁机为二乘二取二结构，分为Ⅰ、Ⅱ系，各系内部为二取二结构，双系互为热备。

机柜标准：每套EI32-JD型计算机联锁系统各配置有综合柜一架、分线柜和联锁柜均根据车站规模不同有若干架。综合柜尺寸为600mm×800mm×2350mm，内设有操作表示机、网络集线器、联锁机电源箱、双套UPS电源等设备。分线柜尺寸为600mm×800mm×2350mm，根据站场规模有1～2个不等，内设有驱动分线板、采集分线板、电源配置板等设备。联锁柜尺寸为900mm×800mm×2350mm，根据站场规模有1～3个不等，内设有驱采机电源箱、驱采机、联锁机等设备。机柜摆放为顺序依次为：分线柜—综合柜—联锁柜，即需要保证联锁柜放在最外侧。

电源：每套系统由电源屏提供两路交流220V稳压电源。车站规模在30组道岔以下时每路容量不小于1.5kVA。车站规模在30～80组道岔时每路容量不小于2.5kVA。车站规模在80组道岔以上时每路容量不小于3.5kVA。机房宜远离电源屏。

电线缆：联锁柜至运转室的显示终端等设备的电缆长度要小于50m，微机显示线行走路径应尽量避免穿越电源屏、电源箱等强电磁干扰源。

接口柜配置：接口柜由采集匣和驱动匣构成。采集匣可设置4层，每层16块端子板，每个端子板上有32个信息位，第一个采集板的第1～7位为固定端子。驱动匣可设置5层，每层9块端子板，每个端子板上有32个信息位，驱动板通常从1～16位及17～32位对称排列，第一个驱动板（Q_0）为电源板。

继电器的使用：计算机驱动的继电器全部采用直流无极安全型继电器（JWXC-1700）。

四、iLOCK型计算机联锁系统

卡斯柯公司在消化国外核心安全技术的基础上，自主研发了二乘二取二型智能安全性计算机联锁系统，简称iLOCK。iLOCK由6个子系统组成：联锁处理（IPS）、人机界面（MMI）、值班员台（GPC）、诊断维护（SDM）、冗余网络（RNET）、电源（PWR）。

机柜标准：每套iLOCK计算机联锁系统各配置有综合柜一架、联锁柜两架。系统切换

及电源柜尺寸为600mm×800mm×2250mm,内设有操作机、电源切换箱、电源配电箱及UPS电源等设备。联锁柜尺寸均为600mm×800mm×2250mm,内放置有系统机笼、驱动采集机笼和电源机笼。

电源:每套系统由电源屏提供两路交流220V稳压电源。其中一路在车站规模在50组道岔以下时每路容量为3kVA;在车站规模在50组道岔以上时每路容量为5kVA。另外一路为1kVA,用于机架风扇和打印机。

电线缆:联锁柜至接口柜的微机电缆长度小于50m。联锁柜至运转室的显示终端等设备的电缆长度小于50m。

接口柜配置:可设置10层,每层13块端子板,每个端子板上有32个信息位。每块驱动板的第1~4位为电源,每块采集板的第9、10、19、20位为电源。继电器的使用:联锁机通过驱动普通安全型继电器和采集安全型继电器接点与继电电路接口,计算机驱动的继电器全部采用直流无极安全型继电器(JWXC-1700)。

第五节　高速铁路通信设备

铁路通信系统是实现铁路专用通信业务的系统,铁路调度通信系统是其重要组成部分,目前正由模拟通信技术向数字通信技术方向演进。高速铁路通信系统属于铁路通信系统,包括有线通信部分与无线通信部分,其中有线通信部分与非高速铁路通信系统区别不大,区别主要体现在无线通信部分。

我国高速铁路运输及铁路信息的传输对铁路通信网提出了更高的要求。高速铁路通信系统的范围比既有线增加了很多,高速铁路通信系统以传输及接入、电话交换、数据网、GSM-R专用移动通信等设备为基础,建立调度、电视会议、救援指挥、环境监控和同步时钟分配等通信系统,将有线和无线通信有机结合,实现语音、数据、图像、列车控制的多种功能。

一、铁路专用通信

铁路专用通信是铁路运输指挥的重要基础设施,对铁路运输安全起着至关重要的作用。铁路专用通信业务主要有:干局线通信、区段通信、站场通信、无线专用通信、应急通信和列车通信。

调度通信按铁路运输指挥系统分干线、局线、区段三级调度通信体系。

干线调度通信是铁路总公司为统一指挥各铁路局,协调完成全国铁路运输计划,在铁道部与铁路局之间设立的各种调度通信。局线调度通信是铁路局为统一指挥所属调度区段及主要站段,协调地完成全局运输计划,在铁路局与编组站、区段站、主要大站之间设立的各种调度通信。区段调度通信是各调度区段为指挥运输生产,在调度员与所辖区段的铁路各中间站按专业、部门设置的调度通信系统,统称区段调度。

(一)调度通信

以列车调度为例,铁路局列车调度员,使用的终端设备称为××列车调度台,其调度对象为所辖车站值班员、相关站段调度。

列车调度通信的特点如下:列车调度通信是直接指挥列车运行的通信设备;其主要用户包括含铁路局(公司)运输指挥中心(调度所)列车调度员、车站(场)值班员、机车司机、运转车长、助理值班员、机务段(折返段)调度员、列车段(车务段、客运段)值班员、机车调度员、电力牵引变电所值班员、救援列车主任以及其他相关人员。

调度员对值班员为指令型通信,值班员对调度员为请示汇报型通信;是以调度员为中心,一点对多点的通信;铁路线路点多线长,呈线状分布,列调通信也呈链状结构。

对列车调度通信的要求:列车调度通信是独立封闭型的,除救援列车电话、区间施工领导人电话可临时接入,其他任何用户不允许接入;调度电话必须保证无阻塞通信,调度台处于定位受话状态,调度分机摘机(或按键)便可直接呼叫调度台;调度台单键直呼所辖调度分机,并且有全呼、组呼功能;调度分机之间不允许相互直接呼叫。

(二)站场通信

站场通信有两种类型,一种是大型车站多个作业场,主场车站调度员与各相关值班员构建的若干个一点对多点的调度通信,简称站调。另一种是小站车站值班员与若干个站内用户(道岔清扫房电话等)之间构建一点对多点的站内通信,其特点和要求与调度通信基本相同,所不同的只是组网方式不同。

(三)站间通信

站间通信为站与站之间的点对点通信,即站间行车电话或闭塞电话。闭塞电话是信号的一个组成部分,在区间闭塞采用电话闭塞法时,车站与相邻站用电话来办理闭塞,对闭塞电话的 a、b 两根线不能任意调换,更不能随意中断,严格禁止办理越站闭塞,所以闭塞电话只能是相邻站之间通信。随着信号设备的发展,区间闭塞法几乎不再采用电话闭塞法,现已大量采用半自动闭塞和自动闭塞,这时的站间电话只是用来通报列车运行状态和相关行车业务,于是出现了站间行车电话这一称谓,同时又出现了非相邻站之间的站间通信。站间通信为固定直达电路(回线),不允许搭挂其他任何电话分机。

(四)区间通信

区间通信是为区间作业人员提供对外联络的通信设施。

区间通信的特点:受模拟通信设备的限制,区间电话只能呼叫车站、调度及本地自动电话;上行站可以呼叫区间,其他用户无法呼入。对区间通信的要求在同一区间两个点之间,可以相互呼叫并通话;区间可以呼叫上行站、下行站、列调、电调;具有接入铁路自动电话本地网的功能。

从上述四项专用通信的特点可以看出,各种通信业务之间有内在联系,如:调度员不但对所辖调度用户要进行调度指挥,还要接受来自区间的意外情况的处理业务。

值班员既要接受所属调度台的指令性调度业务,还要与相邻站、区间、站内用户处理与行车有关的业务。

由此可见铁路调度通信的复杂性,不像其他行业的调度通信只是一点对多点的单纯的调度业务。

二、铁路综合数字移动通信系统(GSM-R)

GSM-R 是国际铁路联盟(UIC)推荐的欧洲铁路专用移动通信系统。它是在 GSM 蜂窝系统上增加调度通信功能的一个综合专用移动通信系统,能满足 UIC 提出的铁路专用调度通信的要求。

(一)GSM-R 的组成

GSM-R 由三大部分组成(图 3-11):GSM-R 陆地移动网络、FAS 固定网络、移动终端和固定终端。其中,FAS 固定网络实际上是一个以专用交换机及(PBX)为平台的有线调度通信网络。

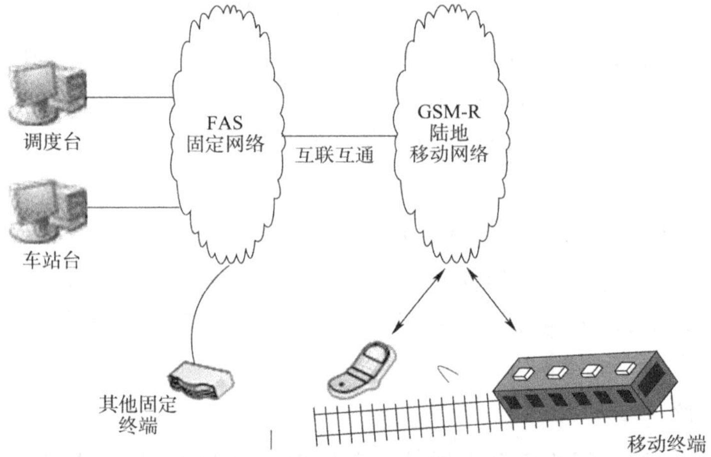

图 3-11　GSM-R 组成

(二)GSM-R 数字移动通信系统在高速铁路中的应用

1. 调度通信

调度通信系统业务包括列车调度通信、货运调度通信、牵引变电调度通信、其他调度及专用通信、站场通信、应急通信、施工养护通信和道口通信等。

利用 GSM-R 进行调度通信系统组网,既可以完全利用无线方式,也可以同有线方式结合起来,共同完成调度通信任务。可以利用现有的有线资源,构成 GSM-R + FAS 型号系统(即固定用户接入交换机)的无线/有线混合网络。这种混合网络的系统主要由 NSS 型号系统(包括 MSC、HLR、AUC、VLR、GCR 等)、BSS 型号系统(包括 BSC、BTS)、OSS 型号系统、固定用户接入交换机(FAS)、调度台、车站台、机车综合通信设备、作业手持台 OPH 及其他固定终端等构成。

铁路沿线采用无线覆盖,机车上采用无线终端,即机车综合通信设备,而车站台和调度台都是有线终端。采用有线/无线组网方式。其中,车站台和调度台通过固定用户接入交换机(FAS)连接到 GSM-R MSC 上,从而实现有线和无线用户的通信。下面以列车调度功能为主,介绍其是如何采用 GSM-R 来实现的。

GSM-R 除支持所有的 GSM 电信业务和承载业务外,为了满足铁路指挥调度的需求,增加了集群通信功能,如优先级业务(eMLPP)、语音组呼业务(VGCS)和语音广播业务(VBS)。为了实现铁路运营应用,GSM-R 还包含另外一些铁路所特有的功能,即功能寻址、基于位置的寻址等。

(1)优先级业务。

eMLPP 业务规定了在呼叫建立或越区切换时呼叫接续的不同优先级,以及资源不足时的资源抢占能力。共设有 5 个优先级。

(2)语音组呼业务(VGCS)。

语音组呼业务(VGCS)是指一种由多方参加(GSM-R 移动台或固网电话)的语音通信方式,其中一人讲话、多方聆听,工作于半双工(通信双方交替进行发送和接收)模式下。发起 VGCS 呼叫时,可用一个组功能码(组 ID)来呼叫所有该组成员。呼叫建立之后,讲话人可以改变,一旦 VGCS 发起人停止讲话,系统示意其释放上行信道,所有的组内成员都能接到通知,如果其他人想成为下一个讲话人,可使用 PTT 功能来申请上行信道。VGCS 业务能够以简捷的方式建立组呼叫,实现调度指挥、紧急通知等特定功能,

(3)语音广播呼叫(VBS)。

语音广播呼叫(VBS)允许一个业务用户,将话音或者其他用话音编码传输的信号发送到某一个预先定义的地理区域内的所有用户或者用户组。它工作于单工(通信的双方一方发送,另一方接收)模式下。VBS 中的讲话者没有像 VGCS 中的角色转换,就是说,讲话者(发起者)只能讲,听话者(接收者)只能听,因而可以看作是 VGCS 的最简单形式。它也是用组功能码(组 ID)来呼叫所有该组成员。同 VGCS 一样,语音广播呼叫也提供了点对多点呼叫的能力,适于铁路的行车调度。

(4)功能寻址(FA)。

功能寻址是指用户可以由它们当时所担当的功能角色,而不是它们所使用的终端设备的号码来寻址。在同一时刻,至少可以为一个用户分配若干功能地址,但只能将一个功能地址分配给一个用户。用户可以向网络注册和注销功能地址。例如,可以给每列正在运行的列车司机分配一个功能号,结构为车次号 + 司机功能代码(设为 01)。于是,T13 次列车司机的功能号为 T1301。当某位司机驾驶 T13 次列车从起点站出发时,他都必须向网络注册该功能号,网络负责将该功能号与他当时所使用的机车电台的真实号码对应起来。当调度员或是车站值班员要呼叫 T13 次列车的司机时,可以不必知道该司机姓名,也不必知道该司机使用的机车台的号码,只要向网络请求“我要呼叫 T1301”,网络查询其数据库,将 T1301 对应到一个真实的电话号码,并建立该呼叫。这种功能简化了呼叫的操作,能够提高铁路工作人员的工作效率。

(5)基于位置的寻址(LDA)。

基于位置的寻址是指网络将移动用户发起的用于特定功能的呼叫路由到一个与该用户当前所处位置相关的目的地址(正确的调度员或车站值班员),这个目的地址由主叫移动用户当时所处的位置来确定。如列车调度中的“大三角”(调度、司机和车站值班员)通信,移动台要呼叫的调度员取决于移动用户当前所处的位置。以北京调度所为例,当列车运行到北京调度所管辖车站范围内时,司机需要呼叫北京站调度员时,他并不需要知道调度员的完整的电话号码,只需要呼叫代表调度员身份的短号码,如 1200 向网络发起呼叫请求。网络识别该短号码,并将其路由到北京调度所的调度员。这种功能用于移动用户呼叫特定的固定用户(调度员和车站值班员)。

列车调度的语音通信需求可以归结为四类:点对点通信、多方通信、语音组呼、语音广播呼叫。点对点通信,移动台呼叫固定台,即从移动台到固定台的寻址,由于固定台位置是不

动的，故可以采用基于位置的寻址；固定台到移动台，移动台处于不断移动的状态，故不能采用基于位置的寻址，而采用功能寻址。表3-4所示为GSM-R业务和功能。

GSM-R 业务和功能 表3-4

主　叫	通信范围	被　叫	实现方法
行车调度员	调度范围	某一司机	车次功能号
		某一运转车长	车次功能号
		司机和运转车长	VGCS
		司机和运转车长（广播形式）	VBS
		车站值班员、助理值班员、司机、运转车长	VGCS
		所有运转车长	VGCS
	车站范围	车站值班员、助理值班员、司机、运转车长	VGCS
列车司机	调度范围	行车调度员	基于位置寻址
	车站范围	车站值班员、助理值班员	语音组呼
	本列车内	运转车长	完整电话号码
	动态范围	区域内其他司机	语音组呼
运转车长	调度范围	行车调度员	基于位置寻址
	车站范围	车站值班员、助理值班员	语音组呼
	本列车内	列车司机	完整电话号码
车站值班员	调度范围	行车调度员	完整电话号码
	车站范围	某一司机	车次功能号
		所有司机	语音组呼
		某一运转车长	车次功能号
		所有运转车长	语音组呼
		所有助理值班员	语音组呼
		所有助理值班员、所有司机、所有运转车长	语音组呼
	相邻车站	某一助理值班员、某一车次的司机和运转车长	ISDN多方通信/GSM-R多方通信
		相邻车站的车站值班员	完整电话号码
助理值班员	车站范围	某一司机	车次功能号
		某一运转车长	车次功能号
		所有司机、所有运转车长	语音组呼
		车站值班员，其他助理值班员	语音组呼

2. 车次号传输与列车停稳信息的传送

GSM-R车次号传输与列车停稳信息对铁路运输管理和行车安全具有重要的意义，它可通过基于GSM-R电路交换技术的数据采集传输应用系统来实现数据传输，也可以采用通用分组无线业务（GPRS）方式来实现。系统由GSM-R网络（叠加GPRS）、监控数据采集处理装置、GSM-R机车综合通信设备、DMIS（铁路运输调度指挥管理信息系统）/CTC（列车控制）设备等组成。

3. 调度命令传送

铁路的调度命令是调度所里的调度员向司机下达的书面命令，它是列车行车安全的重要保障。调度员通过向列车司机发出调度命令对行车、调度和事故进行指挥控制，是实施铁路运输管理的重要手段。

4. 列尾装置信息传送

将尾部风压数据反馈传输通道纳入 GSM-R，利用 GSM-R 强大的网络功能，克服了原有的抗干扰性差，信息无法共享等各种缺点。利用 GSM-R 网络的电路交换的数据通信功能，可以方便地解决尾部风压数据的传输问题。

尾部风压状态随时通过车尾装置传输；机车司机随时可以查询、反馈车尾工作状态；在复线区段或临线，追踪列车之间不会相互干扰；在隧道内也能传输。

5. 调车机车信号和监控信息系统传输

调车机车信号和监控信息传送系统主要功能是提供调车机车信号和监控信息传输通道，实现地面设备和多台车载设备间的数据传输，并能够存储进入和退出调车模式的有关信息。多台调机同时作业时，地面设备使用连选功能，与每台车载设备分别建立电路连接。

GSM-R 调车机车信号与监控系统包括调车机车信号和监控车载设备(简称车载设备)、调车机车信号和监控地面设备(简称地面设备)、GSM-R 网络和 GSM-R 机车综合通信设备。

6. 机车同步控制传输

铁路运输对于需要采用多机车牵引模式，机车间的同步操作格外重要，如各机车的同时启动、加速、减速、制动等。如果牵引机车操作不同步，就会造成车箱间的挤压或者拉钩现象，影响运输安全，降低运输效率。为了保证操作的可靠性，可以利用 GSM-R 网络提供可靠的数据传输通道，采用无线通信的方式来实现机车间的同步操控。

7. CTCS-3 级/CTCS-4 级

CTCS 是在采用传统的闭塞系统或移动闭塞系统的条件下，增强列车自动控制功能的超速防护系统。同时，它也是一个驾驶辅助系统，帮助司机以安全的方式驾驶列车。CTCS-3 级(基于轨道电路和无线通信的固定闭塞系统)和 CTCS-4 级(完全基于无线通信的移动闭塞系统)与 GSM-R 有着密切关联。

CTCS-3 级系统是一个基于轨道电路和无线通信系统(GSM-R)的列车运行控制系统。在 CTCS-3 级系统中，车载设备应与地面设备配合工作，列车按固定闭塞方式运行，由无线闭塞中心(RBC)控制，利用无线通信系统(GSM-R)在车地之间双向传输信息，车载设备配备无线通信模块，应答器作为定标设备。机车信号为主体信号，可以取消地面信号，另外，利用轨道电路或计轴设备进行轨道占用及列车完整性检查。CTCS-4 级是一个完全基于无线通信(GSM-R)的列车运行控制系统。该系统具有移动自动闭塞的特征。区间占用靠全球定位系统和 GSM-R 实时数据传输解决(站内仍需轨道电路)。列车完整性检查、定位校核分别靠车载设备和点式设备实现，使得室外设备减少到最低程度。

8. 区间移动公(工)务通信

在区间作业的水电、工务、信号、通信、供电、桥梁守护等部门内部的通信，均可以使用 GSM-R 作业手持台，作业人员在需要时可与车站值班员、各部门调度员或自动电话用户联

系。紧急情况下,作业人员还可以呼叫司机,与司机建立通话联络。主要功能如下:

(1)能够呼叫当前车站的车站值班员和助理值班员。

(2)紧急情况下,能够呼叫当前调度员。

(3)能够在预定义的范围内发起组呼和广播呼叫。

(4)能够发起铁路紧急呼叫和公众紧急呼叫。

(5)能够接收来自其他授权用户的呼叫。

(6)能够接收语音组呼和广播呼叫。

9. 应急指挥通信话音和数据业务

应急通信系统是当发生自然灾害或突发事件等影响铁路运输的紧急情况时,为确保实时救援指挥通信需要,在突发事件现场与救援中心之间,以及现场内部建立的语音、图像、数据通信系统,它是铁路战备通信系统的重要组成部分。应做到迅速准确、可靠畅通、机动灵活。基于 GSM-R 移动通信的应急通信系统话音业务包括铁路紧急呼叫和 eMLPP 业务,铁路紧急呼叫是指具有“铁路紧急优先级”的呼叫,用于通知司机、调度员和其他处于危险级别的相关人员,要求停止在预先指定地区内的所有铁路活动。由于铁路运营存在的紧急情况,这些呼叫被连接到事先定义的用户或用户组,所有铁路紧急呼叫都应使用 GSM 语音组呼规范。eMLPP 业务规定了在呼叫建立时的不同优先级,以及资源不足时的资源抢占能力。对于应急指挥话音业务,可为其设置高优先级,以保障通信的快捷畅通。

10. 旅客列车移动信息服务通道

列车旅客信息服务系统是为列车上具有一定接入条件(如笔记本电脑、PDA、手机等)的旅客提供互联网的业务。旅客列车移动信息服务可包括移动售票和旅客列车移动互联网等服务。在列车上乘客可以通过售票终端完成客票查询、订票、购票或者补票业务,在通过车地数传系统将客票信息实时传送到地面上的票务中心,以及时更新客票信息。

想一想:1. 调度电话有哪些功能?

2. GSM-R 在高速铁路中有哪些应用?

做一做:1. 请同学们在网上查阅 CTT2000L/M 调度台的主要按键功能及操作方法。

2. 请同学们在网上查阅 GSM-R 系统与 GSM 系统的区别。

知识拓展

强化高速铁路通信技术应用的具体途径

一、高速铁路调度系统中 GSM-R 的应用

通过合理化应用 GSM-R 列车调度系统,不仅能够显示列车运行所经过的各个点,而且还能将沿途各站点的动态情况实时显示出来,如此一来,便能够辅助调度中心,使其可以借助网络技术,及时发出相关指令。特别是遇到一些突发性事件,能够借助此平台,帮助相关人员及时掌握全面的救援信息,了解助理值班员及调度人员的当前工作情况。

二、在高速铁路安全监控中的应用

伴随许多新技术的广泛应用，高速铁路运输系统在实际发展中，对通信技术提出了许多严格且新的要求，典型表现为借助通信传输技术，以及更加实用的信息网络，最终达到加强安全运行控制的目的。从根本上来讲，就是以一种动态图像对高速铁路运行情况进行实时监控，以此来更好地保障高速铁路运行的安全性与高效性。在诸多通信技术当中，融合 WiFi、短距离 WiMax 的无线传输技术，可以使传感器的作用得以最大程度发挥。如红外线探测轴温系统，通常情况下，每当间隔 30km 便需安装一个红外线探头，用此对轴温进行测试，以此来提高高速铁路运行的安全性。此外，还需要指出的是，通过将传感系统安装在机车与客运车辆上，可以采用两种形式对线路钢轨、隧道的数据进行测定：静态方式；静态方式。需要强调的是，与地面安全检测运行状态系统（TPDS）、轨边诊断早期故障系统（TADS）比较相似，多利用信息化、智能化技术来收集高速铁路运行数据，从中了解高速铁路位置、去向及当前情况，因而有着重要应用价值。

移动语音通信、电路域及分组域数据传送等业务采用 GSM-R 系统实现。GSM-R 系统的场强覆盖、服务质量应符合铁路相关技术标准、规范的规定，并满足车载无线通信设备检修、维护的需要。

通信线路或设备损坏时，应按下列顺序抢通和恢复：

（1）列车调度电话。

（2）站间行车电话。

（3）列车调度指挥系统和调度集中系统的通道。

（4）牵引供电远动通道。

（5）信号安全数据网通道。

（6）旅客服务系统通道。

（7）客票系统通道。

（8）其他。

复习思考题

1. 高速铁路信号机的显示意义有哪些？
2. 高速铁路轨道电路的作用是什么？
3. 列车运行控制系统的功能有哪些？
4. CTCS 按功能划分为哪些等级？应用于哪些情况？
5. 什么叫作调度集中？有哪几种调度模式？
6. 微机联锁有哪些优点？
7. 我国常用的微机联锁有哪些类型？
8. GSM-R 数字移动通信系统在高速铁路中有哪些应用？

第四章　高速铁路动车组列车

本章概述

本章主要讲述了动车组的基本概述；动车组的基本组成；动车组转向架与车端连接装置；动车组的驱动装置和制动装置；我国常用动车组列车。

建议学时

10 学时

第一节　动车组概述

动车组，全称动车组列车，是现代火车的一种类型。相比大多数传统列车，动车组具有牵引力大、加速度快以及无须更换火车机车等多种优点，广泛用于各种高速铁路和城市轨道交通中，是未来客运列车的主流形式。

一、国外动车组发展概况

世界上拥有速度 200km/h 及以上动车组的国家有中国、日本、法国、德国、意大利、西班牙、韩国等。除我国之外，日本的川崎重工、法国的阿尔斯通、德国的西门子和加拿大的庞巴迪公司掌握速度 200km/h 及以上动车组集成和关键部件技术，并具有批量制造能力。

（一）日本高速铁路及高速动车组

日本新干线铁路是世界上高速铁路建设的标志性成果之一，其最高运营速度为 320km/h，最高试验速度为 440km/h。新干线动车组采用动力分散型，具体车型共有 15 种，其中最有代表性的车型是 500 系、700 系和 E2-1000。

日本高速动车组编组灵活，可以编组 8 辆也可以编组 16 辆；动车组轴重轻（最小轴重可低至 12t），具有高密度运营、安全、正点、节能、经济性能好等特点。由于采用动力分散方式，动车组加速性能好。500 系、700 系和 E2-1000 高速动车组还采用了半有源、有源悬挂技术，使动车组在同样的线路条件下乘坐舒适性更好。

（二）法国高速铁路及高速动车组

阿尔斯通公司于 20 世纪 60 年代开始研发高速动车组，先后开发了 TGV-P、TGV-A、TGV-TMST、TGV-R、TGV-2N 等车型，阿尔斯通的 TGV 动车组技术主要用于法国、荷兰、西班牙、韩国、比利时等国家。

1981 年,法国高速铁路开始运营,最高运营速度为 320km/h,最高试验速度达到 574.8km/h。法国采用铰接式结构、同步牵引电机和电机体悬挂技术。铰接式转向架的数量少,维护工作量较小,但维修时需要整体架车,对检修设备的要求较高。此外,列车气密性相对较差,轴重大。

(三)德国高速铁路及高速动车组

西门子公司生产的动车组主要用于德国铁路,其生产的高速动车组有 ICE-1、ICE-2、ICE-3 和 ICT 型。其中,ICE-1 与 ICE-2 为动力集中型,而 ICE-3 为动力分散型,ICT 是为能在既有线上提高运行速度而开发的摆式列车。

1991 年,德国高速铁路开始运营,动车组在高速线上的最高运营速度为 280km/h,最高试验速度达到 406.9km/h。ICE-3 高速动车组投入运营后,将德国的高速铁路最高运行速度提高到 330km/h。西门子公司为西班牙提供的高速动车组 Velaro-E(ICE-3 的改进型),其最高运行速度可达 350km/h。

德国高速动车组既有动力集中型,又有动力分散型,列车装修豪华,座椅宽大舒适,定员较少,首次采用了空气制冷空调技术,使列车更加环保。制造工艺精细,但制造成本较高。

二、我国动车组发展概况

中国铁路高速动车组(China Railway High Speed,CRH),CRH 系列动车组及速度等级划分如图 4-1 所示。CRH 系列动车组标志着我国铁路已拥有速度 200km/h 及以上动车组技术,展现了我国铁路装备现代化的重大成就;创立了我国铁路高速动车组的自有品牌,同时与国际惯例接轨。速度 200km/h 及以上动车组的资产归中国国家铁路集团有限公司,是中国铁路的自主产权。中国铁路以此为起点,进入区使全新的高速动车组时代。

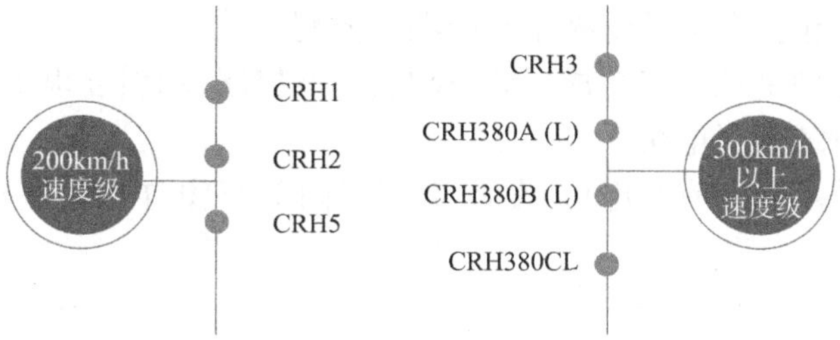

图 4-1　CRH 系列动车组及速度等级

CRH 系列动车组是我国在引进国外技术,经过消化、吸收后打造的中国品牌,主要有 200km/h、300km/h、380km/h 速度级。

CRH1、CRH2 和 CRH5 动车组可以在我国铁路既有线指定区段及新建的客运专线上运行,持续运营速度 200km/h。CRH2C、CRH3、CRH380A、CRH380B、CRH380C、CRH380D、CR400AF 和 CR400BF 动车组能够在新建客运专线上运行,持续运营速度 300km/h。CRH6 动车组为适用于城市轻轨的低速动车组,持续运营速度 160km/h。

CRH1 型动车组是以庞巴迪公司的 ReginaC2008 型动车组为原型车,在 2004 年 6 月铁道部动车组引进招标过程中,由青岛四方—庞巴迪—鲍尔铁路运输设备有限公司引进的车型;是在原有车型基础上通过消化、吸收庞巴迪公司技术,研制生产的适合我国实际情况的动车组。

CRH2 型动车组是以日本新干线的 E2-1000 动车组为原型车,由南车四方机车车辆股份有限公司消化、吸收日本川崎重工技术研制生产的车型。CRH2 型动车组有 CRH2A、CRH2B、CRH2C、CRH2E、CRH2G 四种车型。

CRH3 型动车组是以德国铁路的 ICE-3(西门子公司的 Velaro-E 型)动车组为原型车,由北车唐山轨道客车有限责任公司消化、吸收德国西门子技术研制生产的车型。CRH3 型动车组有 CRH3A、CRH3C、CRH3G 三种车型。

CRH5 型动车组是以阿尔斯通公司为芬兰国家铁路提供的 SM3 型动车组为原型,由北车长春轨道客车股份有限公司消化、吸收阿尔斯通公司的技术研制生产的车型。CRH5 型动车组包括 CRH5A、CRH5G、CRH5E、CRH5J 四种车型。其中,CRH5J 是综合高速检测车,俗称“黄医生”。

CRH380 为一系列型号的和谐号动车组列车。CRH380A 型电力动车组,是 2010 年由中车青岛四方机车车辆股份有限公司自主研发的 CRH 系列高速电力动车组,也是“中国高速列车自主创新联合行动计划”的重点项目,持续速度 350km/h,最高速度 380km/h 及以上。后期衍生车型有 CRH380A、CRH380B、CRH380C、CRH380D 等系列。它是中国标准动车组列车(现已改为 CR 系列)的研制基础。

中国标准动车组列车也称“复兴号”动车组列车,英文代号为 CR(China Railway),由中国国家铁路集团有限公司牵头组织研制,具有完全自主知识产权,采用 CR200/300/400 命名,分别对应 160km/h、250km/h 和 350km/h 三种持续速度等级,数字代表最高速度。中国标准动车组列车早期的两个型号为中车青岛四方机车车辆股份有限公司生产的“蓝海豚”CR400AF,以及长春轨道客车股份有限公司生产的“金凤凰”CR400BF。现在“复兴号”已有 CR400AF、CR400BF、CR300AF、CR300BF、CR200J 五种型号。

动车组核心技术包括九大关键技术与十项主要配套技术。

九大关键技术分别是动车组总成、牵引控制、网络控制、牵引变电器、车体、制动系统、转向架、牵引变流器,以及牵引电机。

十项主要配套技术分别有受电弓、车钩、风挡、车门、车窗、内装、座椅、辅助供电、空调和集便装置。

想一想:普通的机车车辆都有自己的编号规则,为什么动车组不采用统一的编号规则?

做一做:动车组列车和普通的机车车辆在外形上有很大差异,请在网络上查阅 CRH 系列动车组车组图片,研究一下 CRH 系列动车组的外形特征。

知识拓展

动车组编号规则

CRH 系列动车组型号分为技术序列代码命名方式和速度目标值命名方式两种。

一、动车组型号

1. 技术序列代码命名方式

技术序列代码命名方式适用的动车组包括：CRH1、CRH2、CRH3、CRH5、CRH6 系列，命名规则如图 4-2 所示。

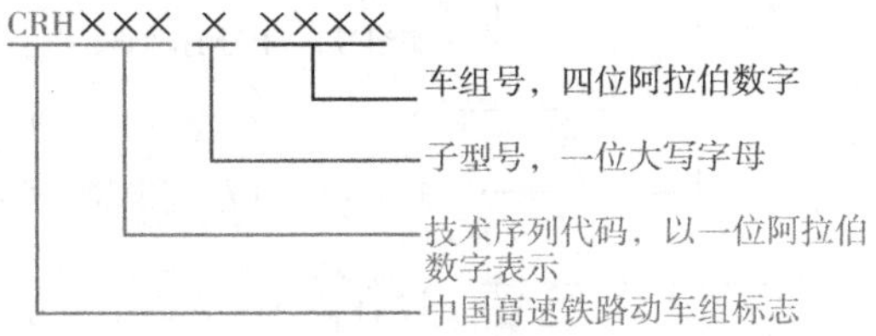

图 4-2 技术序列代码命名方式

(1)技术序列代码。

1：青岛四方庞巴迪铁路运输设备公司，引进加拿大庞巴迪技术。

2：中车青岛四方机车车辆股份有限公司，引进日本川崎重工技术。

3：中车唐山机车车辆有限公司，引进德国西门子技术。

5：中车长春轨道客车股份有限公司，引进法国阿尔斯通技术。

6：中车青岛四方机车车辆股份有限公司/中车南京浦镇车辆公司。

(2)子型号，分别代表动车组的最高速度、编组配置。

A：200 ~ 250km/h，8 编组，座车。

B：200 ~ 250km/h，16 编组，座车。

C：300 ~ 350km/h，8 编组，座车。

D：300 ~ 350km/h，16 编组，座车。

E：200 ~ 250km/h，16 编组，卧铺车（俗称“动卧”）。

F：160km/h，8 编组，城际动车组。

G：200 ~ 250km/h，8 编组，耐高寒动车组。

H：200 ~ 250km/h，8 编组，耐风沙及高寒动车组。

I：预留。

J：综合检测动车组（俗称“黄医生”）。

(3)生产商编号，用四位阿拉伯数字表示，具体号段分配见表 4-1。

动车组号段分配表 表 4-1

编号号段	型号系列	生产商
1001 ~ 1499	CRH1 系列	青岛四方庞巴迪铁路运输设备公司
2001 ~ 2499	CRH2 系列	中车青岛四方机车车辆股份有限公司
3001 ~ 3499	CRH3 系列	中车唐山机车车辆股份有限公司
4001 ~ 4499	CRH2、CRH6 系列	中车青岛四方机车车辆股份有限公司/中车南京浦镇车辆公司
5001 ~ 5499	CRH5 系列	中车长春轨道客车股份有限公司

注：除个别型号外，这一类动车组的最高运营速度均为 250km/h。按照编号规则，它们的号段在 500 以下。中车青岛四方机车车辆股份有限公司生产的 CRH2A 型动车组产量较大，已经将上一组的 2001 ~ 2499 编号用完。因此，启用了 4001 之后的新号段。

2. 速度及目标值命名方式

以动车组设计的最高运行速度的目标值的三位来命名动车组，采用这种命名方式的只有 CRH380 系列，具体命名规则如图 4-3 所示。

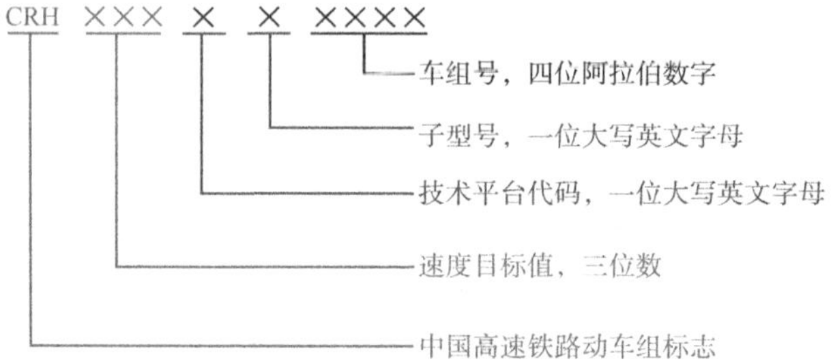

图 4-3　速度目标值命名规则

(1)速度目标值，表示动车组设计的最高运行速度目标值命名。

(2)技术平台代码，以一位大写英文字母表示不同的技术开发者与生产商。

A：中车青岛四方机车车辆股份有限公司，基于 CRH2 系列。

B：中车唐山机车车辆股份公司/中车长春轨道客车股份有限公司，基于 CRH3 系列。

C：中车长春轨道客车股份有限公司，在 B 系列的基础上采用了不同的牵引及控制系统。

D：青岛四方庞巴迪铁路运输设备公司，基于 CRH1 系列。

(3)子型号，基于标准编组的派生车型。

G：耐高寒动车组。

J：综合检测动车组(俗称"黄医生")。

L：长编组动车组(16 节)。

M：更高速度等级试验列车(现改为综合检测动车组)。

(4)车组号，CRH380 系列动车组号段分配表见表 4-2。

CRH380 系列动车组号段分配表　　表 4-2

型　号	生产厂商	节　数	编　号
CRH380A CRH380AL	中车青岛四方机车车辆股份有限公司	8 节 16 节	2501 ~ 2999
CRH380B CRH380BG CRH380BL	中车唐山机车车辆股份有限公司 中车长春轨道客车股份有限公司	8 节 8 节 16 节	3501 ~ 3999 5501 ~ 5999
CRH380CL	中车长春轨道客车股份有限公司	16 节	5501 ~ 5999
CRH380D	青岛四方庞巴迪铁路运输设备公司	8 节	1501 ~ 1999

3. 中国标准动车组列车("复兴号")命名方式

中国标准动车组列车("复兴号")于 2017 年正式投入运营，其具体命名方式如图 4-4 所示。

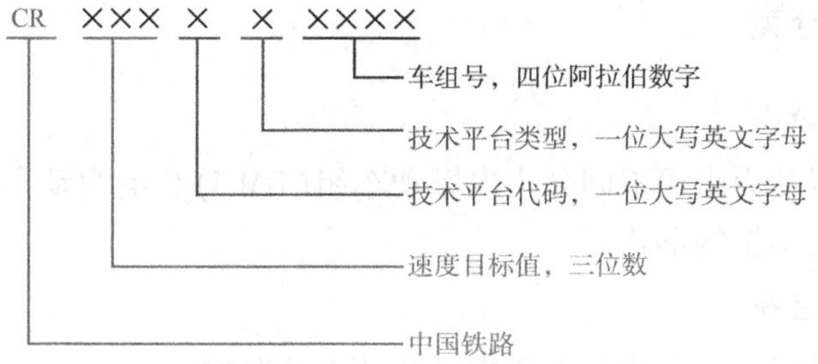

图4-4 “复兴号”命名规则

(1)速度目标值,表示“复兴号”设计的最高运行速度,有400、300、200三个等级。

(2)技术平台代码,以一位大写英文字母表示,由A开始。

A:中车青岛四方机车车辆股份有限公司生产。

B:中车唐山机车车辆股份公司/中车长春轨道客车股份有限公司生产。

(3)技术类型代码,以一位大写英文字母表示。

F:动力分散电力动车组。

J:动力集中电力动车组。

N:动力分散内燃车组。

P:动力集中内燃车组。

二、动车组编组中的车种代码

动车组以两位阿拉伯数字表示,位置排列编号自首车起从“01”开始顺序排列,尾车的排列编号为“00”。

1. 一等座车,ZY。
2. 二等座车,ZE。
3. 软卧车,RW。
4. 硬卧车,YW。
5. 餐车(含酒吧车),CA。
6. 二等座车/餐车,ZEC。
7. 餐车卧车合造车,CW。

第二节 动车组的基本构成

动车组,亦称多动力单元列车,是铁路列车的一种。动车组是由动力车和拖车或全部动力车长期固定地连挂在一起、在寿命周期内始终以固定编组运行,不能随意更改编组的一种列车。动车组中带有动力的车辆称为动车(用M表示),不带动力的车称为拖车(用T表示),列车两端设有驾驶室可以反复运行。动车组主要用于高速铁路、城际铁路、地铁、轻轨等交通,是为了适应城际高密度、短编组、公交化的客运要求而形成的一种新的轨道交通运输工具。

一、动车组的分类

(一)按动力来源分

动车组按照配置动力来源不同分为内燃动车组(DMU)和电力动车组(EMU),高速动车组大部分采用电力动车组的形式。

(二)按动力配置分

按照动力配置动车组可分为动力集中式和动力分散式。

动拖比是铁路专业术语,也是衡量列车性能的重要指标。动拖比指一列固定编组的列车中,含有动力的车轴数量与无动力车轴数量的比值,也可简化为动车与拖车的比值。当动拖比<1∶3 时,该列车为动力集中式;当动拖比≥1∶3 时,该列车为动力分散式,其中动拖比在 1∶3 ~1∶1 之间为弱动力分散型、动拖比≥1∶1 时、该列车为强动力分散式。

动力集中式,就是指将整车动力集中在动车组一端或两端的车辆上,其余中间车辆不带动力。

动力分散式,就是将整车动力分散到动车组的若干车辆上,中间车辆有带动力的动车,也有不带动力的拖车,也可以全部车辆都带动力。

经过长期的试验和运营考验后,这两种动力形式在技术上都取得了很大的成功,很难比较出绝对的优势或劣势。但当高速动车组运行速度超过 300km/h 时,由于受轮轨黏着和功率等因素限制,动力分散式的优点更加突出,因此,世界各国速度超过 300km/h 的高速动车组都倾向采用动力分散式。

动力分散式动车组具有牵引功率大、最大轴重小、启动加速性能好、可靠性高、列车利用率高、编组灵活、运用成本低等诸多优点。

动车组动力分散配置有两种模式:一种是完全分散模式,即高速列车编组中的车辆全部为动力车;另一种是相对分散模式,即高速列车编组中大部分是动力车,小部分为拖车。

二、动车组的基本组成

动车组由车体、转向架、牵引传动及控制系统、车端连接装置、制动装置、集电装置、车辆内部设备、空调系统、列车控制与监测网络系统构成,如图 4-5 所示。

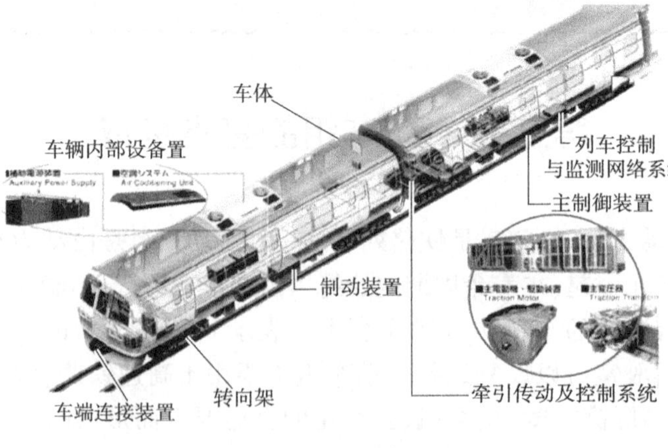

图 4-5 动车组基本组成图

(一)车体

车体是容纳乘客和司机驾驶(对于有驾驶室的车辆)的地方,又是安装与连接其他设备和部件的基础和骨架。通常车体由底架、端墙、侧墙和车顶等组成。

车体分有驾驶室车体和无驾驶室车体两种。其作用是安装基础+承载骨架。

近代动车组车体均采用整体承载的钢结构或轻金属结构,以实现在最轻的自重条件下满足强度和刚度要求。

动车组在满足驾驶室净空高、前窗几何尺寸、玻璃形状、瞭望等条件下,尽可能降低该轮廓线的垂向高度,使其具有良好的空气动力学外形和性能。列车良好空气动力学性能主要通过车体外形的特殊设计来实现。具体表现为:

(1)头尾部为细长呈流线型状。

(2)列车下部均设有导流罩,且能够方便开启。

(3)列车纵断面尽量采用平滑过渡方式,形状不一致时应加过渡区段。

(4)列车的外表面光滑平整,无明显的突出和凹陷。

(5)列车的受电弓外形具有良好的空气动力学性能。

1.铝合金车体

我国动车组一般采用大断面、长薄壁、中空铝合金型材焊接的鼓形车体,如图4-6所示。

图4-6 CRH380B型动车组车体框架

2.风窗玻璃

动车组每一辆头车(含驾驶室的车厢),均设有一个风窗玻璃,它具有曲面的三维形状。通过一个铝横杆分成上、下风窗玻璃,如图4-7所示。

图4-7 CRH380B型动车组风窗玻璃结构

风窗玻璃的可视区配备加热装置，即可线加热或层加热，以便不限制安装位置的透明度，保证寒冷气候运行时，司机视野明晰。风窗玻璃在设计上具备良好的防飞溅、抗飞弹以及抗砾石的能力，保证列车行驶中司机的安全。

3. 客室侧窗

客室侧窗由双层中空夹层玻璃制成，中空部分充惰性气体。每三个客室侧窗中有一个是紧急出口侧窗，附近侧墙上配有应急锤，用于紧急情况下逃生，如图4-8所示。

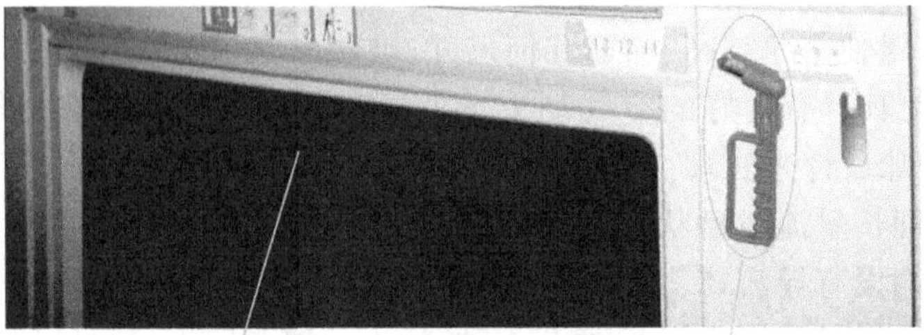

图4-8 CRH380B型动车组客室玻璃结构

（二）转向架

转向架位于车辆的最下部，是支撑车体并使之在轨道上运行的装置，亦称走行部，它是保证动车组运行品质的关键部件。转向架的作用是牵引和引导车辆沿着轨道行驶，并承受和传递来自车体及线路的各种荷载，同时缓和其动力。转向架一般由构架、弹簧悬挂装置、轮对轴箱装置和基础制动装置等组成。

转向架有动力转向架和非动力转向架之分。动力转向架在承载、转向、平稳（减振）、制动基础上增加了驱动（牵引）功能。

（三）牵引传动及控制系统

动车组的牵引传动及控制系统主要是指动车电气设备，包括动车（或拖车）上的各种电气设备及其控制电路。按其作用和功能又可分为主传动电路系统、辅助电路系统和电子与控制电路系统三部分。

牵引传动及控制系统的作用是实现电能有效传递和转换＋控制列车正常运行。而主传动电路系统主要包括主变压器、变流装置和牵引电机等；辅助电路系统主要包括各种通风冷却装置；电子与控制电路系统主要包括与牵引传动系统有关的各种控制装置。

（四）车端连接装置

车端连接装置使动车组与动车组或动车组的车辆之间实现连挂，并且传递及缓和动车组在运行时所产生的牵引力或冲击力，它是保证列车运行安全、提高旅客舒适度的重要部件。该装置包括各种车钩缓冲装置、铰接装置和风挡等。其作用是连接车辆成列及缓和纵向冲击。

一般车辆编组成列必须借助于连接装置，即所谓车钩。铰接式动车组通常采用铰接装置来代替车钩。

为了改善列车纵向平稳性，一般在车钩的后部装设缓冲装置，以缓和列车冲动。另外，还必须借助简便并且可靠的连接头将车辆之间的电气和空气管路连通。

牵引缓冲连接装置有如下几种形式：

(1)全自动车钩和缓冲器。

(2)半自动车钩和缓冲器。

(3)半永久牵引杆。

(4)各种形式的铰接装置。

(五)制动装置

制动装置是保证列车安全运行必不可少的装置。不仅在动车上要设制动装置,而且在拖车上也要设制动装置,这样才能使运行中的车辆按需要减速或在规定的距离内停车。

制动装置的作用是产生一定的制动力,使列车在规定的距离或时间内减速或停车的一整套设备。制动装置由机械部分、空气管路部分和电气控制部分组成。

现代动车组通常以再生制动为首选制动方式。

(六)集电装置

该装置的作用是将电流(能)顺利导入动车。

集电装置按其集电方式分为多种形式。从接触导线(接触网)或导电轨(第三轨)将电流引入动车的装置称为受流装置。受流方式有上部受流和下部受流,上部采用受电弓,下部采用第三轨受流器。高速铁路动车组通常采用受电弓受流器,受电弓可根据需要进行升降。

在集电制式上,目前世界各国高速铁路既有采用直流供电(1500V、3000V),也有采用交流供电(50Hz,25kV)。

(七)车辆内部设备

车辆内部设备的作用是保证乘客乘坐安全舒适和车辆运行平稳。车辆内部设备包括服务于乘客的车体内的固定附属装置和服务于车辆运行的辅助设备。

固定附属装置包括:车电、通风、取暖、空调、座椅、行李架和拉手,以及旅客信息系统等。

辅助设备包括:蓄电池(箱)、继电器(箱)、主控制(箱)、空气压缩机、总风缸、电源变压器、各种电气开关和接触器(箱)等。

(八)空调系统

动车组内设置一套工作稳定的空调系统,用以保证旅客乘坐舒适度符合要求、提高铁路运输的经济效益。该系统将车厢内的污浊空气排出,吸进新鲜空气,并保证客室中温度、相对湿度、CO_2浓度等符合规定。

空调系统一般由供风风道、废排风道、客室空调机组、加热器、温度传感器等组成。

(九)列车控制与网络监测系统

该系统的作用是对整个列车的牵引、制动和车内所有设备进行控制、监测和诊断。主要由列车信息中央装置、列车信息终端装置、列车信息显示器(IC 卡架)、各种列车和车辆总线、网关,以及车内各种设备的监控、诊断和显示装置等组成。

想一想:普通旅客列车是动力分散式还是动力集中式?请举例说明。

做一做:查阅 CRH 系列动车组和普通旅客列车车体的相关资料,找出它们的 5 个不同之处。

知识拓展

动车组的主要技术参数

一、基本参数

1. 车辆外形尺寸

包括车辆全长、最大宽度和最大高度等。其中:车辆全长有车钩中心线连接长度和车体长度之分;车辆宽度是指车体最宽部分的尺寸;而车辆最大高度是指车辆顶部最高点到钢轨水平面的距离。车辆外形尺寸必须符合车辆限界要求。

(1)动车组长度:动车组两端车鼻端之间的纵向水平距离。

(2)端车车辆长度:端车鼻端与另一端车钩连接面之间的纵向水平距离。

(3)中间车车辆长度:两车钩连接线或连接面间的纵向水平距离。

(4)端车车体长度:车体鼻端与另一端端墙外表面间的纵向水平距离。

(5)中间车车体长度:两端墙外表面间的纵向水平距离。

(6)车辆宽度:车辆两侧最外突出部位之间的横向水平距离。

(7)车体宽度:车体两端侧墙外表面的最大横向水平距离。

(8)车辆高度:动车组中车辆在新轮状态下空车时平直轨面到车辆顶部的垂直距离(受电弓处于落弓状态)。

(9)动车组最大高度:动车组中车辆高度的最大值。

2. 车钩中心线高度

车钩中心线高度指车钩钩舌的水平中心线至轨面的高度,简称为“车钩高”。我国现行铁路规定中要求,新造或修竣后的空车标准车钩高度为880mm,但我国高速动车组和城市轨道交通车辆的车钩高度无统一标准。

3. 转向架固定轴距

同转向架最前位轮轴中心线与最后位轮轴中心线之间的距离。

4. 车辆定距(转向架中心距)

车辆定距(转向架中心距)指车辆内部两相邻转向架回转中心间的距离。

二、车辆性能参数

1. 自重、载重、容积

自重是车辆本身的全部质量,以吨(t)为单位,现代动车组每辆车的自重通常为45~55t;载重即车辆允许的正常最大装载质量,以吨(t)为单位;容积即表示装载空间,以立方米(m^3)为单位。

2. 轴重

轴重指每根车轴允许分摊的最大整车重量。轴重的选择与线路、桥梁及车辆走行部的设计标准有关。

3. 构造速度

构造速度是运行中所能达到的速度极限,如果超过这个速度,对车将有损害,甚至出现安全问题。

4. 最大运营速度

最大运营速度是指车辆可以长时间在此速度下运行而不会对车有损害,且速度又相对较高,它一般比构造速度稍低。

5. 最小曲线半径

最小曲线半径指装备某种形式转向架的车辆在站场或厂、段内调车作业时所能安全通过对最小曲线半径。当车辆在此曲线区段上行驶时,不得出现脱轨、倾覆等危及行车安全的事故,也不允许转向架与车体底架或车下其他部件相碰。

第三节 动车组转向架与车端连接装置

转向架和连接装置是动车组的关键部件。转向架位于车辆的最下部、车体与轨道之间。它牵引和迁导车辆沿着轨道行驶,并承受和传递来自车体及线路的各种荷载,同时缓和其动力作用。车端连接装置位于动车组车辆的两侧,它连接动车组的车辆,使其成为一整列车。

一、转向架

(一)转向架的作用

转向架承受车架以上各部分的重量;车体和转向架之间设有心盘或回转轴,转向架可以相对车体转动,保证车轮顺利通过曲线。转向架上设有弹簧减振装置,能缓和线路不平顺对车辆的冲击;保证必要的轮轨黏着,并把轮轨接触产生的轮周牵引力传递给车体、车钩,牵引列车前进。转向架通过基础制动装置产生制动力,使车辆减速或停车。对于动车,一般在转向架上装有牵引电机和减速机构,以驱动车辆运行。

(二)动车组转向架的基本组成

转向架一般由构架、弹簧悬挂装置、轮对轴箱装置和基础制动装置等组成。一般动车组转向架按动力特性可分为动力转向架和非动力转向架,动力转向架还设有驱动装置。常见的动力转向架结构如图4-9所示。

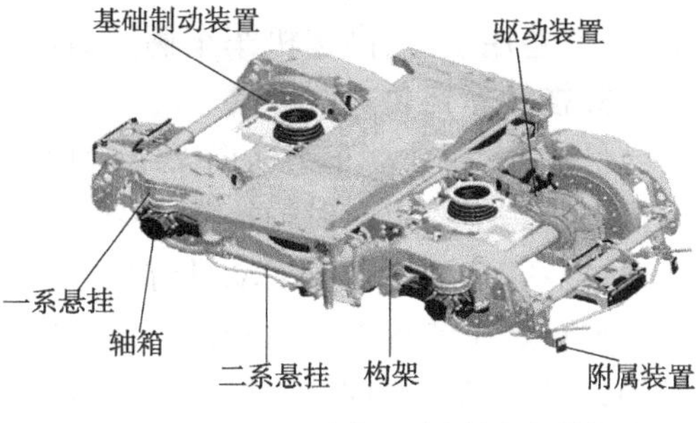

图4-9 CRH380B型动车组动力转向架结构图

1. 轮对

轮对直接向钢轨传递列车的重量,通过轮对间的黏着产生的牵引力或制动力,并通过车轮的回转实现车辆在钢轨上的运行。

2. 轴箱

轴箱是联系构架与轮对的活动关节,它除了保证轮对进行回转运动外,还能使轮对适应线路不平顺等条件,相对于构架上、下、左、右和前后运动。

3. 一系悬挂(弹簧悬挂装置)

用来保证一定的轴重分配、缓和轮对冲击作用,是保证车辆运行平稳性等动力学性能的重要装置。一般由轴箱弹簧、垂向减振器和轴箱定位装置组成。

4. 构架

它是转向架的骨架,是安装各种零部件的载体,承受和传递垂向力、水平力和力矩等。

5. 二系悬挂(车体/枕梁与转向架间的连接装置)

用以传递车体与转向架间的垂向力和水平力,使转向架在车辆通过曲线时能相对于车体回转,并进一步减缓车体与转向架间的冲击振动,同时必须保证转向架稳定。一般由二系弹簧、各方向减振器、抗侧滚装置和牵引装置等构成。

6. 驱动装置(动力转向架)

将动力装置的力矩最后有效地传递给车轮。由牵引电机、车轴齿轮箱、联轴器或万向轴和各种悬吊机构等构成。

7. 基础制动装置

由制动缸传来的力,经放大系统(一般为杠杆机构)增大若干倍以后传给闸瓦(或闸片),使其压紧车轮(或制动盘),对车辆实行制动。一般由制动缸(汽缸或油缸)、放大系统(杠杆机构或空—油转换装置)、制动闸瓦(或闸片)和制动盘等构成。

(三)转向架分类

1. 按轴数分类

一般铁道机车车辆有两轴转向架、三轴转向架、四轴转向架(极少数)等。

高速动车组车辆,通常只有两轴转向架,比较特殊的轻轨车辆上有时可见单轮对转向架。

2. 按弹簧装置形式(悬挂方式)**分类**

按弹簧装置形式可以分为一系悬挂和二系悬挂转向架。

(1)一系悬挂。仅在轮对轴箱与构架之间或者仅在构架与车体之间有弹簧。

(2)二系悬挂。除了在轮对轴箱与构架间有弹簧外,还在构架与车体间设置第二悬挂弹簧,一般适用于中、高速机车车辆。高速动车组车辆通常采用二系悬挂转向架。

3. 按轴箱定位方式分类

目前,大多数动车组转向架结构形式的不同主要体现在轴箱定位方式的差异上。轴箱定位装置是指约束轮对轴箱与构架之间相对运动的机构。它对转向架的横向动力性能、曲线通过性能和抑制蛇形运动具有决定性的作用。

轴箱定位装置的纵向和横向定位刚度选择合适,可以避免车辆在运行速度范围内蛇形运动失稳,保证通过曲线时具有良好的导向性能,减轻轮缘与钢轨间的磨耗和噪声,确保运行安全和平稳。

常见的轴箱定位装置的结构形式有:

(1)拉板式定位。

(2)拉杆式定位。

(3)转臂式定位。

(4)橡胶弹簧定位。

(5)干摩擦式导柱定位。

(6)导框式定位。

(四)CRH 系列动车组转向架

1. CRH1 型动车组转向架

CHR1 型动车组的转向架是以 AM96 转向架为原型进行设计的,其轮对、轴箱、一系悬挂装置、二系悬挂装置、齿轮箱和牵引装置、制动装置等各部件的技术性能均成熟,这就确保了它符合 UIC518 在高速列车速度和负载方面规定的运行品质和可靠性要求。动力转向架包含两个牵引电机驱动轴,每轴有两个装在车轮上的制动盘,制动单元装于端梁上,有些转向架还配有信号系统排障器。非动力转向架每轴有三个装在车轴上的制动盘,制动单元装于横梁上,有些转向架还配有信号系统排障器,如图 4-10 所示。

a)动力转向架

b)非动力转向架

图 4-10 CRH1 型动车组动力转向架和非动力转向架

2. CRH2 型动车组转向架

CRH2 型动车组转向架是在川崎重工生产的动车转向架 DT206 和拖车转向架 TR7004B 基础上改进发展而来,国产后型号分别为 SKMB-200 和 SKTB-200 型转向架。动车组每节动车车厢下有两个动力转向架,动力转向架由构架、轮对轴箱、牵引装置、基础制动装置、二系悬挂装置、驱动装置等组成。每台动力转向架有两根动力轴,电机采用架悬方式,降低了簧下质量,改善了动力学性能。拖车下是拖车转向架,与动车转向架组成结构基本一致,但没有驱动装置。

3. CRH5 型动车组转向架

CRH5 型动车组转向架采用带枕梁的焊接构架式转向架,动车组主要由焊接 H 形构架、一系悬挂及轮对轴箱定位装置、二系悬挂及牵引装置、抗侧滚扭杆装置、上枕梁、驱动装置(齿轮箱、万向轴等)、停放储能制动装置、基础制动装置等组成。值得一提的是,CRH5 型动车组的电机均采用体悬方式。CRH5 型动车组转向架配有一个车载转向架监控系统。该监控系统组成具有轴温检测和运行稳定性检测功能。与动车转向架相比,拖车转向架除不具有驱动装置外,其余部分基本相同。动力车转向架与拖车转向架主要区别是:动力转向架有一根动力轴和一根非动力轴,而拖车转向架有两根非动力轴,动力轴上装有两个轴盘式制动盘和一组齿轮箱;拖车车轴上装有三个轴盘式制动盘;动车转向架构架比拖车转向架在横梁上多了一个齿轮箱拉杆座。

4. CRH380B 型动车组转向架

CRH380B 型动车组转向架与 CRH380BL 型动车组转向架相同,为带枕梁的构架式转向架。转向架构架为箱形焊接结构(双 H 形),由两根中间为凹槽形的侧梁组成。一系悬挂是螺旋钢弹簧加垂向减振器，转臂式定位方式，二系悬挂采用空气弹簧以及抗侧滚装置和抗蛇行减振器等。

动力转向架上装有轮盘式盘形制动，非动力转向架上每轴装三个轴盘制动盘，动力转向架有两根制动轴，动力轴上装有两个制动盘和一组齿轮箱；非动力转向架有两根非动力轴，非动力轴上装有三个制动盘；纵向梁根据动车、拖车的不同特点，在动车转向架构架纵向梁两个端部设有电机和齿轮箱装置的悬挂支座，拖车转向架构架两纵向梁端部焊有盘形制动单元吊梁。

5. CR400BF 型动车组转向架

CR400BF 型动车组转向架为两轴无摇枕、有联系枕梁转向架，所有转向架的主模块都基本相同。采用 H 形焊接构架、转臂式轴箱定位、双圈螺旋式钢弹簧和垂向减振器的一系悬挂，大柔度空气弹簧、横向减振器、横向止挡、抗蛇行减振器（每侧两个）和 Z 形牵引装置的二系悬挂，盘式基础制动单元，架悬式交流电机、联轴器和齿轮传动系统。非动力转向架采用与动力转向架基本相同结构形式。

一系悬挂装置由一组螺旋钢弹簧、叠层橡胶弹簧及一系垂向减振器和轮对定位装置组成。二系悬挂采用有过渡枕梁的高柔性空气弹簧承载方式；牵引装置为对中性能良好的 Z 形牵拉引杆。

二、车端连接装置

车端连接装置安装于车辆的车底架上，是动车组最重要的部分之一，它用来连接机车车辆，传递和减缓列车的纵向冲击，传递列车电力、通信信号、控制信号以及动车组在运行过程中及在调车过程中产生的纵向力及冲击力，连接列车风管。

车端连接装置通常由车钩、电气与风管连接器、缓冲器及风挡装置等构成。电气与风管连接器通常与车钩组合成一复合部件，构成了整个动车组中低压电气系统的通路。风挡装置设于车辆端墙外侧，由柔性材料及渡板组成密闭通道，供乘客及乘务人员通行。

（一）车钩缓冲器

车钩缓冲器简称钩缓，是由起连接作用的车钩以及起减振作用的缓冲器组成。

1. 车钩

（1）车钩按结构可以分为密接式车钩（图 4-11）和非密接式车钩。非密接式车钩普遍应用于一般铁路客车、货车上。密接式车钩一般应用于驾驶环境要求比较高的高速铁路动车组列车上。

密接式车钩的构造和工作原理和普通车钩完全不同，共有欧系和日系两个体系。欧系的密接式车钩主要有德国福伊特公司的沙库（Schafenberg）车钩系统，瑞典丹娜（Dellner）公司的车钩系统。日系的密接式车钩主要是柴田式车钩。

（2）按自动化程度分为自动车钩和非自动车钩。

①自动车钩：可以进行自动连接的车钩。

②非自动车钩：必须由人工来完成车辆的车钩连接。

（3）按照两车钩连接方式分为刚性车钩和非刚性车钩。

①刚性车钩：不允许两个相连接的车钩在铅垂面有相对位移，但在水平面内允许有

少许转角。

图 4-11 密接式车钩

②非刚性车钩:允许两个相连接的车钩在铅垂面内有相对位移。

2. 缓冲器

缓冲器是用来缓和列车在运行中由于启动、制动及调车作业时车辆相互碰撞而引起的纵向冲击和振动的装置,可减轻对车体结构的破坏作用,提高列车运行的平稳性,如图 4-12 所示。

由于材质不同,缓冲器有弹簧式缓冲器、摩擦式缓冲器、橡胶缓冲器、摩擦橡胶缓冲器、黏弹性橡胶泥缓冲器、液压缓冲器、空气缓冲器等。一般机车车辆上使用摩擦式和摩擦橡胶缓冲器,动车组多采用橡胶缓冲器和黏弹性橡胶泥缓冲器。

3. 风挡

为了防止风沙及雨水侵入车内及运行时便于旅客和乘务人员安全地在两车辆间通行,需要在车辆两端墙外设置一可弯折的柔性通道。该通道称为风挡装置。一般来讲,风挡必须保证安全,具有良好的纵向伸缩性和垂向、横向的柔性,以适应车辆运行中振动和安全通过曲线和道岔的需要。但对于动车组而言,仅满足上述要求是不够的,动车组的风挡还需要满足气密性和流线型要求。

风挡包括内风挡和外风挡,如图 4-13 所示。内风挡具有良好的隔热、隔声性能。内风挡由内外折棚以及两个铰接框组成。外风挡是抵御外部影响(环境影响)和维持内风挡气密性的组件。其形状与车身外形一致,可提高车体空气动力学性能。

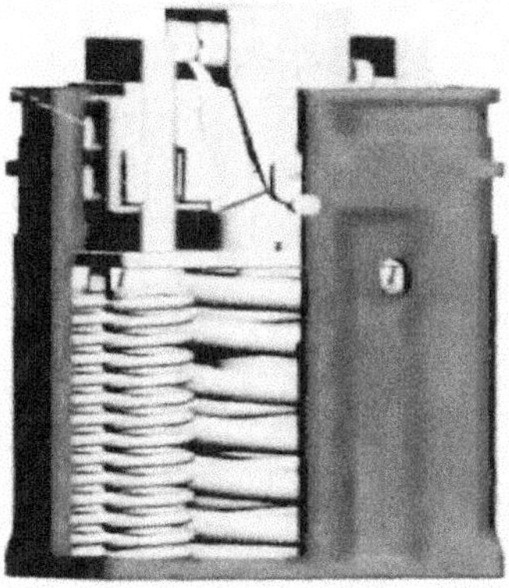

图 4-12 缓冲器

图 4-13 风挡

(二)端部电气连接器

端部电气连接器为两组动车间进行通信信号、控制信号互联互通的装置。

在断开状态下,电气连接器固定在密接式车钩上;机械车钩连接前,电气连接器支撑杆则脱卸;机械车钩连接后,电气连接器前伸进行连接。

想一想:动车组的转向架有两种,分别为动力转向架和非动力转向架,这两种转向架有什么区别?

做一做:利用乘坐动车组的机会,仔细观察内风挡和外风挡。

知识拓展

CRH380B型动车组密接式车钩缓冲系统

CRH380B型动车组的车钩缓冲系统主要由全自动车钩、半永久车钩、过渡车钩等几大部分构成。CRH380B高寒动车组还配有加热器,在达到预定环境温度时由列车网络控制打开或关闭。

一、全自动车钩

(一)全自动车钩的构造

全自动车钩位于动车组两端,主要由机械钩头、电气车钩、风管接头、钩身、连接卡环、接地线等零部件组成,如图4-14所示。

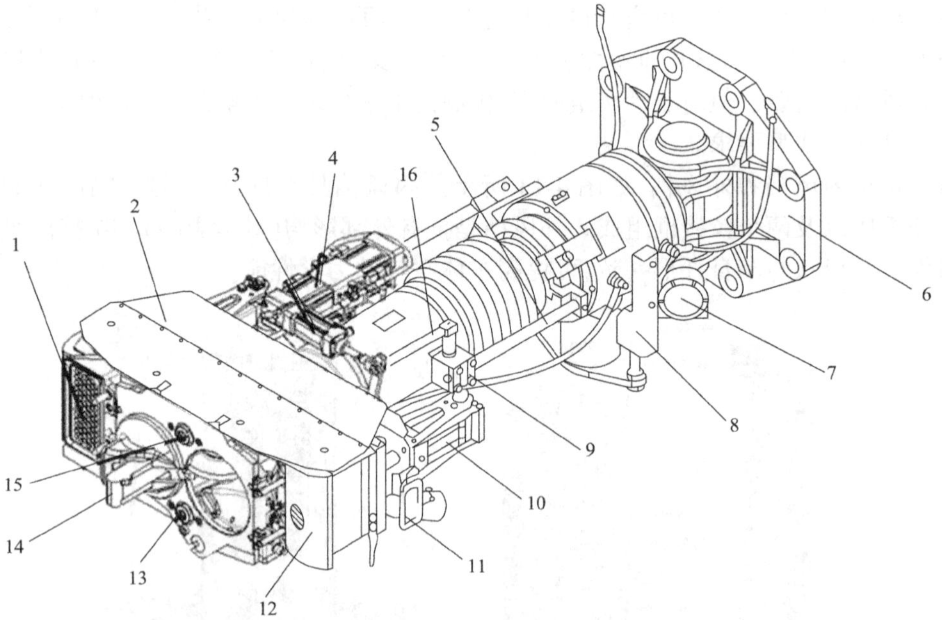

图4-14 自动车钩

1-电气车钩;2-盖板;3-气动控制系统;4-伸缩气缸;5-圆柱齿条;6-轴承座;7-对中装置;8-橡胶支撑;9-齿轮装置;10-推送机构;11-解钩手柄;12-电气车钩保护盖;13-主风管MRP连接器;14-连挂;15-BP阀;16-棘轮扳手

机械钩头用以保证两车的机械连接。其表面配有一个凸锥和一个凹锥，使得车钩可以自动对正和对准中心，并使得水平和垂直两个方向都有足够的活动范围，如图4-15所示。

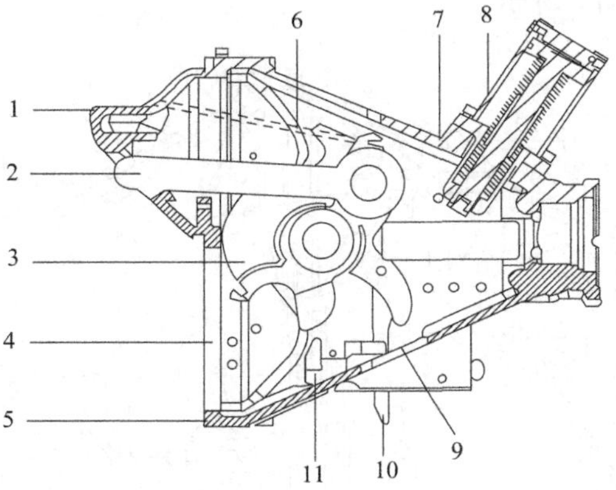

图4-15 机械钩头

1-凸锥；2-连挂杆；3-钩舌；4-凹锥；5-连挂面；6-拉伸弹簧；7-钩体；8-解钩风缸；9-顶筒；10-钩舌定位杆（棘轮）；11-导向杆

（二）全自动车钩的工作状态

CRH380B型动车组全自动车钩有以下三种工作状态。

1. 待挂位置

连挂杆末端靠近凸锥边缘，定位杆被钩锁块锁住，弹簧处于拉伸状态，拉住钩舌，如图4-16所示。

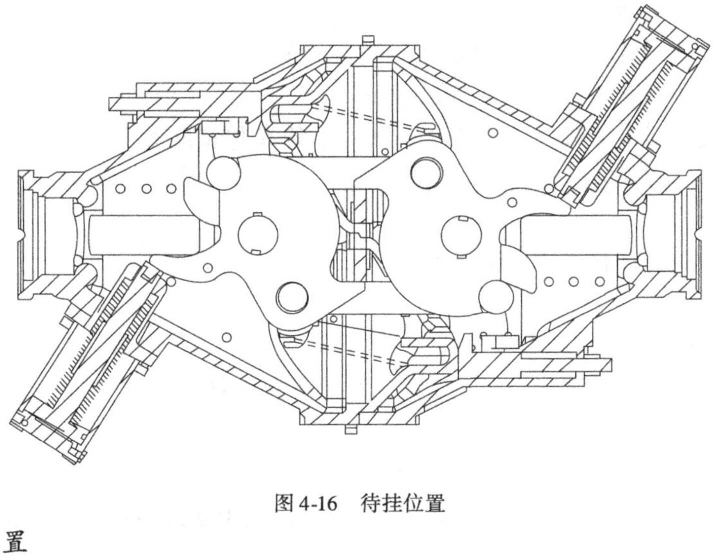

图4-16 待挂位置

2. 连挂位置

在连接过程中，车钩的凸锥导入相对车钩的凹锥，触发器将定位杆推出钩锁块，在拉簧作用下，连挂杆与钩舌的凹口联锁。连挂后，两边连挂组成联锁，形成一个平行四边形，保持作用力平衡，避免意外解锁。

3. 解钩位置

解钩装置使连挂杆与钩舌分离。车辆移动分离时，弹簧负荷定位杆和触发器向前移动，定位杆与钩锁块啮合，拉簧作用下连杆重新回到凸锥边缘，车钩锁即再次回到待挂位置。解钩位置如图 4-17 所示。

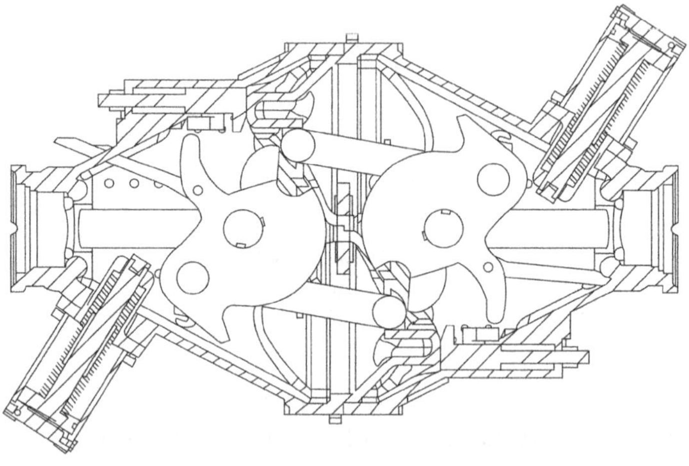

图 4-17　解钩位置

(三)全自动车钩的连挂

全自动车钩的连挂有以下两个环节。

1. 准备连接

(1)打开前端开闭机构并确认锁闭。

(2)清洁车钩表面。

(3)清除两个车钩头凸锥和凹锥上的外部物质。

(4)检查车钩锁是否处于准备连挂位置。

(5)在驾驶控制室将开关旋至“伸出”位，车钩在伸缩气缸作用下伸出并锁定，驾驶室伸出到位指示灯亮起。

2. 连接

(1)连挂车辆间保持约 1m 的距离。

(2)对准车钩。

(3)使车辆缓慢靠近(至少 0.6km/h)。

(4)车钩接触后继续靠近，连挂装置互相挤压并连挂。

二、半永久车钩(中间车钩)

CRH380B 型动车组每辆头车，都配有半永久性中间车钩。中间车钩分为左右两部分，如图 4-18 所示。半永久车钩由风管接头、牵引杆、安装座、接地线等零部件组成。

三、过渡车钩

过渡车钩用于紧急情况下供动车组救援使用，如图 4-19 所示。过渡车钩由两个车钩模块组成，第 1 部分是与动车组 10 型车钩相连接的密接式车钩；第 2 部分是我国车钩(AAR 型号)钩头，保证同我国机车车钩连接。过渡车钩设置可与《机车车辆用制动软管连接器》(TB/T 60)规定的空气软管相连接的过渡风管接口,为救援和回送时提供压缩空气。结构形式满足动车组被既有机车救援及回送,以及各型动车组相互之间救援及回送的要求。

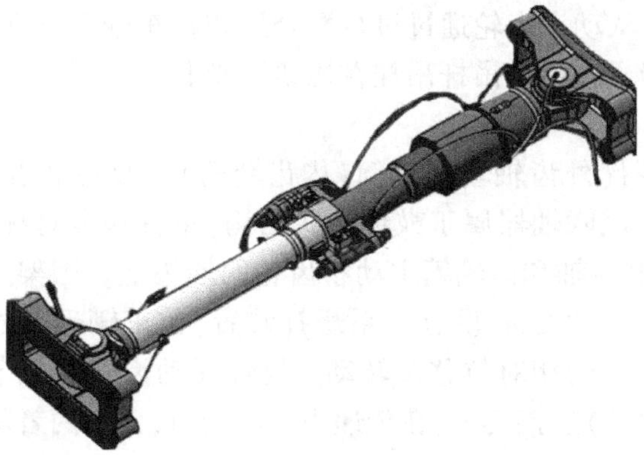

图 4-18 中间车钩

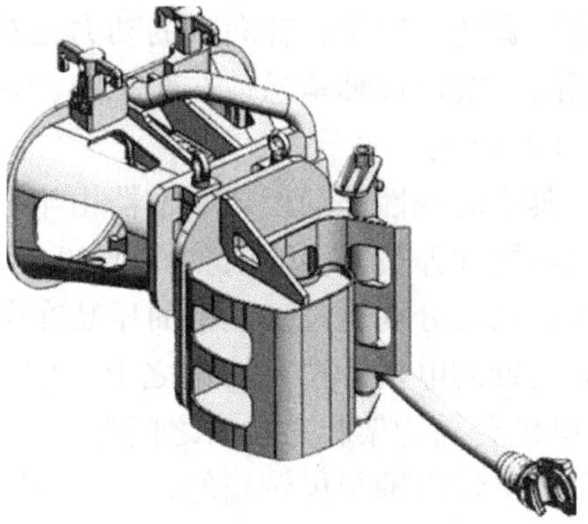

图 4-19 过渡车钩

第四节 动车组的驱动装置和制动装置

驱动装置和制动装置是动车组的关键部件。动车组的驱动装置和制动装置原理和结构与传统旅客列车有明显不同,下面进行详细介绍。

一、驱动装置

(一)驱动装置的作用

驱动装置实际上就是指将动车传动系统传来的能最终有效地传递给轮对(或车轮)的执行装置。对于电力传动机车或动车来说,其驱动装置包括牵引电机、车轴齿轮箱和驱动机构(联轴器、万向轴)。

(二)结构形式

根据牵引电机悬挂方式不同,驱动装置的结构通常有架悬式、体悬式等,其中挠性浮动齿式联轴器式架悬式驱动装置在动力分散型动车组上得到了普遍应用,而且现代轻轨车辆和地铁车辆转向架也大多采用这种结构。我国生产的 CRH1、CRH2、CRH3 以及 CRH380 系列动车组均采用挠性浮动齿式联轴器式架悬式驱动装置,而 CRH5 型动车组则采用万向轴驱动的体悬式驱动装置。

1. 架悬式驱动装置

架悬式指将牵引电机整个悬挂在转向架的构架上,其全部重量由转向架构架承担,不再与车轴发生直接的联系,而驱动力矩则通过一套灵活的机构(即驱动机构)传递给车轴(或车轮)。在这里“架悬式”中的“架”,其实就代表构架的“架”,架悬式驱动装置有多种形式,我国采用架悬式的动车组均为挠性浮动齿式联轴器式架悬式驱动装置。

(1)原理。

牵引电机通过螺栓连接,完全固定于构架横梁上,牵引电机的输出力矩经挠性浮动齿式联轴器式传递给齿轮箱内的主动小齿轮,并通过齿轮啮合将力矩传递到从动大齿轮,进而驱动轮对旋转。架悬式转向架的动力轮对中,从动大齿轮通过过盈配合压装在车轴上,同时齿轮箱的一端通过轴承悬挂在车轴上,另一端通过弹性吊杆吊挂在构架横梁上。

(2)结构。

典型的挠性浮动齿式联轴器由半联轴器(外齿轴套)、外筒(内齿套筒)和复位装置(如中间隔板和弹簧)等组成,如图4-20所示。该联轴器属于鼓形齿式结构,左右基本对称,两个半联轴器分别通过键或锥面压装在电机电枢轴和齿轮箱主动小齿轮的轴头上。因架悬式驱动装置的电机悬挂在构架之上,在构架与轮对之间设有一系悬挂装置,在车辆运行过程中,电机会随构架相对轮对之间存在不同方向的相对位移及转动。挠性浮动齿式联轴节将牵引电机输出轴与齿轮箱的输入轴(小齿轮轴)连接起来,在传递力矩的同时,允许两者间的相对运动。

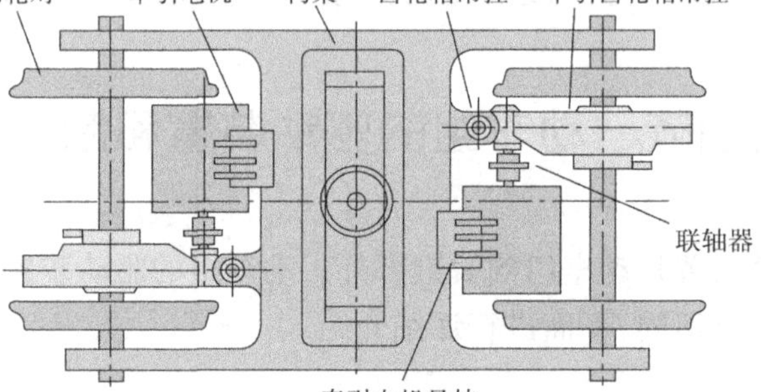

图4-20 架悬式驱动结构

2.体悬式驱动装置

所谓体悬式,实际上是指将牵引电机完全安装在车体底架下面,其全部重量都由车底架承担,而驱动力矩则由万向驱动机构(通常是万向轴)来传递。在这里"体悬式"的"体",其实就是车体的"体",CRH5型动车组动车转向架驱动装置采用体悬式结构,由车轴齿轮箱、万向轴、安全装置和牵引电机等组成,牵引电机通过安装架完全弹性地悬挂在车体底架上,通过可灵活伸缩变形的万向轴将力矩传给车轴齿轮箱,由车轴齿轮箱把牵引或制动力矩传动给轮对,具体结构如图4-21所示。

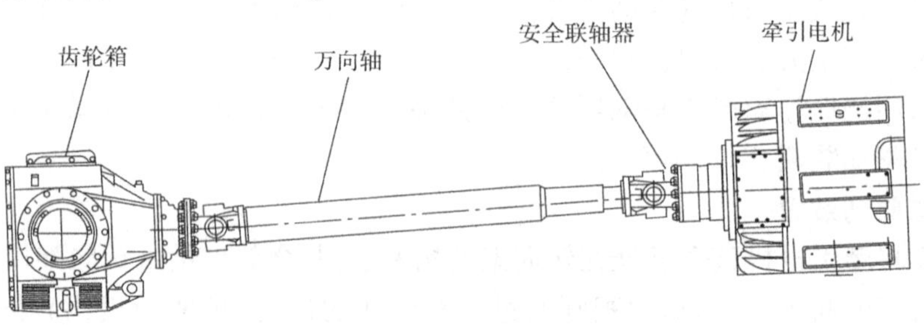

图4-21 体悬式驱动结构

二、制动装置

动车组运行速度高，对列车的制动能力、运行平稳性等提出了一系列挑战。因此，高速动车组必须装备高效率和高安全性的制动系统，以便为列车正常运行提供调速和停车制动的手段，并在意外故障或其他必要情况下具有尽可能短的制动距离。此外，高速运行的动车组对制动系统的可靠性和制动时的舒适度也提出了更高的要求。所以，动车组制动系统的性能和组成与普通旅客列车完全不同，它是一个能提供强大制动力并能更好利用黏着的复合制动系统，包含多个子系统，主要由电制动系统、空气制动系统、防滑装置、制动控制系统等组成，制动时采用电空制动联合作用的方式，且以电制动为主。

(一)动车组制动系统的分类

制动方式有多种分类标准，主要介绍如下两种分类方式。

1. 按制动力的操纵控制方式分

按制动力的操纵控制方式，可分为空气制动、电空制动和电制动三类。

(1)空气制动。

空气制动又分为直通式空气制动和自动式空气制动两种。

直通式空气制动是较早出现的空气制动方式，由于它在列车发生分离事故时会彻底丧失制动能力且列车前后部制动和缓解发生的时间差大，会造成较强的纵向冲击，故列车的制动操纵方式就改为自动式空气制动。

自动式空气制动的特点与直通式恰好相反，当列车发生分离事故时，列车可自动产生制动作用；且制动和缓解一致性较好，大大缓解了纵向冲击。在我国制造的速度 200km/h 的动车组中，只有 CRH1 和 CRH5 型动车组将自动式空气制动作为备用的制动方式，其余所有车型正常情况下的空气制动都采用直通方式。

(2)电空制动。

电空制动就是电控空气制动的简称，它是在空气制动的基础上于每辆车加装电磁阀等电气控制部件而形成的。其特点是制动的操纵控制用电，制动作用的原动力还是压缩空气；当制动机的电控失灵时，仍可实行空气压强控制，临时变成空气制动机。

(3)电制动。

操纵控制和原动力都用电的制动方式称为电磁制动，简称电制动。电制动有再生制动和电阻制动两种。在制动时，动车组中的牵引电机转变为发电机，将动能转化为电能，产生的电能被传回接触网的制动方式为再生制动；产生的电能传给制动电阻产生热能的制动方式为电阻制动。

因电制动具有能够提供强大的制动力和其他诸多优点，现已成为各种型号的高速动车组的主要制动方式。

2. 按制动力的用途分

(1)常用制动。

常用制动是正常条件下为调节、控制列车速度或进站停车实施的制动。

特点是作用比较缓和，且制动力可以调节，通常只用列车制动能力的 20% ~80%，多数情况下只用约 50%。

(2)非常制动。

非常制动是紧急情况下为使列车尽快停住而实施的制动方式。其特点是把列车制动能力全部用上,且动作迅猛,制动力为最大常用制动力的1.4~1.5倍。非常制动有时也称快速制动。

(3)紧急制动。

紧急制动也是在紧急情况下采取的制动方式,特点与非常制动类似。它与非常制动的区别在于:非常制动一般为电、空联合制动,也可以是空气制动;而紧急制动只有空气制动起作用。

(4)辅助制动。

辅助制动又包括备用制动、救援/回送制动、停放制动和停车制动等。

(5)旅客紧急制动。

在车端连接处,均设有一个紧急制动阀,旅客拉动客室内的紧急制动拉手,紧急制动信号被迅速传递到驾驶室,制动管将迅速排风,列车产生空气紧急制动作用。旅客紧急制动装置具有延时功能,如果司机认为列车处在不适宜停车的位置,司机可以发出指令取消该紧急制动。

(二)基础制动装置

现代高速动车组采用的控制系统实际上是与其牵引传动控制系统相辅相成、紧密结合在一起的,牵引系统和再生制动系统属于同一系统,它们都是以牵引电机为控制对象,只不过牵引时电机工作在电动机工况;制动时,电机工作在发电机工况。一个完整的制动系统主要包括两个部分:制动控制系统和制动执行系统。制动控制系统由制动信号发生与传输装置和制动控制装置组成,而制动执行系统通常称为基础制动装置,它是转向架的重要组成部分之一。

基础制动装置是整个制动系统的最后执行机构,是转向架中十分重要的部件,它有多种形式。

1.按制动方式划分

(1)踏面闸瓦制动装置。

铁路机车车辆采用的最普遍的制动方式是闸瓦制动。用铸铁或其他材料制成的瓦状制动块,在制动时抱紧车轮踏面,通过摩擦使车轮停止转动。在这一过程中,制动装置要将巨大的动能转变为热能消散于大气之中。

(2)盘形制动装置(有轴盘式和轮盘式之分)。

盘形制动是在车轴上或在车轮辐板侧面安装制动盘,用制动夹钳使用合成材料或者粉末冶金制成的两个闸片紧压制动盘侧面,通过摩擦产生制动力,使列车停止前进。由于作用力不在车轮踏面上,盘形制动可以大大减轻车轮踏面的热负荷和机械磨耗。盘形制动是动车组最普遍采用的一种制动方式。当轮对中间由于有牵引电机等设备使制动盘安装发生困难时,可采用轮盘式制动装置。

(3)磁轨制动装置。

磁轨制动是在转向架侧架下面同侧的两个车轮之间,各安置一个制动用的电磁铁(又称电磁靴),制动时将它放下并利用电磁吸力紧压钢轨,通过电磁铁上磨耗板与钢轨间的滑动摩擦产生制动力,把列车动能转化为热能,消散于大气。

(4)涡流制动装置(有盘式和轨式之分)。

线性涡流制动是把电磁铁悬挂在转向架侧架下面同侧的两个车轮之间。制动时电磁铁不与钢轨接触。利用电磁铁与钢轨相对运动使钢轨感应出涡流,产生电磁吸力作为制动力,把列车动能转化为热能,消散于大气。线性涡流制动既不受黏着限制,也没有磨耗问题。

2. 按制动缸的类型划分

按基础制动装置中制动缸的类型划分可分为空气制动和液压制动两种。CRH1、CRH3和CRH5型动车组均采用空气制动，而CRH2型动车组采用液压制动，即先将压缩空气经过气压—液压转换装置（即增压缸）转换成高压油，再由该高压油驱动液压制动缸，对制动轮盘（或轴盘）施加压力，属于典型的液压盘形制动。但CRH2型动车组在速度提升至350km/h后，也改为采用空气制动。

（三）撒沙装置

为了提高轮轨间的黏着状态，保证良好的制动性能，部分动车设有撒沙装置，以改善轮轨之间的黏着。当制动状态下车轮容易打滑时，来自主风缸管的压力空气进入撒沙单元，压力空气经减压阀，流经电磁阀，到达沙箱底部的撒沙器。在撒沙器启动时，沙子被空气吹过沙管到达加热了的沙子喷嘴，如图4-22所示。

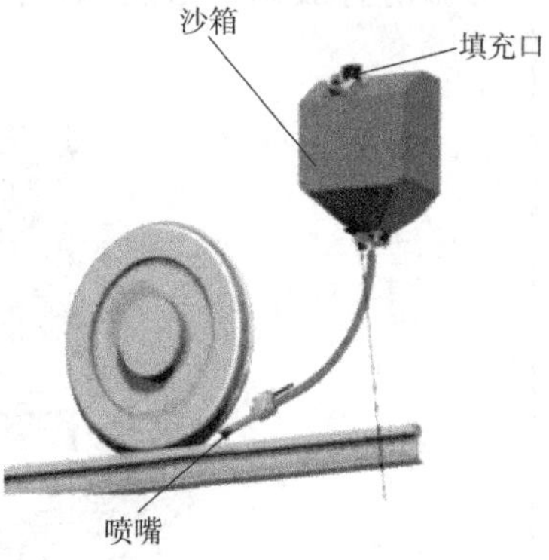

图4-22 CRH380B型动车组撒沙单元

想一想：动车组列车运行的速度高，在制动方式上和普通列车有很大区别，制动时通常采用电制动和电空制动方式。请问：什么时候采用电制动？什么时候采用电空制动？

做一做：动手绘制架悬式驱动结构图。

知识拓展

CR400BF型动车组的驱动和制动装置

一、驱动装置

驱动装置采用弹性架悬交流牵引电机，采用鼓形齿大变位联轴器、铝合金齿轮箱。电机和齿轮箱结构紧凑，为轻量化设计。每个转向架安装两台牵引电机，每台牵引电机通过4个弹性节点安装在转向架构架上，电机与构架间装有电机减振器和电机止挡。从齿轮到牵引电机的力矩传递是通过联轴器实现的，联轴器用于补偿轮对与构架之间的全部可能的相对运动，如图4-23所示。

图4-23 CR400BF型动车组驱动装置

二、基础制动装置

动力转向架采用轮盘制动,制动夹钳采用三点悬挂。拖车采用轴盘制动,制动单元可带有停放制动功能,如图 4-24 所示。

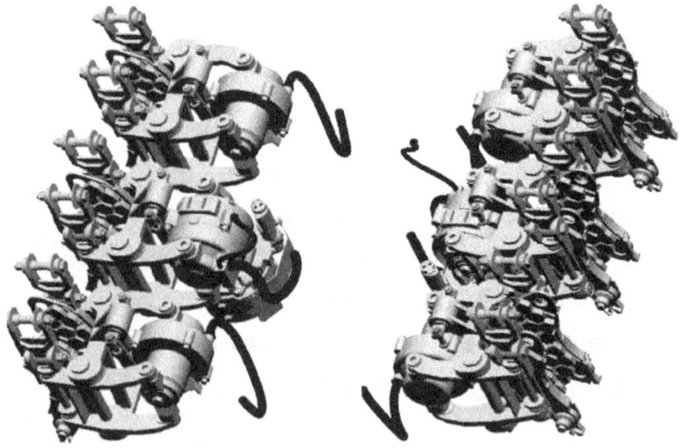

图 4-24　基础制动装置

第五节　我国常用动车组列车简介

2004 年,国务院批准了《中长期铁路网规划》,确定了我国铁路发展的蓝图。2004 年 4 月,国务院召开会议专题研究铁路机车车辆装备有关问题,形成《研究铁路机车车辆装备有关问题的会议纪要》,明确了“引进先进技术、联合设计生产、打造中国品牌”基本原则,确定重点扶持国内几家机车车辆制造企业、引进少量原装、国内散件组装和国内生产的项目运作模式。之后,我国引进德国、日本等国的高速动车组技术,在消化吸收再创新的基础上,生产出了“和谐号”(CRH)系列高速动车组,在较短的时间里满足了百姓出行的需要。

基于不同平台研发出的“和谐号”车型,由于标准不统一,不能互联互通,难以互为备用,提高了运营和维修成本。2012 年,由中国国家铁路集团有限公司主导,中国铁道科学研究院技术牵头,中车所属企业设计制造,开展了中国标准动车组列车的设计研制工作。2017 年 6 月 25 日,中国标准动车组列车被正式命名为“复兴号”(CR)。2017 年 6 月 26 日,“复兴号”动车组正式投入运营。“复兴号”动车组首次实现了动车组牵引、制动、网络控制系统的全面自主化,标志着我国已全面掌握高速铁路核心技术。下面介绍 CRH5 型、CRH380 系列、CR 系列动车组的一般结构。

一、CRH5 型动车组

CRH5 型动车组是在阿尔斯通生产的 SM3 型动车组基础上设计生产的。SM3 型动车组设计速度 220km/h,是欧洲广泛采用的 Pendolino(潘多利诺)系列摆式列车之一,适合高寒地区使用,如图 4-25 所示。

（一）CRH5 型动车组编组

CRH5 型动车组由 8 辆车组成，其中 5 辆动车、3 辆拖车。车辆编号从 1 开始，从左到右依次增加。1、2、4、7、8 号车为动车，3、5、6 号车为拖车，如图 4-26 所示。

a)SM3型动车组　　b)CRH5型动车组

图 4-25　SM3 和 CRH5 外观

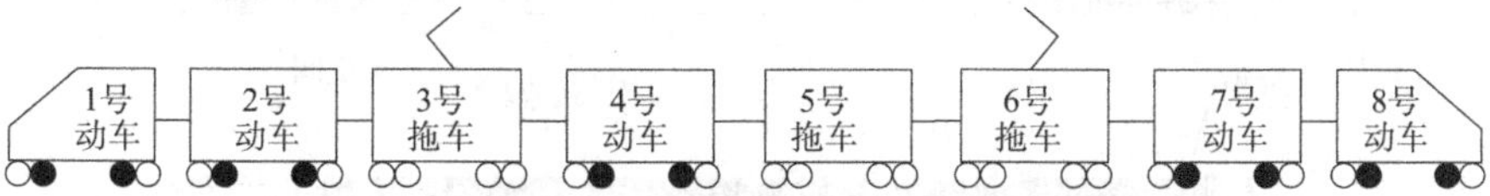

图 4-26　CRH5 型动车组编组图

●动车轴；○拖车轴

（二）CRH5 型动车组的平面布置及定员

CRH5 型动车组一等座车两辆、二等座车六辆，定员 586 人，列车中有餐车和残疾人卫生间，如图 4-27 所示。CRH5 型动车组各个车辆定员见表 4-3。

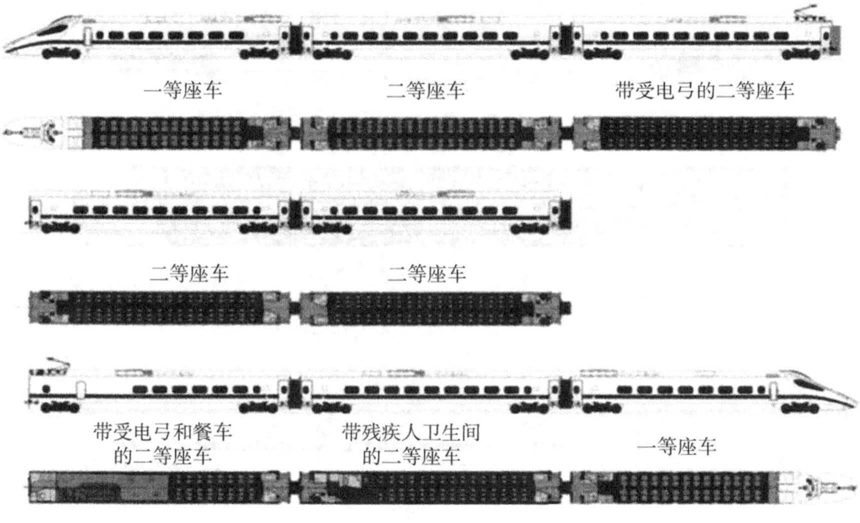

图 4-27　CRH5 型动车组平面布置图

CRH5 型动车组各个车辆定员　　表 4-3

序号	1	2	3	4	5	6	7	8
定员	56	90	90	90	90	40	74	56

CRH5 型动车组一等座车位于列车的两端，2、4、5 号车为普通二等座车，6 号车为二等座车配有餐车，7 号车配有残疾人卫生间，其设备布置如图 4-28 所示。

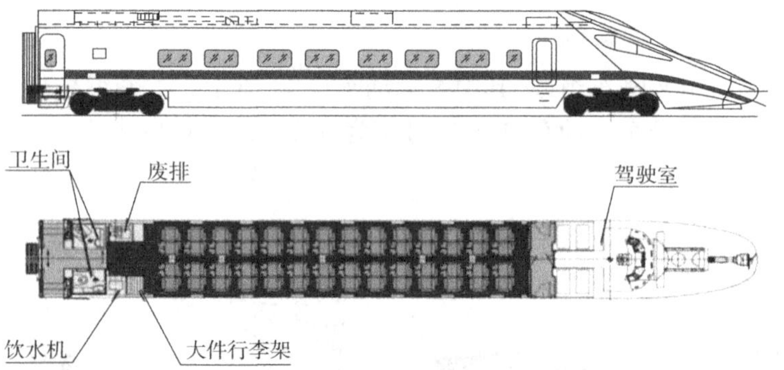

a)CRH5型动车组一等座车设备布置图

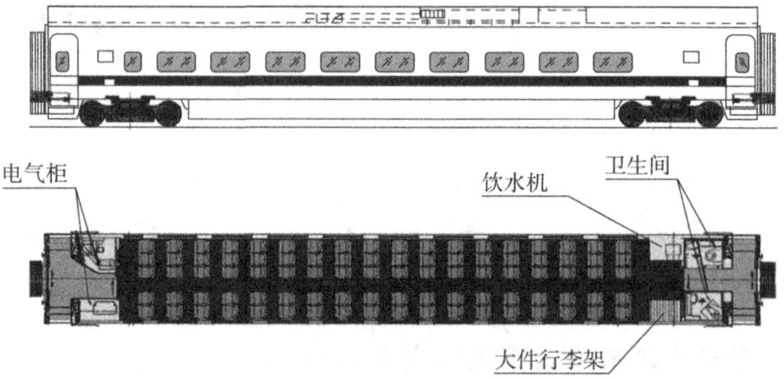

b)CRH5型动车组二等座车设备布置图

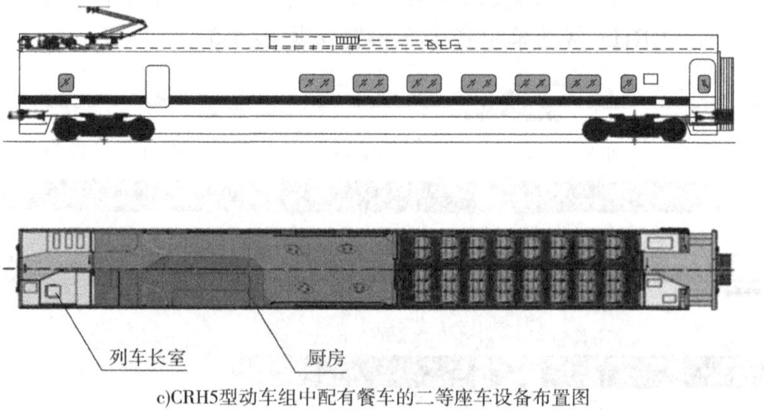

c)CRH5型动车组中配有餐车的二等座车设备布置图

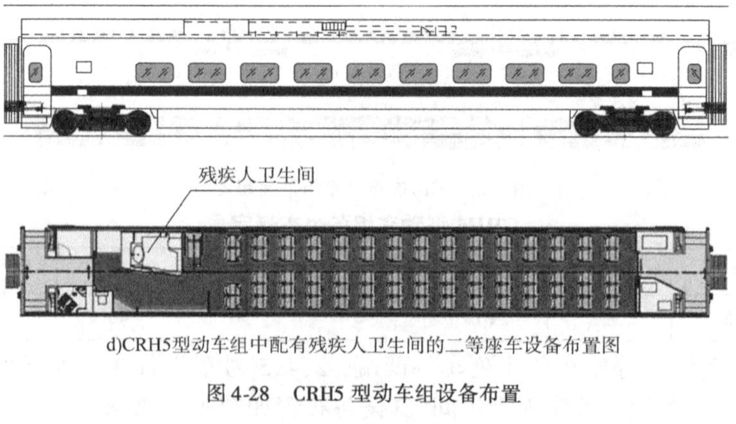

d)CRH5型动车组中配有残疾人卫生间的二等座车设备布置图

图4-28　CRH5型动车组设备布置

(三)CRH5 型动车组的主要技术参数

CRH5 型动车组的主要技术参数见表 4-4。

CRH5 型动车组结构参数和性能参数表 表 4-4

项　目	参　数	项　目	参　数
列车总长度	211500mm	运营速度	200km/h
车头长度	476000mm	最高试验速度	250km/h
中间车长度	25000mm	平均启动加速度(0～65km/h)	0.56m/s²
车辆距离	19000mm	200km/h 的剩余加速度	0.11m/s²
车体宽度	3200mm	爬行坡度(60%牵引力)	30‰
车体高度	3730mm	最大牵引功率	5500kW
车辆高度	4270mm	平均最大车轮黏着系数	0.22
底板高度	1270mm	轮缘处最大电气制动功率	5785kW

二、CRH380 系列动车组

CRH380 为一系列型号的“和谐号”动车组列车。CRH380 系列采用速度及目标值命名方式。后期衍生车型有 CRH380A、CRH380B、CRH380C、CRH380D 等系列。

CRH380B 型电力动车组是由中国北车集团唐山轨道客车有限责任公司、长春轨道客车股份有限公司在 CRH3C 型电力动车组基础上自主研发的 CRH 系列高速动车组,最高运营速度 380km/h。CRH380B 系列中短编组动车为 CRH380B、长编组动车为 CRH380BL,如图 4-29所示。

图 4-29　CRH380BL 动车组

(一)CRH380BL 型动车组的编组

CRH380BL 型动车组采用 8 动 8 拖的动力配置,分为四个牵引单元,每个牵引单元又包括两个动力单元,具体编组如图 4-30 所示。

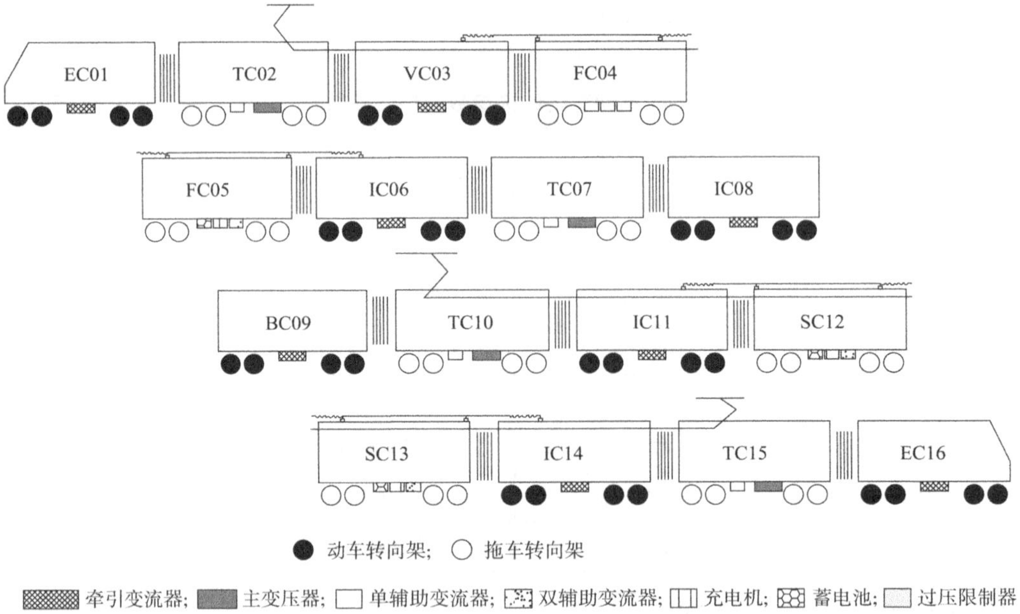

图 4-30　CRH380BL 型动车组编组图

(二)CRH380BL 型动车组的平面布置及定员

CRH380BL 型动车组的平面布置及定员如图 4-31 所示。

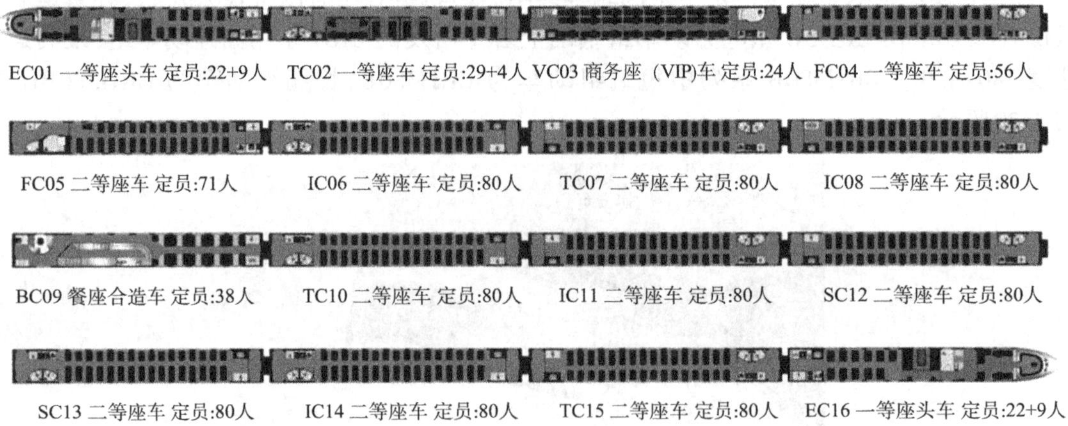

图 4-31　CRH380BL 型动车组平面布置图

CRH380BL 型动车组全车定员 1004 人,其中 VIP 定员 46,一等定员 129,二等定员 829,见表 4-5。

CRH380BL 型动车组车辆定员表　　表 4-5

车号	1	2	3	4	5	6	7	8	9	10	11	12	13	14	15	16
等级	一等座	一等座	VIP 车	一等座	二等座	二等座	二等座	二等座	餐车	二等座	二等座	二等座	二等座	二等座	二等座	一等座
定员	22 +9	29 +4	24	56	71	80	80	80	28	80	80	80	80	80	80	22 +9

CRH380BL 型动车组的详细布置如图 4-32 所示。

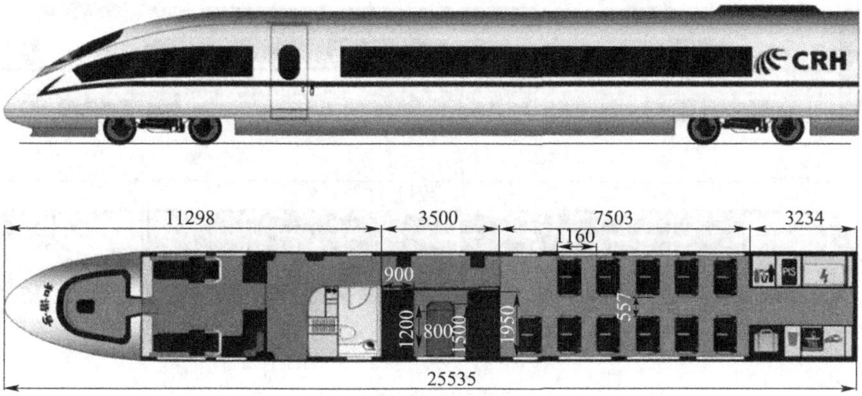

定员：22+9人

a)一等座头车布置(尺寸单位：cm)

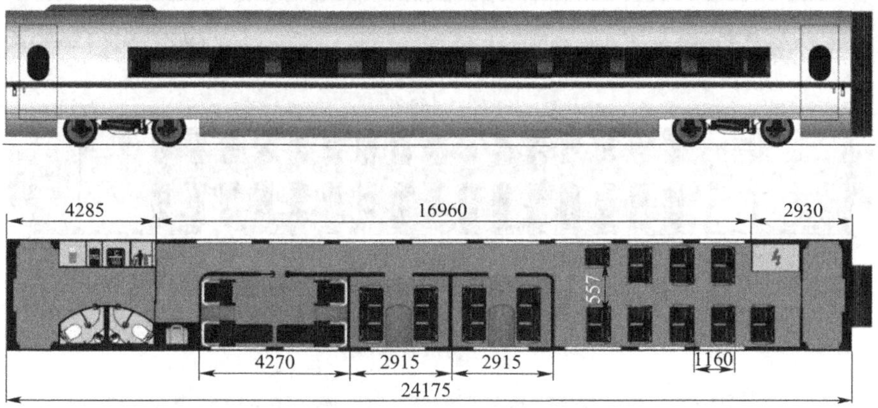

定员：29+4人

b)带半包间一等座车布置(尺寸单位：cm)

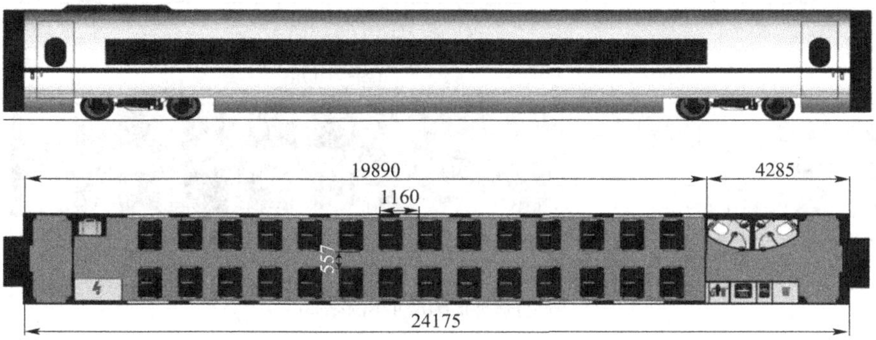

定员：56人

c)VIP车布置(尺寸单位：cm)

图 4-32

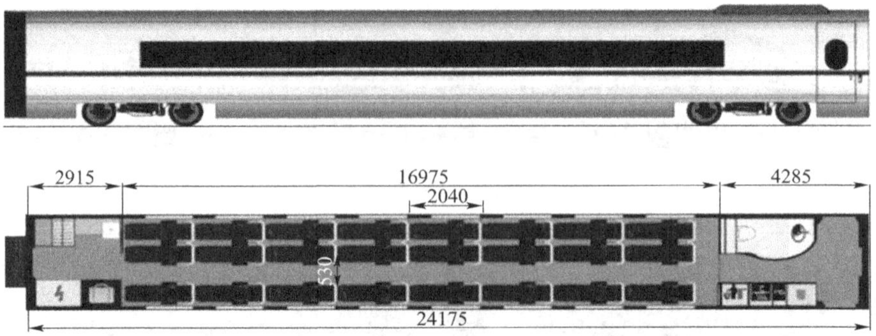

定员:24人

d) 一等座布置(尺寸单位：cm)

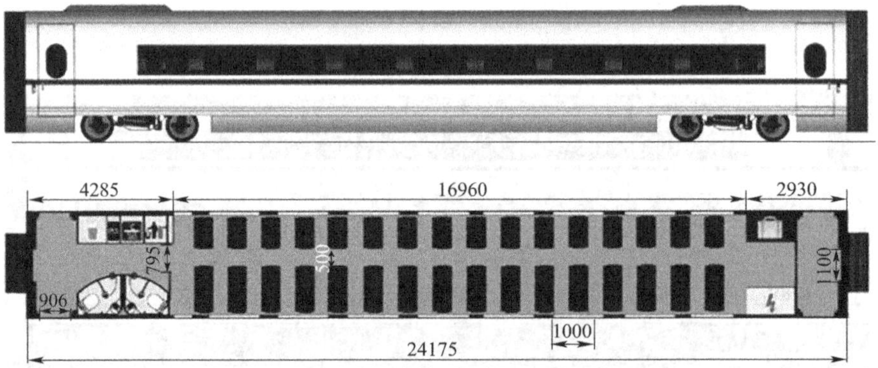

定员：80人

e)二等座车布置(尺寸单位：cm)

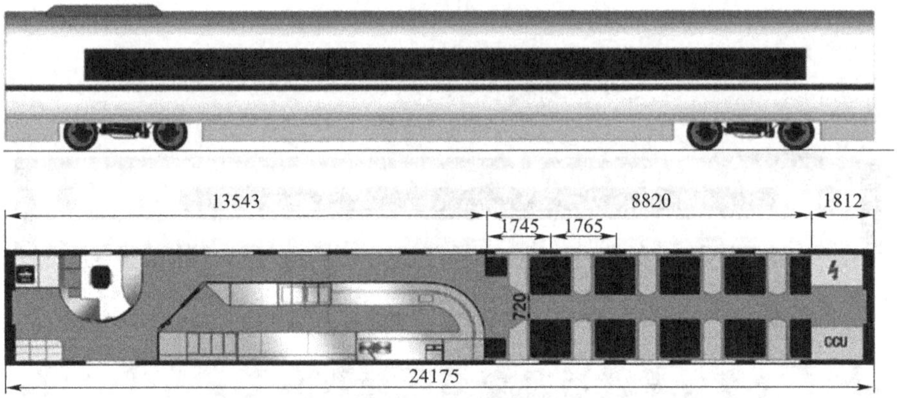

定员：38人

f)餐座合造车布置(尺寸单位：cm)

图 4-32　CRH380RL 型动车组的详细布置

(三)CRH380BL 型动车组的主要技术参数

CRH380BL 型动车组的主要技术参数见表 4-6。

CRH380BL 型动车组参数表 表 4-6

项目		参数	项目		参数
运营速度(km/h)		350	车辆定距(mm)	头车	17375
最高试验速度(km/h)		>400		中间车	
适应轨距(mm)		1435	车钩中心线高度(mm)	头车	1000
编组形式		16 辆车编组,8 动 8 拖(8M8T)		中间车	895
通过限界(mm)		《标准轨距铁路机车车辆限界》(GB 146.1)	定员(人)		1004
通过最小曲线半径(m)		150	转向架		SF500
车体形式		中空铝型材焊接整体承载结构	轴重(t)		≤17.0
列车全长(m)		400	转向架固定轴距(mm)		2500
车辆长度(mm)	头车	25850	编组牵引功率(kW)		18400
	中间车	24825	启动加速度(m/s^2)		>0.4
车体长度(mm)	头车	25535	制动系统	动车	空气制动+再生制动
	中间车	24175		拖车	空气制动(轴盘)
车辆宽度(mm)		3257	紧急制动距离(m)		初速度≤350km/h 时,6500
车辆高度(mm)		3890			

三、CR 系列动车组

CR400BF 型电力动车组是 CR400 系列中的一款,是由中车长春轨道客车股份有限公司和中车唐山机车车辆有限公司研制的动车组,如图 4-33 所示。

图 4-33 CR400BF 型动车组

(一)CR400BF 型动车组的编组

CR400BF 型动车组采取 8 辆编组,由两个“2 动 2 拖”的牵引动力单元组成“4 动 4 拖”

(4M4T)的结构。列车轮周牵引功率为10140kW,设计速度为350km/h。具体编组如图4-34所示。

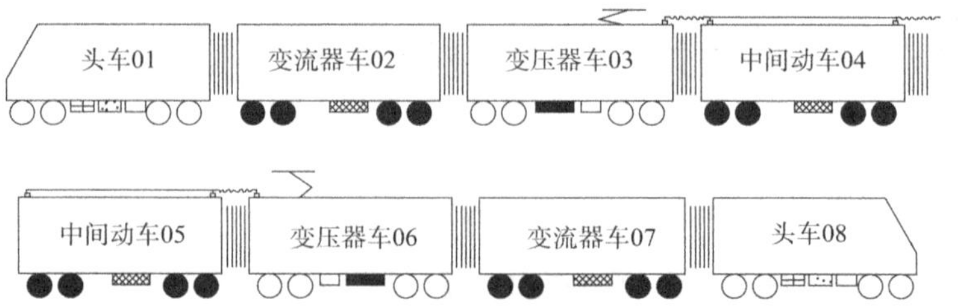

图4-34　CR400BF型动车组编组图

●动车轴;○拖车轴

牵引变流器;主变压器;辅助变流器;充电机;蓄电池

(二)CR400BF型动车组的平面布置

CR400BF的平面布置如图4-35所示。

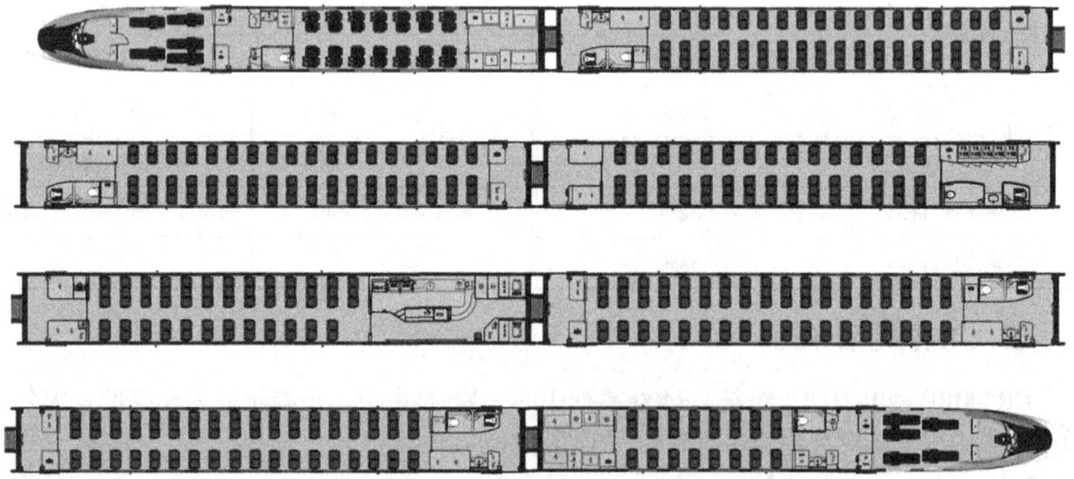

图4-35　CR400BF型动车组平面布置图

CR400BF型动车组总定员:576人,商务定员:10人,一等定员:28人,二等定员:538人,见表4-7。

CR400BF型动车组定员表　　表4-7

序号	1	2	3	4	5	6	7	8
等级	商务座/一等座	二等座	二等座	二等座	餐座合造车	二等座	二等座	商务座/二等座
定员	5+28	90	90	75	63	40	74	5+40

(三)CR400BF型动车组的主要技术参数

CR400BF型动车组的主要技术参数见表4-8。

CR400BF 型动车组参数表 表 4-8

项 目	参 数	项 目	参 数
最高运行速度	350km/h	车辆高度	4050mm
最高试验速度	385km/h	地板面距轨面高度	1260mm
定员	576 人	自动车钩高度	1000mm
编组形式	4M4T	中间车钩高度	935mm
列车长度	209.06m	转向架中心距	17800mm
头尾车长度	27255mm	转向架轴距	2500mm
中间车长度	25000mm	轮周牵引功率	10140kW
车辆间距	650mm	0 ~ 200km/h 平均加速度	≥0.4m/s^2
车体宽度	3360mm	350km/h 剩余加速度	≥0.05m/s^2

想一想：引进不同的动车组原型车，生产 CRH 系列动车组会存在平台不一致、配件无法共用的问题，那么为什么我国不通过引用国外技术直接生产中国标准动车组列车？

做一做：按照图 4-31 画出 CR400BF 的编组图。

知识拓展

CR 系列动车组的技术优势

CR 系列动车组采用正向设计思路，全面加强自主化过程控制，实现了软件自主化，硬件可自主替代，具有自主知识产权；动车组九大关键技术和十大配套技术部件均为国内企业制造。CR 系列和 CRH380 系列相比，在创新、智能、安全、人性化、节能环保等方面都有明显的技术提升。

一、创新

(1)互联互通。

实现不同厂家生产的相同速度等级动车组的重联运营、不同速度等级的动车组的相互救援，有效提升动车组的利用效率，实现运营组织的灵活性。

(2)减少配件种类、统一型号、统一接口、统一维修部件，统一修程修制。为减少配备备件种类，降低检修维护成本，开展 96 项零部件统型。

统型：座椅、侧门、车窗、车钩、滑板、闸片、车轴、锁类等，实现完全统型，满足整机和维护部件完全互换。

接口统一：电视、内外信息显示器、蓄电池、电压电流互感器、受电弓等，统一电气、机械接口，满足整机互换。

维护部件统一：空调、便器、水箱、开水炉等，实现维护部件和易损易耗件的统一。

修程修制统一：一级维修6000km或48h，二级维修2～120（不含120）万km，三级维修120万km或3年，四级维修240万km或6年，五级维修480万km或12年。

二、智能

采用新一代列车网络控制系统（TCN网+以太网），首次构建百兆级以太网列车网络，提升信息处理技术。

（1）动车组监测点2500余项，故障导向安全。

（2）采用智能移动终端、WLAN无线设备、以太网单点维护、故障自动识别等技术手段，提高运用检修效率。

（3）提供包括无线上网服务、新闻资讯、旅行信息、列车动态信息服务、旅客座席及乘务工作管理等在内的智能化服务。

（4）采用4G移动通信技术，优化车-地无线传输系统，提升动车组故障信息、状态信息实时传输能力。

三、安全

在确保走行安全的基础上，增加主动安全与被动安全措施。

（1）设置碰撞吸能装置，在列车发生碰撞时为司乘人员提供基本的安全保障。

（2）设置高速铁路列车追踪接近预警系统（TCAS）。具有实时显示前方列车位置、速度、状态等信息功能，并能够进行计算分析，确定预警提示级别，实施语音报警。

（3）具备列车失稳检测、烟火报警、轴温检测、受电弓视频检测等安全防护措施，安全防护设计完善。

四、人性化

坚持以人为本的理念，结合人机工程学原理，优化旅客界面与司乘界面。

（1）一等座椅间距统一加大到1160mm。

（2）设多种照明模式。

（3）增设无线网络（WiFi）、电子票务显示等功能。

五、节能、环保

采用轻量化及零排放设计、高效牵引/制动系统、环保材料，并强化减振降噪措施。

（1）轻量化设计：优化设计结构，同时采用碳纤维、镁合金、预浸料等先进的轻量化材料，在确保综合性能指标的前提下，降低整车自重，以达到减重、降耗、环保、安全的综合指标。

（2）高效率牵引系统：牵引系统效率0.85以上。

（3）零排放：所有污水、污物均集中收集，到站段后集中排放，实现全程零排放。

复习思考题

1. 中国铁路高速动车组名称的内涵是什么？
2. 动车组核心技术有哪些？

3. 动车组速度及目标值命名编号规则是什么?
4. 动车组是如何分类的?
5. 动车组由哪些基本组成部分?
6. 绘制 CRH5、CRH380 型动车组编组。
7. 动车组转向架的基本组成有哪些?
8. CRH380B 型自动车钩有三种工作状态,分别是什么?
9. 什么是半永久车钩? 它的组成是什么?
10. 什么是再生制动?

第五章　高速铁路供电

本章概述

本章节主要讲述电气化高速铁路有关知识。掌握电气化高速铁路的组成、牵引变电所和高速铁路接触网、受电弓的构成及原理。

建议学时

6 学时

高速列车的基本要求是启动快、速度高、牵引功率大，为满足高速列车的动力要求，世界各国的高速铁路几乎都采用电能为牵引动力。电气化铁路以电力牵引技术为基础，它综合了现代通信技术、计算机技术、自动化技术等科学技术，将牵引用电能从电力系统传送给列车。

第一节　电气化高速铁路的组成

由于电力机车本身不带原动机，需要靠外部电力系统经过牵引供电装置供给其电能，故电气化铁路是由电力机车和牵引供电系统组成的。

牵引变电所从电力系统取得电能，并将电压转换成适合机车使用的电压，然后供给牵引供电回路，牵引供电回路将电能供给电力机车使用。

一、牵引供电系统的组成

牵引供电系统是由牵引变电所和牵引网及其他辅助供电设施组成的供电系统。牵引供电回路是由牵引变电所、馈电线、接触网、电力机车、钢轨、回流线、大地、牵引变电所接地网组成的闭合回路。

1. 牵引变电所

牵引变电所的主要任务是将电力系统输送来的 110kV 或是 220kV 三相交流电变换为 27.5kV（或 55kV）单相电，然后经馈电线将单相供电送至接触网上。电压变化由牵引变压器完成，三相交流电变为单相交流电，是通过牵引变压器的电气接线来实现的。牵引变电所通常设置两台变压器，采用双电源供电，以提高供电的可靠性。变压器的接线方式目前采用三相 YD11 接线、单相 V/V 接线、单相接线及三相一两相斯科特变压器等。牵引变电所还设置有串联和并联的电容补偿装置，用以改善供电系统的电能质量，减少牵引负荷对电力系统和通信线路的影响。

2. 牵引供电回路

电力牵引供变电系统是指从电力系统接受电能，通过变压、变相后，向电力机车供电的系统。牵引供电回路是由牵引变电所、馈电线、接触网、电力机车、钢轨、大地或回流线构成。另外，还有分区所、开闭所、自耦变压器站等，如图 5-1 所示。

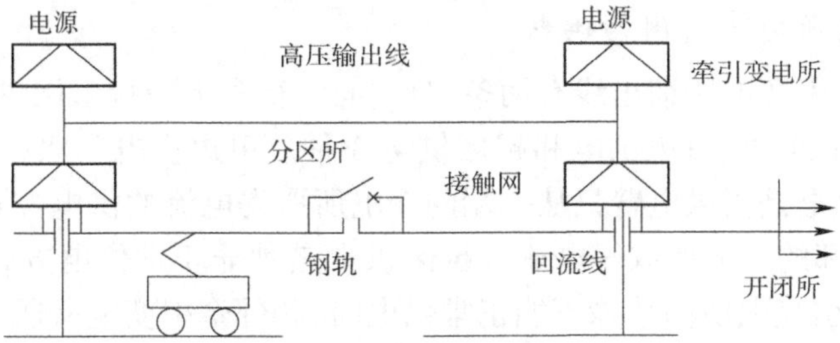

图 5-1　牵引供电系统示意图

3. 开闭所

开闭所是指设有开关，能进行电分段或变更馈线数目的开关站。为了增加枢纽地区供电的可靠性和缩小事故影响范围，一般设置开闭所。开闭所应尽量设置在枢纽地区的负荷中心处，以减少馈线的长度，放置馈线与接触网交叉干扰。

4. 分区所

接触网通常在两相邻牵引变电所的中央断开，将相邻的牵引变电所中间的两个供电臂分为两个供电分区。在中央断开处设开关设备，可以将两个供电分区连通，此处的开关设备称为分区所。分区所可使相邻的接触网供电区段（同一供电臂的上下行或两相邻变电所的两供电臂）实现并联或单独工作。如果分区所两侧的某一区段接触网发生短路故障，牵引变电所馈线断路器及分区所断路器在继电保护的作用下自动跳闸，将故障段接触网切除，而非故障段的接触网仍照常工作，从而使事故范围缩小一半。必要时还可以实现越区供电，增加了供电的灵活性和运行的可靠性。

5. 自耦变压器站

电力牵引供电系统采用自耦变压器供电方式（AT 供电）时，在沿线每隔 10 ~ 15km 设置一台自耦变压器。设置时尽量将自耦变压器设于沿铁路的各站场上。同时，尽量与分区所、开闭所合并，以便于运行管理。

6. 牵引网

牵引网是由接触网和回流回路构成的供电回路，完成对电力机车的送电任务。采用吸流变压器供电（BT 供电）方式时，还要有回流线。采用 AT 供电方式时，还有正馈线和保护线。

（1）供电线：接触网与牵引变电所之间的电连接线。

（2）接触网：一种特殊的输电线，架设在铁路上方，机车受电弓与其摩擦受电。

（3）回流线：与钢轨并联起回流作用的导线。

（4）分相绝缘器（电分相）：串在接触网上，目的是把两相不同的供电区分开，并使机车光滑过渡，主要用在牵引变电所出口处和分区处。

（5）分段绝缘器（电分段）：分为纵向电分段和横向电分段，前者用线路接触网上，后者用于站场各条接触网之间。通过其上的隔离开关，将有关接触网进行电气连通或断开，以保证供电的可靠性、灵活性和缩小停电范围。

(6)供电分区:正常供电时,由牵引变电所馈线到接触网末端一段供电电线路,也成为供电区。

二、牵引供电方式

(一)牵引变电所对牵引网的供电

单线区段中,牵引变电所馈出线有两条,分别向上行和下行接触网供电。牵引变电所对接触网的供电方式有单边、双边供电和越区供电3种。单边供电和双边供电为正常的供电方式。其中,单边供电是指供电臂只从一端的变电所取得电流的供电方式,而双边供电则是指供电臂从两端相邻的变电所取得电流。越区供电是种非正常供电方式(也称事故供电方式),是指当某一牵引变电所因故障不能正常供电时,相邻牵引变电所通过本身的供电臂,再经分区所的开关设备给故障变电所供电臂临时供电的情况。但是,不同电力系统供电的接触网分相装置区段,应加强绝缘,严禁将两个电力系统接通。

双线区段的供电情况与单线区段类同,但牵引变电所馈出线有4条,分别向两侧上下行接触网供电。牵引变电所同侧上下行实现并联供电,提高供电臂末端电压。越区供电时,通过分区所内的开关设备实现。

1.单线区段的单边供电方式

单线区段一般采用单边供电方式,是指各牵引变电所相互独立,接触网的供电分区由牵引变电所从一边供应电能,相邻两个牵引变电所之间的供电臂(每个接触网供电分区通常称为一个供电臂)相互绝缘,机车只从相关的某个牵引变电所取电的供电方式。对于两个异相牵引端口的牵引变电所,通常在牵引变电所出口两馈线相连的接触网上及分区的接触网上设分相绝缘器。当某一牵引变电所因故障失电时,可将分区所的开关合上,进行越区供电。单线区段普遍采用这种供电方式,如图5-2所示。

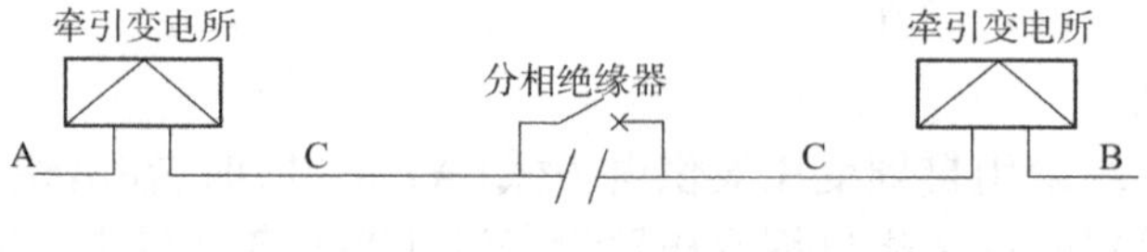

图5-2 单边供电

2.双线区段单边末端并联供电

由于双线区段牵引变电所同一侧的上下行接触网均供应同相电,故可在接触网供电端用分区所中的断路器连接起来,形成单边末端并联供电,如图5-3所示。

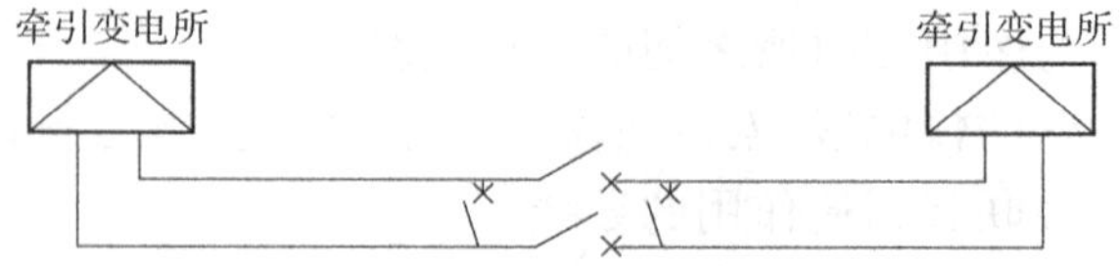

图5-3 双线区段单边末端并联供电

单边末端并联供电时,电力机车由上下行接触网线路并联供电,使分配在每条接触网中的电流减小,或是说并联线路使得阻抗变小,从而使接触网的电压损失和电能损失减小。

当某供电臂故障时,为了保证另一供电臂正常供电,需通过继电保护装置自动将末端并联的断路器打开，这样缩小了停电的区域；如果是某一牵引变电所故障，则接通两供电分区相连的断路器，实现由另一牵引变电所的越区供电。双线区段普遍采用这种供电方式。

3. 双线区段的单边全并联供电

单边全并联供电是在每个车站利用负荷开关将上下行接触网并联，形成并联网络。并联负荷开关可自动投切，也可由设于车站的远动终端由电力调度员控制，如图 5-4 所示。

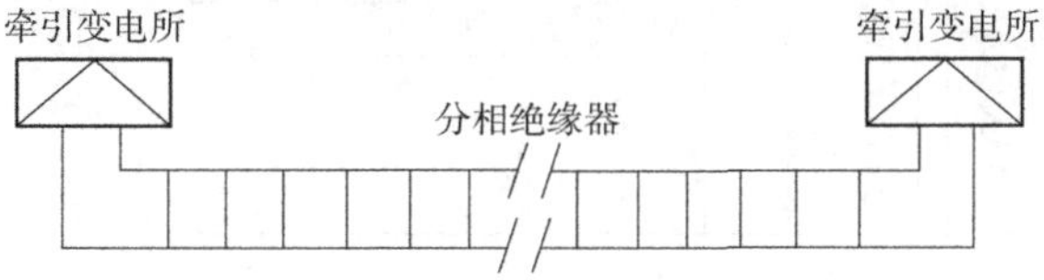

图 5-4 双线区段单边全并联供电

全并联供电的优点是：比末端并联供电能更有效地减小接触网阻抗，降低接触网电压损失和电能损失，另一方面又能对接触网的短路故障进行更有效的保护。

（二）牵引网的供电方式

牵引网的供电方式有直接供电方式、带回流线的直接供电方式、自耦变压器供电方式、吸流变压器供电方式和同轴电力电缆供电方式。

1. 直接供电方式

牵引变电所将电能通过馈电线传输到接触网，接触网通过受电弓连接到机车的变压器一次侧，然后通过钢轨流回牵引变电所，如图 5-5 所示。直接供电方式供电距离单线一般约 30km、双线一般约 25km。这种方式优点是结构简单、投资少，其主要缺点是机车电流会经由钢轨、大地流回牵引变电所，对通信线路产生很大影响，钢轨电位较高。

2. 带回流线的直接供电方式

带回流线的直接供电方式简称 DN 供电方式，它是在直接供电方式的基础上，在接触网的支柱上架设一条与钢轨并联的回流线，如图 5-6 所示。

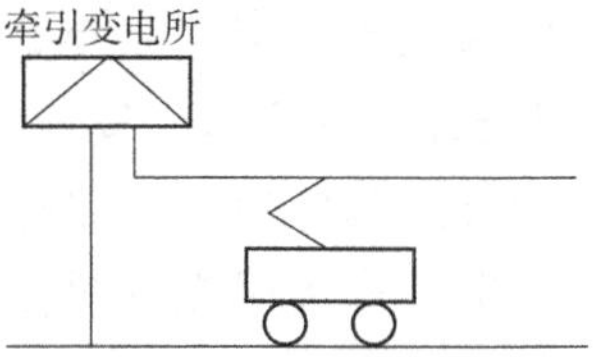

图 5-5 直接供电方式

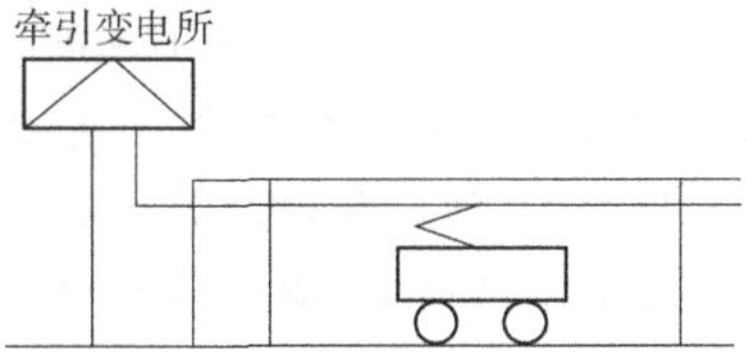

图 5-6 带回流线的直接供电方式

增加回流线后，原来流经钢轨大地的电流，大部分改由架空回流线流回牵引变电所，其方向与接触网中馈线电流防线相反，架空回流线与接触网和回流线周围空间的交变磁场，从而使牵引电流在邻近的通信线路中的影响大为降低，钢轨电位也有所降低。

3. 自耦变压器供电方式

自耦变压器供电方式又称 AT 供电方式。自耦变压器是一种电力变压器，并接与接触网（C）、钢轨（T）和正馈线（F）之中。这种方式下，接触网、钢轨、正馈线和自耦变压器组成供电回路，并在接触网和正馈线之间每隔 10～15km 并入一台自耦变压器，其中心轴头与钢轨连接，为了减少对通信线路产生的电磁干扰，正馈线与接触悬挂同杆架设于接触网支柱的田野侧。55kV AT 供电模式于 20 世纪 60 年代在日本新干线率先得到应用并发展，我国在

1980 年修建的京秦线几乎照搬了这种模式。法国、苏联则采用 2 ×27.5kV AT 供电模式。近年来,这种模式在我国高速铁路中也被广泛采用,如图 5-7 所示。采用这种模式时,其供电电压提高一倍,牵引网阻抗变小,使供电距离增长。

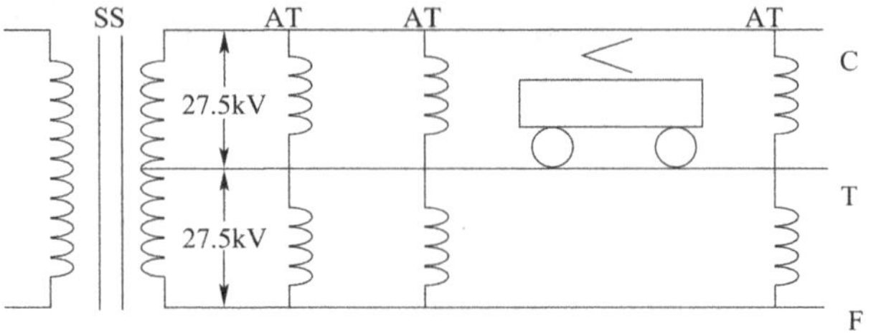

图 5-7　2 ×27.5kV AT 供电模式

想一想:电气化铁路为什么设置牵引变电所,而不是直接向接触网供电?

做一做:绘制 2 ×27.5kV AT 供电模式图。

知识拓展

《铁路技术管理规程》(高速铁路部分)中关于高速铁路供电的一些规定

第 176 条　为保持牵引供电设备良好的技术状态,保证牵引供电系统安全运行,应设供电段等供电维修机构。

供电维修机构管辖范围应根据线路及供电设备条件确定。

牵引供电设备包括变电设备(变电所、开闭所、分区所、自耦变压器所)、接触网和远动系统。

第 177 条　牵引供电设备应保证不间断行车的可靠供电。牵引供电能力应与线路的运输能力相适应,满足规定的列车质量、列车密度和运行速度的要求。接触网标称电压值为25kV,最高工作电压为27.5kV,短时(5min)最高工作电压为29kV,最低工作电压为20kV。

牵引变电所须具备双电源、双回路受电。牵引变压器采用固定备用方式并具备自动投切功能。当一个牵引变电所停电时,相邻的牵引变电所能越区供电。运行期间平均功率因数不低于0.9。

第 178 条　供电调度系统应具备对牵引供电、电力设备状况进行远程实时监控的条件,并纳入调度系统集中统一管理。

第 179 条　接触网的分段、分相设置应考虑检修停电方便和缩小故障停电范围,并充分考虑电力牵引的列车、动车组正常运行和调车作业的需要。分相的位置应避免设在进出站和变坡点区段。双线电气化区段应具备反方向行车条件。

负荷开关和电动隔离开关应纳入远动控制。

枢纽及较大车站应设开闭所。

接触网不得引接非牵引负荷。

第180条 牵引供电设备检修、试验和抢修应配备牵引供电安全检测监测系统，变电检测、试验设备，接触网检修、检测设备，接触网抢修车列，绝缘子冲洗设备等设备、设施。

第181条 接触网一般采用链型悬挂方式，其最小张力见第7表（本书表5-1）。接触线一般采用铜合金材质。

第7表 接触网最小张力 表5-1

列车运行速度（km/h）	综合张力（kN）	接触线张力（kN）
160 < v≤200	30	15
200 < v≤300	40～45	25
300 < v≤350	48～55	28.5

第182条 接触线距钢轨顶面的高度不超过6500mm；接触线悬挂点高度不宜小于5300mm，接触线最低点高度不小于5150mm，站场和区间接触网的高度应一致。

在电气化铁路竣工时，由施工单位在接触网支柱内缘或隧道边墙标出线路的轨面标准线，开通前供电、工务单位要共同复查确认，有砟轨道每年复测一次，复测结果与原轨面标准线误差不得大于±30mm。特殊情况需调整轨面标准线时，由供电、工务部门共同确认，并经铁路局批准。

第183条 接触网带电部分至固定接地物的距离，不小于300mm；至机车车辆或装载货物的距离，不小于350mm。跨越电气化铁路的各种建（构）筑物与带电部分最小距离，不小于500mm。当海拔超过1000m时，上述数值应按规定相应增加。大风、严寒地区应预留风力、覆冰对绝缘距离影响的安全余量。

在接触网支柱及距接触网带电部分5000mm范围内的金属结构物须接地。天桥及跨线桥跨越接触网的地方，应按规定设置安全栅网。

有大型养路机械作业的路基地段，接触网支柱内侧距线路中心距离不小于3100mm。

第184条 架空电线路跨越接触网时，应符合第8表（本书表5-2）和第9表（本书表5-3）的规定。

第8表 跨越接触网的架空电线路与接触网的垂直距离 表5-2

跨越接触网的电力线路电压等级（kV）	电力线至接触网的垂直距离（mm）
35以上至110	≥3000
220	≥4000
330	≥5000
500	≥6000

35kV及以下的电线路（包括通信线路、广播电视线路等）不得跨越接触网，应由地下穿过铁路。

接触网支柱不应附挂通信、有线电视等非供电线路设施，特殊情况需附挂时，应经铁路总公司批准。

第 9 表　跨越接触网的超高压架空电线路距轨面最小垂直距离　表 5-3

跨越接触网的电力线路电压等级(kV)	距轨面最小垂直距离(mm)
750	21500
1000	27000(单回)
	25000(双回)
直流 ±800	21500

第 185 条　为保证人身安全,除专业人员执行有关规定外,其他人员(包括所携带的物件)与牵引供电设备带电部分的距离,不得小于 2000mm。

在设有接触网的线路上,严禁攀登车顶及在车辆装载的货物之上作业;如确需作业时,须在指定的线路上,将接触网停电接地并采取安全防护措施后,方准进行。

双线电气化铁路实行 V 形天窗作业时,为确保人身安全,应在设备、机具、照明、作业组织等方面采取相应措施。

第 186 条　牵引、电力变配电所控制室,应采取防雷措施,设置机房专用空调。控制、保护及通信设备,应装有防止强电及雷电危害的浪涌保护器等保安设备,电子设备应符合电磁兼容有关规定。

第二节　牵引变电所和高速铁路接触网

电气化铁路的工作原理是电力系统将电能输送到牵引变电所,牵引变电所再将电力系统输送的电能转变为适合电力机车使用的形式,通过接触网、受电系统传给机车驱动系统,从而完成牵引任务。在整个系统中,牵引变电所和接触网的地位是十分重要的。

一、牵引变电所

牵引变电所的主要任务是将电力系统输送来的三相高压电变换成适合电力机车使用的电能。通过变压器将电能从三相 110kV 或 220kV 变换成单相 27.5kV(对 AT 系统为 2 × 27.5kV),并向铁路上下行两个方向的牵引网供电。

牵引变电所主要设备有牵引变压器、断路器、隔离开关、避雷器、避雷针、电压互感器、电流互感器,控制、保护、测量、计量、监视和电源设备、无功补偿装置、调压装置等构成。

牵引变压器是牵引变电所内的核心设备,担负着将电力系统供给的三相电源变换成适合电力机车使用的单向电的任务,如图 5-8 所示。由于牵引负荷有极度不稳定、短路故障多、谐波含量大等特点,所以牵引变压器的运行环境非常恶劣。因此,要求牵引变压器过负荷和抗击短路冲击力要强,这也是牵引变压器区别于一般变压器的特点。

二、接触网

接触网是电气化铁路所特有的、沿路轨架设的、为电力机车或电力动车组提供电能的特殊供电线路,它是电气化铁路牵引供电系统的重要组成部分。

图 5-8 牵引变压器

高速铁路采用的架空式接触网，主要由支柱与基础、支持装置、定位装置、接触悬挂等部分组成，前三部分带电与支柱（或其他建筑物）接地体之间用绝缘子隔开，接触网通过与受电弓的直接接触将电能供给动车组，如图 5-9 所示。

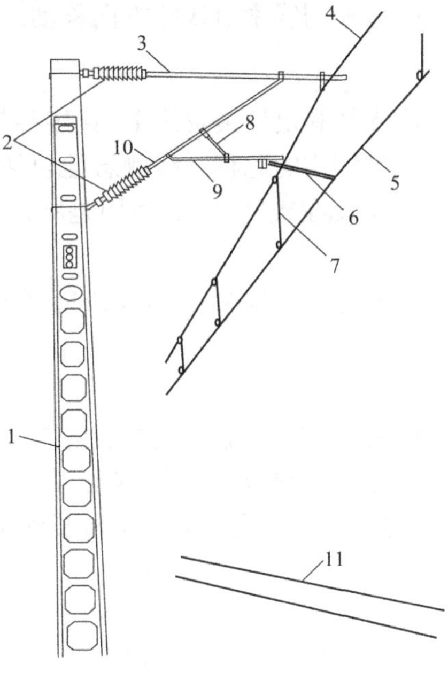

图 5-9 接触网组成示意图

1-支柱；2-棒式绝缘子；3-平腕臂；4-承力索；5-接触线；6-定位器；7-吊弦；8-斜撑；9-定位管；10-腕臂；11-轨道

（一）支柱与基础

支柱与基础是接触网重要机械设备，用以承受接触悬挂、支持和定位装置的全部机械负荷，并将接触悬挂固定在规定的位置和高度上。支柱有钢柱和钢筋混凝土柱两种，基础主要是用来承载支柱负荷，即将支柱固定在用钢筋混凝土支柱和钢柱，其基础用来承载支柱负荷，即将支柱固定在用钢筋混凝土支撑的地下基础上，由基础承受支柱传给的全部负荷，并保证支柱的稳定性。

支柱按其在接触网中的作用可分为中间支柱、转换支柱、锚柱、定位支柱及道岔支柱、软横跨支柱、硬跨支柱及桥梁支柱几种。

（二）支持装置

支持装置是接触网中支持接触悬挂，并将其机械负荷传给支柱固定的部分。支持装置包括腕臂、平腕臂、棒式绝缘子、接触悬挂的悬吊零件等。

根据接触网所载区间、站场和大型建筑物所需要的不同，支持装置表现为不同的形式。如腕臂结构、软横跨、硬横跨，以及隧道、桥梁和其他大型建筑物上的特殊支持结构。

（三）定位装置

定位装置包括定位器和定位管、定位线夹及其连接零件。起作用的是固定接触线的横向定位位置，接触线水平定位在受电弓滑板运行轨迹范围内，保证接触线与受电弓不脱离，使受电弓磨耗均匀，同时将接触线的水平负荷传给支柱。

定位装置的机械特性对弓网运营安全和受流质量有决定性的影响。其结构应简洁、稳定、安全、可靠；零件少而轻，便于装配和调整；构造简单、无集中载荷，不形成接触悬挂硬点，材质上一般采用铝合金材料，质量小、防腐性能好，具有足够的强度；环路电阻小，不形成电损坏；当温度发生变化时，不影响接触网线索沿线路方向移动。

（四）接触悬挂

接触悬挂是指安设在接触网支持和定位装置之上、直接参与弓网受流完成电能传输、由接触网线索及其悬挂零部件组成的结构的总称。接触悬挂包括承力索、吊弦、接触线以及连接零件。接触悬挂通过支持装置架设在支柱上，其功用是将从牵引变电所获得的电能传送给电力机车、动车组。

接触悬挂的种类较多，一般根据其结构的不同分成简单接触悬挂和链形接触悬挂两大类。

1. 简单接触悬挂

简单接触悬挂系由一根接触线直接固定在支柱支持装置上。接触线（或承力索）端头同支柱的连接称为线索的下锚。下锚分两种连接方法：一种是将线索的端头同支柱直接固定连接，称硬锚；另一种是增加补偿装置，以调节线索的弛度和张力，称为补偿下锚。

2. 链形接触悬挂

接触线通过吊弦悬挂到承力索上的悬挂称为链形悬挂。链形悬挂承力索悬挂于支柱的支持装置上，接触线通过吊弦悬挂在承力索上，接触线在不增加支柱的情况下增加了悬挂点，利用调整吊弦长度，可以使整个跨距内接触线对轨面保持一致高度。由于接触线是悬挂在承力索上的，因而基本上消除了悬挂点处的硬点，使悬挂线的弹性在整个跨度内都比较均匀，增加了悬挂质量，提高了稳定性，可以满足电力机车高速运行取流的要求。链形悬挂比简单接触悬挂性能好得多，但结构复杂、投资大、施工维修调整较为困难。

（1）简单链形悬挂。简单链形悬挂结构简单，接触线的高度容易控制，安装调试维修方便，能够适用于高速受流简单的链形悬挂，唯一不足就是在定位处及其附近弹性不好，易形成相对硬点，磨耗大。目前，我国干线电气化铁路正线大都采用全补偿简单链形悬挂，站线则多为半补偿简单链形悬挂。简单链形悬挂如图 5-10 所示。

(2)弹性链形悬挂。在简单链形悬挂的基础上,定位点处加装弹性吊索,改善了定位点处的弹性,使得定位点的弹性与跨中的弹性趋于一致,整个接触网的弹性均匀,有利于受电弓取流,但存在弹性吊索调整维修比较复杂、定位点处导线抬升量大、对定位器的安装坡度要求严格等缺点。弹性链形悬挂如图 5-11 所示。

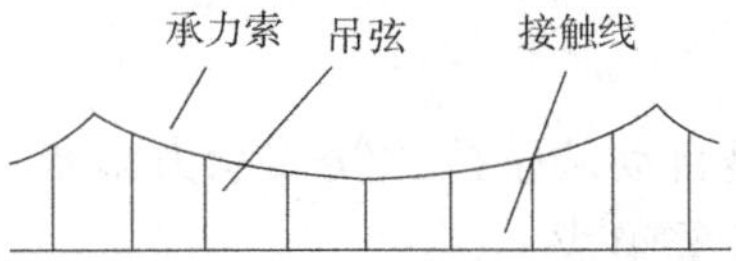

图 5-10　简单链形悬挂

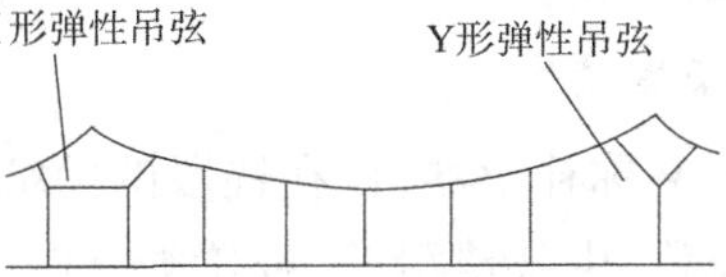

图 5-11　弹性链形悬挂

三、高速铁路接触网的其他装置

(一)锚段关节

为满足供电、机械方面的分段要求,将接触网分成若干一定长度且相互独立的分段,每一分段叫锚段。设立锚段可以限制事故范围,便于设立补偿装置,并且有利于供电分段,配合开关设备,满足供电需要;可以实现一定范围内的停电检修作业。

两个相邻锚段衔接部分称为锚段关节。根据锚段关节所起的作用可分为电分段非绝缘锚段关节和电分段绝缘锚段关节;根据所含跨距数可分为三跨、四跨锚段关节。

非绝缘锚段的关节只起机械分段作用。绝缘锚段关节既起电分段作用,还起机械分段作用

(二)接触网中心锚结

在链形悬挂的中部,将接触网和承力索在支柱上进行固定,称为中心锚结。在两端装有补偿器的锚段里,必须加设中心锚结,其布置原则是尽量使中心锚结两端张力相等,直线曲线段中心锚结设在锚段中部,曲线区段、曲线半径相同的整个锚段仍设在锚段中部,当锚段处于直线和曲线共有区段且曲线半径不等时,应设在靠曲线多、半径小的一侧。

(三)接触网线岔

列车在运行中,当运行到两条铁路交叉处,由一股道过渡到另一股道上运行时,要经过道岔转换。在电气化铁路区段的站场内两个股道交叉处,为了使电力机车在电力作用下由一股道顺利过渡到另一股道,在两条铁路交叉的上空相应的有两只汇交的接触线,在两只汇交接触线的相交处,用限制管连接并固定的装置称为交叉。

当机车受电弓从一股道通过线岔时,由于受电弓有一固定的宽度,因此,在未运行到两导线交叉点时,即已接触到另一股道接触线,该处被称为线岔始触点。在接触的瞬间,本股道接触线因受电弓抬升的作用已有一升高值,而相邻股道接触线仍保持原有高度,此时会出现两导线不等高的情况,为保持两导线在始触点基本等高,使受电弓在始触点处不发生刮弓和钻弓事故,两导线间交叉点处应安装一个限制管,使电力机车受电弓有一条股道上空的接触线平滑、安全地过渡到另一条股道上空的接触线上,从而使电力机车牵引的列车完成线路转换运行的目的。

（四）接触网吊弦

在链形悬挂中，接触线通过吊弦挂在承力索上，以保证接触悬挂的结构高度和接触线距轨面的工作高度，增加了接触线的悬挂点，提高了动车的取流质量。

高速铁路接触网必须具有均匀的弹性，较高的安装精度，同时由于载流量的加大，承力索也参与导电。

（五）补偿装置

补偿装置又称补偿器，设在锚段的两端，它是自动调整接触线或承力索张力的补偿器及制动装置的总称，由补偿滑轮、补偿绳、杠杆、坠砣等组成。

补偿装置的作用是：当温度变化时，线索受温度影响而伸长或缩短，补偿器坠砣的质量作用可使线索沿线路方向移动而自动调整线索张力，使张力恒定不变，并借以保持接触线的松弛度。

（六）分段绝缘和分相绝缘

为了保证供电安全和运用灵活，接触网在结构上设有供电分段。在牵引变电所和分区所所在地的接触网设置的分相绝缘装置称为分相电分段；在同一供电臂内设置的电分段称为同相电分段，同相电分段的结构为绝缘锚段关节或分段绝缘器。

分段绝缘器设在电气化铁路区段各车站的装卸线、机车整备线上及电力机车库线等地，为了保证工作人员的作业方便及人身安全，将接触网进行电气分段。

分段绝缘器安设在上述独立区段的两端，其结构既能保证供电的分段，又能使受电弓平滑地通过该设备。分段绝缘器大多应配合隔离开关使用，以便分段绝缘器两端的接触线当开关闭合时都能带电。当隔离开关打开时，独立的区段中则没有电，便于在该独立区段中进行装卸或停电作业。

在单相交流牵引供电系统中，电力机车的电力是由单相电供给的，为了平衡电缆系统的各相负荷，一般要实行 U、V 相轮流供电，所以，U、V 相之间要分开，这称为电分相。

分相绝缘器的作用是将接触网上不同相位的电能隔离开，以免发生相间短路，并起机械连接作用，使接触网成为一个整体。分相绝缘装置包括分相绝缘器和有关分相绝缘器的线路标志。分相绝缘器设在两供电臂连接的地方，如牵引变电所、分区亭等处。

（七）高速接触网的综合接地装置

高速接触网负荷电流、故障短路电流均比既有铁路大，因此，地网中钢轨电位也大大增高，采用传统的接地方式不能满足相关标准要求。如果不能降低轨道回流和轨道大地间的电阻，则轨电位偏高，轻则威胁车站旅客和线路维修人员的人身安全；重则烧毁预应力钢筋，破坏混凝土强度，损伤信号设备的绝缘，威胁行车安全。因此，接地系统必须满足相关的安全标准。

想一想：分相绝缘和分段绝缘有什么不同？

做一做：利用乘坐高速铁路的机会观察接触网，记录所见接触网的组成。

知识拓展

CRH 系列动车组牵引动力系统

早期的电力牵引传动系统均采用交—直传动,用直流电机驱动。采用抽头切换,使用间断控制或可控硅连续相位控制技术进行调速。到 20 世纪 80 年代末至 20 世纪 90 年代初,高速列车开始采用交流电机驱动。并存在两种不同的技术路线,即交流同步电机和交流异步电机,而逆变器技术和交流电机控制技术的进步,为采用异步牵引电机驱动提供了条件。因此,采用交—直—交传动并采用异步电机驱动是高速列车牵引传动系统的发展主流。

一、交—直—交牵引传动系统的基本原理及组成

受电弓从接触网上取得的是一定频率和恒定电压的电源。而牵引电机在所要求的转速、转矩范围内工作,需要的是电压和频率均可以调节变化的三相交源电。

交—直—交变流器,是先把从电网取得的高压交流电降压并转换成直流电,然后进一步转换成电压和频率可调节的交流能量。现有机车或动车组采用的交流传动系统基本结构为电压型交—直—交变流器供电的异步电机系统、电流型交—直—交变流器供电的异步电机系统和交—交变流器供电的同步电机系统。从发展趋势看,未来干线铁路牵引将主要采用门极可关断晶闸管(GTO)的电压型交—直—交变流器异步电机系统。

交流传动技术的发展,一方面由于功率半导体和交流技术的进步;另一方面取决于日臻完善的控制方法和控制装置。后者能够使变流器电机的整个系统具备不同的性能,以满足不同应用场合的要求。对于铁路牵引来说,这些要求包括平稳启动、抑制滑行和空转、再生制动、调速范围宽等。此外,常常还希望多台并联工作的电机能够由一个控制器进行控制。

二、牵引动力系统的布置

根据高速动车组的质量、阻力特性和最高运行速度的要求,可以得出列车所需要的牵引功率。这些牵引功率通过牵引电机将电能转换为机械能,驱动列车的动力轮对。动力轮对通过轮轨黏着蠕滑作用,将牵引电机的驱动转矩转换为轮轨之间的牵引力,牵引列车运行。由于高速动车组需要的功率比一般列车大,故需要解决功率在动车组中的分配问题。

目前,世界上高速电力动车组有动力分散和动力集中两种动力配置方式。前者以日本为代表,后者以法国为代表。

动力集中式的动车组头尾各有一台动力车,中间为中间车。如果动力不够,也可在靠近动力车的中间车转向架装置牵引电机。这种动力布置方式,实质上是传统机车牵引方式的变形,欧洲主要采用这种方式。

动力分散型动车组轴重小,牵引动力大,启动加速快,驱动动轴多,黏着性能比较稳定,容易实现高速运转。其动力设备均可安装于底板下,所有车辆(包括头车和中间车)均可成为客车使用,这样可提高列车定员。以日本新干线 300 系为例,其额定功率为 12000kW,启动加速牵引力可达到 360kN,每吨启动加速牵引力可达到 0.5kN,由启动加速到 250km/h 的时间仅需 215s、走行 9.6km。新干线 300 系列每米定员为 3.29 人,超过

TGV-A 的 2.04 人和 ICE 的 1.85 人。

我国 CRH 系列动车组均采用动力分散的形式。

三、CRH 系列动车组的牵引传动系统

我国 CRH 系列动车组牵引系统的主要特点表现在以下四个方面：一是采用大功率交—直—交变流技术；二是制动能量再生，反馈电网；三是采用牵引电机矢量控制技术；四是采用智能型功率模块控制技术（IGBT/IPM）。下面以 CRH3 型动车组为例，做简要介绍。

CRH3 型动车组牵引系统是基于 AC 25kV 供电条件下运行设计的，每列动车组都由两组互相对称的牵引单元组成（01 车到 04 车为一组、05 车到 08 车为另一组），它们之间用车顶电缆连接起来。两列 CRH3 型动车组可以重联形成一列车组。

牵引动车组牵引传动系统由两个相对独立的基本动力单元组成。每个基本动力单元主要由主变压器、牵引变流器和牵引电机等组成。在基本动力单元中的电气设备发生故障时，可全部或部分切除该基本动力单元，而不应影响到其他动力单元。

动车组牵引是交流传动方式。驱动三相异步牵引电机的是静止变流器，变流器由四象限斩波器（4QC）、DC 中间连接和一个脉宽调制逆变器（PWMI）组成。四象限斩波器确保供电系统稳定，并且允许再生制动能量反馈到接触网供电系统。

动车组的车载电源的电能是通过牵引变流器的直流中间电压环节获得。一个静止辅助变流器系统（ACU）把直流电转换成为列车车载电源供电的三相交流电。

动车组牵引传动系统主要由车顶高压设备、主变压器、牵引变流器和驱动单元等组成。

（一）车顶高压设备

每列动车组由两组互相对称的动力单元组成，高压系统部件对称分布在 TC02 车和 TC07 车车顶。

高压设备主要包括受电弓、高压断路器、避雷器、网压检测装置、高压电缆、车顶绝缘子、接地装置、高压隔离开关。高压设备安装在变压器车车顶上，两个变压器车上安装两台受电弓，并经车顶导线相互连接，正常运行中降下一个受电弓。车顶导线在各真空断路器后面分路，故障时由真空断路器保护。

高压设备控制采用冗余控制，因此这两个动力单元在电气相互连接。为了在故障时确保动车组的运行能力，借助车顶隔离开关将相关的动力单元在电气上断开。

高压系统必须遵守 IEC 60077-1 标准，达到绝缘匹配。

（二）主变压器

主变压器设计成单制式的变压器，额定电压为单相 AC 25kV/50Hz。它的次级绕组为牵引变流器提供电能，使用一个电气差动保护、冷却液流量计和电子温度计对主变压器进行监控和保护。主变压器箱体是由钢板焊接的，安装在车下，采用强迫导向油循环风冷方式。

（三）牵引变流器

牵引变流器安装在动车组动力车车下的牵引设备箱中，它们分别位于：01 头车、03 中间车、06 中间车以及 08 头车，遵守 EN50207 及 IEC 61287-1 标准的要求。

牵引变流器采用结构紧凑、易于运用和检修的模块化结构。在使用现场，通过更换模块可方便更换和维修。牵引变流器由两个四象限斩波器、带谐振电路的中间电压电路、1 个制动斩波器以及1个脉冲宽度调制逆变器组成，牵引变流器的输入线路接触器由列车控制单元(TCU)控制。

(四)驱动单元

CRH3型动车组由16个牵引电机驱动，它们分别位于：01头车、03中间车、06中间车、08头车的转向架上，牵引电机遵守EN60349-2标准的要求。牵引电机按高速列车的特殊要求设计。它们具有结构坚固，重量轻，噪声低，效率高和设计紧凑的特征。牵引电机应适用于由电压源逆变器供电、VVVF调速运行方式。

动力转向架的每一条轮对都装有一个牵引电机，电机被相对于列车方向横向安装在转向架上。牵引电机采用1TB2019型号的4极三相异步电机。采用强制风冷却、温度监测方式，以保护牵引电机过热。采用机械力传递系统将牵引电机的驱动力矩传递到轮对。这套系统主要由轴向、径向都具有柔性的联轴器以及轮对上的齿轮传动装置组成。联轴器的设计可以补偿在驱动过程中电机与车轮间的相对运动。

每个牵引电机冷却风扇同时给同一转向架的两个牵引电机提供冷却空气。牵引电机的冷却风扇安装在动车组车下(靠近转向架)。

(五)其他部件

动车组其他牵引系统部件还包括牵引电机通风机、过压限制电阻等。

每列动车组都装有4个相互独立的过压限制电阻器单元。每一组过压限制电阻器单元被认为一个功率单元。每两个过压限制电阻器安装在一个设备箱中。当电制动所产生的能量不能被弓网吸收时，过压限制电阻器会及时地将这些能量转换成热能。过压限制电阻单元设有特殊形状的外罩，用于保证列车的空气动力学性能以及避免天气的影响。

第三节　动车组受电弓

受电弓主要功能是从额定电压DC 1500V的接触网上获取电源，向整个列车电气系统供电，同时还通过列车的再生制动系统将列车的动能转换为电能回馈给接触网，供给其他在线列车使用，起到双向传递的枢纽作用。受电弓在刚性接触网和柔性接触网的线路上均适用，在整个车辆速度范围内，受电弓有良好的动力学特性，能够保证在各种轨道和速度下与接触网具有良好的接触状态和接触稳定性。为确保列车持续供电，每辆机车或一列动车组车顶上至少安装两个受电弓，运行时只升一个受电弓，另一个受电弓留作备用。

一、受电弓工作原理及工作特点

受电弓是一种利用压缩空气来进行操作控制的电器。当压缩空气进入传动风缸时，将压缩风缸弹簧，解除风缸对下臂的约束，此时两组升弓弹簧将使受电弓升起，并使受电弓弓头与接触网保持接触状态。受电弓在工作时，其传动风缸一直被供以压缩空气，受电弓可随接触网的高度变化而变化，保持与接触网的接触。切除供风，受电弓会自动地降弓。

受电弓靠滑动接触而受流,要求滑板与接触导线接触可靠,磨耗小,升、降弓不产生过分冲击。升弓时滑板离开底架要快,贴近接触导线要慢,防弹跳。降弓时脱离接触导线要快,以防拉弧;落在底架上要慢,以防对底架有过大的机械冲击。

二、受电弓结构

受电弓按其杆臂的结构形式可分为双臂受电弓和单臂受电弓两种。图 5-12 所示为常用的单臂受电弓。

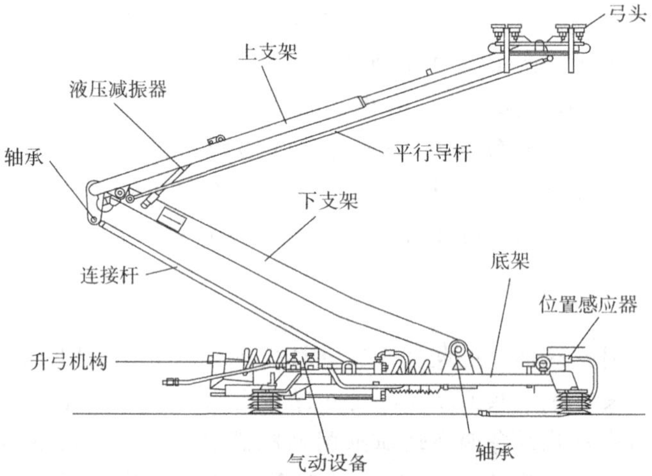

图 5-12　CX-PG 型受电弓

单臂式受电弓主要特性有:重量轻,设计简单,维护少,良好的接触性能以及安全的操作性能。

底架:底架由封闭的矩形空心钢管焊接而成。底架上装有以下部件:支撑下支架轴承座、上支架及下支架缓冲垫、运输挂钩、降弓后支撑弓头的支撑弹簧、升弓装置、连接杆、气动降弓机构、绝缘子、高压连接板、休息位置指示器、锁钩支撑座、气动设备。

下支架:下支架由无缝钢管焊接而成,其底板位于底架上。下支架上装有以下部件:装有升弓装置钢绳驱动的凸轮、气动降弓机构驱动的杠杆、平行导杆、减振器、上支架安装座。

上支架:上支架为无缝铝管的焊接结构,十字形钢缆连接结构使框架具有一定的横向稳定性。上支架装有以下部件:弓头、连接杆、减振器、上升限位装置、受电头支撑轴。

连接杆:连接杆由一根用碳钢圆管制成的连接管和两个分别带有左旋及右旋螺纹的轴承座和两套绝缘轴承组成。通过转动连接管,可调节和微调受电弓的几何形状。

弓头:弓头安装在一根位于支架的轴上,叶片弹簧用于悬承被固定在托架盒内的集电板。平行导向滑环确保炭滑板与接触网的平行工作。每个炭滑板的单个悬承可实现最大的接触特性,将磨损尽量减至最小。悬承架在水平和竖直力异常大时可保护弓头的叶片弹簧,防止其毁坏。整体的平衡使得弓头能够在接触网上自由转动。

平行导杆:当受电弓进行升弓或降弓时,平行导杆可防止弓头失稳翻转。

升弓装置:受电弓通过驱动弹簧的作用升起并对接触网施加压力。升弓机构通过驱动钢缆和安装在下支架上的凸轮动作。

液压减振器:液压减振器通过上支架、下支架之间的减振器实现振荡衰减。它保证了炭滑板和接触网之间的良好接触。减振器适合的工作温度在 -40 ~80℃之间。

气动降弓机构:受电弓降弓是依靠固定在底架和下支架杠杆之间的气动降弓机构来完成。受电弓下降通过装在气压缸里的压缩弹簧实现,通过下支架触发臂上的活塞和活塞杆起作用。如果气缸受到压缩空气的压力,则压缩弹簧会被活塞压缩,此时受电弓可升弓。

升弓和降弓时间通过两个节流阀进行调节。若要调整受电弓的降弓位置,可以调整下支架触发接头上的螺栓或螺钉。如果没有压缩空气可以利用,受电弓可以使用气动脚踏泵升弓。

底架和上支架间的轴承:受电弓装备有免维护、油脂润滑周期长的深沟球轴承。每套轴承都有两个球轴承并装配在加工好的轴上,轴承间隙填满了油脂。轴承外端安装了两个金属保护盖,避免机械损伤。

电气设备:所有的轴承位置均通过分流导线进行旁路处理,以防止电流流经轴承。分流导线由一根柔软镀锡铜线和终端线耳组成,在接线板上涂上含铜的导电脂,使分流导线和支架之间有更好的导电性能。

气动设备:气动设备由连接到气缸的压缩空气供应线路组成。气路中安装了两个节流阀,用于调节升弓和降弓速度。

降弓位置传感器:降弓位置传感器安装在底架的绝缘板上,当受电弓在降弓位置时,传感器感应到上支架管并将信号传输到 VCU 中,可在 HMI 屏上看到已降弓的图标。

三、受电弓的性能

要使受电弓弓头滑板与接触网导线正常接触、可靠受流,受电弓必须具备以下性能。

(一)静态接触压力

受电弓是靠滑动接触来传导电流的,弓头滑板与接触网导线形成摩擦偶件。为了保证可靠的电接触,其间必须保持一定的接触压力,静态接触压力就是受电弓主要技术参数之一,它包括以下三个部分。

1. 额定静态接触压力

它是指在静止状态下,受电弓弓头滑板在工作高度范围内对接触网导线的压力。该值的大小,直接影响受流质量。压力值偏小,受流时离线率高,离线瞬间所产生的电弧,影响着正常的受流,而且使滑板和接触网导线间的表面光滑度恶化,从而加剧摩擦偶件的磨损。此外,接触压力越小,接触电阻越大,在机车未运动时传导较大电流,会在接触网导线和滑板间产生高温,从而损坏接触导线或滑板。压力值偏大,机械摩擦增大,磨损也随之增加,影响接触网导线和滑板的使用寿命。试验证明:静态接触压力值 70N 是最佳值。并规定了压力值的允许偏差为 ±10N。

2. 同高压力差

它是指受电弓弓头在同一高度下,上升和下降时的静态接触压力差。该值的大小,表征了受电弓各运动铰接部分的摩擦力大小。由于摩擦力始终与运动方向相反,因此,当接触网导线向下倾斜而要求弓头滑板跟随着下降时,该摩擦力使接触压力增加。同理,上升时接触压力小。所以,为了减小摩擦力,在受电弓中的各铰接部分均装有滚动轴承。TSG 型受电弓规定同高压力差≤15N。

3. 同向压力差

它是指在工作高度范围内，受电弓上升时和下降时的最大静态接触压力差。该值的大小表征了受电弓的总体调整水平。TSG 型受电弓规定该值不大于 10N。

（二）工作高度

它是指在此高度范围内，弓头滑板对接触网导线的静态接触压力为额定值，也即在此高度范围内，可以保证正常受流。该值的确定主要取决于接触网导线和机车的高度。根据相关国家标准规定，受电弓工作高度应在距轨面高度 5200～6500mm 之间。因此，TSG 型受电弓工作高度定为 400～1900mm（以落弓位滑板顶面高度为零计）。

（三）最高升弓高度

它是指受电弓按其结构所能升起的最高限度。通常，该值小些，可以缩小受电弓的总体尺寸。实际上，从弓头高度为 1900mm 时的额定压力到最高升弓高度时的零值压力，是逐渐变化的，不可能突变，所以此变化过程所需要的高度是必不可少的。TSG 型受电弓最高升弓高度≥2400mm。

（四）升、降弓时间

受电弓在弓头落弓位升至最大工作高度或从最大工作高度降至落弓位的过程中，都要求初始动作迅速、运动终了时比较缓慢。这样，升弓时，可防止弓头对接触网导线的冲击。降弓时，弓头很快断弧且不会对受电弓底架有过大的冲击。

（五）弓头运行轨迹

弓头在工作高度范围内应该始终处于机车转向架的回转中心上，这样当机车在弯道运行时，使弓头相对于轨道中心的偏移量最小，以避免弓头滑板偏离接触网，造成失流或刮弓的不良后果。因此，要求弓头垂直运动轨迹在工作高度范围内是一直线。对于单臂受电弓，由于结构因素，规定了允许偏差值，在设计时已予以考虑。

想一想：升、降弓的时间可以由什么来控制？

做一做：上网查询现在我国最新的“复兴号”动车组列车采用的是哪种受电弓？

知识拓展

高速受电弓概况及发展

一、高速铁路受电弓概况

高速铁路是经济社会发展的必然趋势。我国现已制定出一系列发展规划，大力发展高速铁路。然而，由于高速铁路开行速度高（设计开行速度 250km/h 以上，初期运营速度 200km/h 以上），高速铁路需要一系列配套技术的支持，如适用于高速铁路的路网及信号系统、高速受电弓、高速转向架、符合动力学性能的车体等，其中受电弓作为机车的受流器件，是弓网系统的重要部件，其受流性能的优劣直接影响所取电流的可靠性，直接影响电力机车的工作状态。

电力机车在中高速运行状态下会面临比常速下更为严重的一些问题，如：弓网系统接触压力变化大、离线率高、拉弧现象严重等，为解决这些问题，各国研究人员已经研发出了适合各国自己国情的高速受电弓。

德国ICE1、ICE2系列高速列车使用的DSA 350 SEK型受电弓，精选合金制成，通过合理选择等臂平衡杆弹簧及组装，减小了受电弓的质量，其质量仅为106kg，并且在其上臂杆与等臂杆的适当位置安装有可变化的导风板，通过调节导风板活节距离及角度，使可使受电弓升浮力稳定，从而保证了良好的受流效果。该受电弓上还装有自动降弓装置(AS)，当弓网发生故障而损坏炭滑板时，压缩空气经炭滑板下与控制受电弓的压缩空气直接相连的通道释放，在不到1s的时间内便可将弓头降至落弓位，及时避免受电弓及接触网继续受到损害，同时，该装置还可将故障信号迅速传给在牵引系统重联的另一台机车，使其受电弓降落，切除整个故障。DSA 350 SEK型受电弓在机车运行速度为280km/h时双机牵引能达到规定要求。

日本新干线上所采用的PS200A型受电弓，滑板材料为铜基粉末冶金，上下框架用异型钢板焊接，弓头结构简单，质量小，弓头归算质量6.93kg，可满足200km/h以上的受流需求，且能较好地抑制弓网电弧的发生，在受电弓上放置有小型受电弓的二段式受电弓，减小了归算质量，同时加大了接触导线的张力，从而提高了框架的上下振动固有频率及弓头上下振动的固有频率，降低了离线率。

法国国铁大西洋新干线中采用的GPU型单层受电弓最高运行速度515.3km/h，CX型受电弓可根据车速的变化自动调整接触压力，使得弓网的跟随性大大提高，从而减少了电弧的产生，X系列受电弓采用合成纤维弓头，使得质量减小了30%～40%，采用气垫支撑装置和高性能空气调整装置，使用有限元分析法及模拟技术提高了动态质量和受流质量。

我国高速动车组目前使用的DSA 250型高速受电弓，设计速度200km/h，试验速度250km/h，滑板材料为纯碳质，能很好地与铜合金接触线相匹配，该型受电弓采用气囊驱动，装有ADD自动降弓装置，精密调压阀可以用来调节受电弓与接触网之间的静态接触压力，单向节流阀可以调节升降弓时间。通过吸收德国SSS400+型受电弓技术国产化的TSG19型受电弓，优化了框架的动力学性能，降低了受电弓高度，能满足双向运行350km/h的要求。

二、高速铁路受电弓发展方向

1. 缩小工头尺寸

相比于法国交流铁路所使用的高速受电弓，我国目前使用的受电弓弓头轮廓较大，因此，弓头质量和空气阻力就比较大，这两种因素成为弓网系统动态性能提升的负担，所以今后的研发方向是，外形尺寸较小的高速受电弓。

2. 翼形弓头

可根据仿生学原理在椭圆形截面上支撑一个翼形弓头，效仿鹰的翅膀在空中飞翔，以提高受流性能；还可以考虑合理改变受电弓罩的形状，在保证受电弓周围气流平稳的情况下进一步减小空气阻力和气动噪声。

3.主动控制

在受电弓滑板下加装力传感器和加速度传感器,分别用以检测受电弓接触压力和系统矫正,滑板下安装一个响应接触线高度变化和振动的执行器,力传感器测得的接触力与理论值的差值输入到控制器,输出信号给执行器调节受电弓的抬升力,使弓网间接触力在规定范围内。

复习思考题

1. 牵引供电系统由哪些部分组成?
2. 牵引网由哪些部分组成?
3. 牵引变电所的主要设备有哪些?
4. 接触网由哪些部分组成?
5. 什么是分相绝缘?
6. 交—直—交牵引传动系统的基本原理是什么?
7. CRH3 型动车组牵引传动系统主要设备有哪些?
8. 受电弓的工作原理是什么?
9. 受电弓的结构是什么?
10. 受电弓的性能是什么?

第六章　高速铁路运输工作组织与管理

本章概述

本章节主要讲述了高速铁路车站、高速铁路车站设备、高速铁路车站行车作业组织、高速铁路列车运行图；高速铁路的调度指挥；高速铁路运营安全。

建议学时

12 学时

高速铁路运输组织的目的是在满足旅客需求的基础上提高铁路固定设备、活动设备和人力资源的使用效率，保持良好的运输秩序和运营效果。运输组织通过运输计划进行安排，一般将列车运行图、动车组运用计划、乘务员运用计划称为综合运输计划。列车运行图中详细规定了各次列车的始发、途中、终到各站的到达出发时刻；动车组运用计划规定了动车组交路；乘务员运用计划规定了司机值乘安排。

高速铁路车站是高速铁路运输的基层生产单位，是铁路与旅客之间联系的纽带。客运站在铁路旅客运输生产过程中起着重要的作用，它是旅客运输的始发、中转和终到作业的地点，是铁路与旅客运输有关的行车、工务、电务等部门进行生产活动的场所。

第一节　高速铁路车站概述

高速铁路在技术装备和旅客运输服务上与普速铁路相比有许多不同之处。其最根本的区别在于高速铁路具有高技术、高安全、高可靠和高效益的特性。

一、高速铁路车站的概念及作用

为了完成旅客运输任务，组织高速列车安全运行和保证必要的运输能力，高速铁路以分界点划分成区间或闭塞分区。高速铁路车站是设有配线的高速铁路分界点，它具有保证行车安全和必要通过能力的作用，是办理高速铁路客运作业、旅客列车到达、出发、通过作业的场所。

二、高速铁路车站的特点

(1)车站作业单一，只办客运业务，不办货运业务。

一是我国货车轴重大多在 21t 及以上，并向 25t 发展，而高速铁路要求轴重不超过 18t；

二是货物列车速度低,速度差大,不利于客货共线运营;三是高速客运铁路无地面信号,行车靠 ATC 和 CTC;四是货物列车从编组站到高速铁路,十分困难,货物装卸作业不方便。我国高速铁路大部分也设定为不办理货运,即使客货共线的车站也基本不办理货运业务。

(2)高速旅客列车不办理行包和邮件装卸业务。

我国普通客车多挂有行李、邮包车厢。高速列车牵引质量小、列车定员少,若挂运邮车和行包会影响高速铁路旅行时间。为减少工程投资,节约运输成本,减少旅客列车停站时间,我国高速车站不办理行包和邮件装卸作业。

(3)充分体现"以人为本、方便旅客"宗旨。

高速车站设计更要充分体现"以人为本、方便旅客"的宗旨,提倡旅客流程立体化、进出站自由化和多样化的设计。高速铁路车站是一个大量人流集散的场所,其设计要以方便旅客使用为宗旨,从"管理为本"向"以人为本"的思想转变,在设计中提供多层次的出入通道引导旅客顺畅的进出站,做到快速集散客流、尽量减少旅客步行距离、减少滞留时间和安全方便。

(4)高速车站的客运和行车工作速度快效率高。

高速列车停站作业时间很短,列车停站时间最短 1min,立即折返的列车停站时间为 15 ~25min。

三、高速铁路车站基本图形

高速铁路车站按作业性质和在线路上所处的位置可以分为:越行站、中间站、枢纽站、始发终到站等。

(一)越行站

越行站(图 6-1)是我国高速铁路特有的,设于站间距离较长的区间,办理高速列车越行作业。一般不办理客运业务,除正线外仅设两股列车待避用的到发线。

图 6-1　越行站布置图

越行站作业主要包括:

(1)办理正线各种列车的通过。

(2)办理列车越行作业,不办理旅客乘降作业,只需设两条待避到发线。

(二)中间站

中间站是主要办理列车通过和越行作业、客运业务和少量的列车折返作业的车站。中间站分布较广,多位于地市、县所在地,一般具有 2 ~4 股到发线(靠站台线)和两座旅客站台。分为对应式和岛式两种。

1. 对应式中间站

中间站台设在到发线外侧或在到发线之间，站台不靠正线（图6-2）。

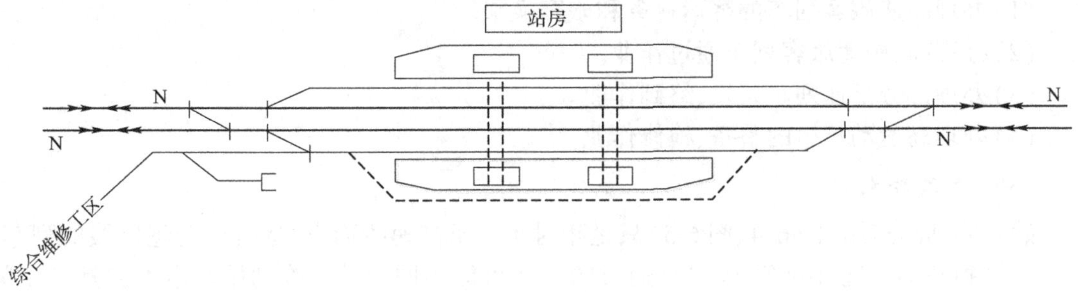

图6-2　对应式中间站

2. 岛式中间高速站

中间站台设在正线和到发线之间，站台一侧靠正线，另一侧靠到发线（图6-3）。

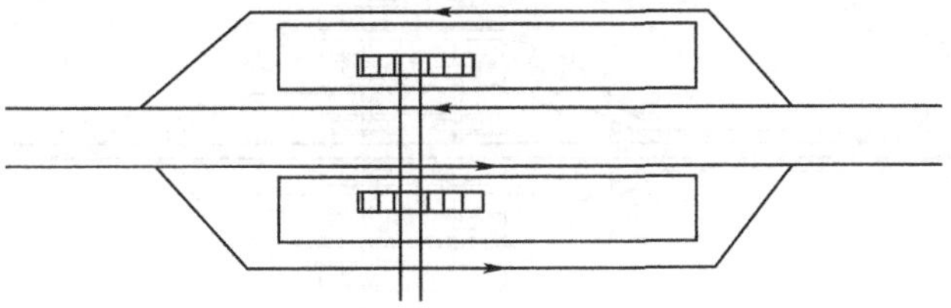

图6-3　岛式中间站

中间站的作业主要包括：

（1）办理正线各种列车的通过。

（2）办理停站列车和越行列车进出到发线和旅客上下车。

（3）有立即折返列车的中间站，办理列车终到、始发作业。

（4）办理始发终到列车的客运整备（包括清洁、供应物品等）作业和旅客上下车。

（5）有综合维修管理区岔线接轨的中间站，在正常情况下，天窗时间内办理检测、维修等列车进出正线作业。

（6）与既有铁路（既有站）有联络线连接的中间站，办理来（去）自既有铁路进入（发出）高速中间站列车（包括高、中速列车，城际动车组）的接发作业。

（7）旅客列车上水作业一般应在始发、终到站进行，个别情况立即折返列车上水也有可能在中间站作业。

（8）有其他高速铁路衔接的高速接轨站，除办理以上各项作业外尚有可能办理旅客换乘。

（三）枢纽站

枢纽站一般均设有与既有铁路车站之间的高、中速联络线。联络线的设置一般有两种方式：

（1）在枢纽站外高速正线出岔后与既有线或既有站连接。其换挂机车和旅客上下作业，均在既有站办理。

（2）在枢纽站出岔平行高速正线引出至既有线或既有站。其换挂机车和旅客上下作业，可在高速站或既有站办理,一般在既有站办理,也有少数情况必须在高速站办理。

枢纽站主要办理作业如下:

(1)办理高速旅客列车的客运业务和旅客换乘。

(2)办理高、中速旅客列车通过作业。

(3)办理部分高速列车始发、终到作业。

(4)办理高速动车组的整备、检修作业。

(四)始发终到站

始发终到高速站(图6-4、图6-5)只是相对于一条高速线而言,运行于跨越该线的列车,在始发终到站仍为通过列车,仅仅是通过的方式可能不同。始发终到站基本上包括了中间站、枢纽站的全部作业。有所不同的是,绝大多数为始发(或终到列车)列车,而中间站和枢纽站多数为通过列车。

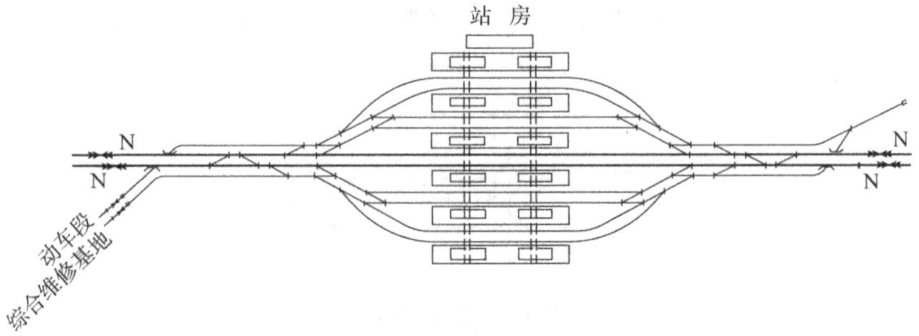

图6-4 通过式始发、终到站

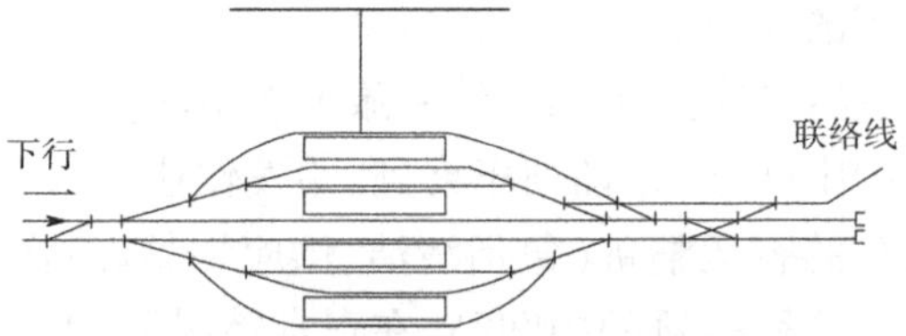

图6-5 近端式始发终到站

想一想:高速铁路站和普速线客运站站场图的异同是什么?

做一做:利用乘坐高速铁路的机会研究高速铁路车站的站场布置形式。

知识拓展

特色高速铁路站——北京南站

北京南站(图6-6)占地面积49.92万m^2,建筑面积42万m^2。主站房建筑面积31万m^2,建筑地上两层、地下三层。从上到下依次为,高架候车厅以及配合的高架环形车道、站台轨道层、换乘大厅、地铁4号线、地铁14号线。

北京南站建筑形态为椭圆形,车站主体为钢结构,分为主站房、雨棚两部分。主站房为双曲穹顶，最高点40m，檐口高度20m，主站房以天坛鸟瞰效果为基本形状，中间设有3个层次，隐喻中国皇家建筑的层次感和地位。两侧雨棚为悬索形结构，最高点31.5m，檐口高度16.5m。

图6-6 北京南站俯瞰图

北京南站突出环保、节能等理念，在众多大型铁路客站中首次采用太阳能发电。高架候车厅屋顶中央设置采光带，内设太阳能光电板，总功率为350kW，太阳能发电系统将在白天开启，辅助解决车站用电问题。北京南站利用城市原生污水冬季水温高于大气温度、夏季水温低于大气温度的特点，冬季从污水取热供暖，夏季排热制冷。

北京南站站台轨道层共设13座站台，24条到发线，3个客运车场。其中，从北往南依次为普速车场设到发线5条、3座站台，客运专线车场设到发线12条、6座站台，城际铁路车场设到发线7条、4座站台。

地上二层为高架候车厅，是旅客进站层，建筑面积47654m^2，其中央为独立的候车室，东西两侧是进站大厅，自北向南依次为各候车区。高架候车厅的四个角设有售票办公楼，车站共设置了84台窗口售票机和39台自动售票机。检票进站也全部由自动验票系统控制。北京南站还实现了乘客不出站台零距离换乘，每个站台上都有多部直梯和扶梯，这些电梯将候车大厅，站台层和地下换乘大厅连接为一体。站内共设有111部电梯，旅客可以通过这些设施无障碍地进出站和到达车站的各个服务区域。

地下一层为整个车站的换乘空间以及旅客出站系统，面积119940m^2，大部分旅客将在此换乘，是南站的枢纽。其东西两边为旅客出站大厅。另外，上、下两层设停车泊位909个。

第二节 高速铁路车站的主要设备

一、高速铁路车站设置形式

高速铁路车站由站房、站前广场及站场组成，并拥有行车指挥、运营管理、生活服务等方面的设施设备。

1. 站房

站房是客运站的主体,包括为旅客服务的各种用房,运营管理、工作所需的各种办公用房等。

2. 站前广场

站前广场是客运站与城市联系的纽带,包括行车道、停车场和旅客活动地带。

3. 站场

站场是办理客运作业的场所,包括线路、站台、雨棚、跨线设备等。

二、高速铁路车站站房

高速铁路车站主要有独立高速铁路客运站与既有站合设的高速客运站等设置形式。

1. 独立高速客运站

独立高速客运站主要有以下三种布置:

(1)常规对应式车站。站房在一侧,具有基本站台和中间站台,站台间以进站地道或者出站地道连接,或者以天桥和地道连接。

(2)高架候车式车站。在旅客列车到发量大,停站列车多,需要采用岛式图形,且车站横向用地宽度不足,避免站台间仅夹一条股道而将候车室全部建于车站股道上的布置形式。进站旅客需通过自动扶梯进入高架候车室并通过自动扶梯及人行楼梯到站台乘车;出站旅客则通过地道出站。旅客流程一般为“上进下出”。进出站旅客流程清晰、方便,可减少站台建设用地,具有车站两侧进出口条件。

(3)高架式车站。这种车站主要是为了减少征地及适应较差的地质条件,充分利用空间。其布置力求简单,功能为列车到发和旅客上下车,其余设施都不放在高架站上。站房设置在车站桥下空间,站台多采用双岛式,站房与站台间通过电梯连接,旅客进出站采用“下进下出”形式。

2. 与既有站合设的高速客运站

既有站多位于城市中心,为方便旅客及充分利用已有设施,高速铁路车站设于既有站外侧。高速车场、既有车场均自成系统,两者可连通也可不连通。站房、进出站通道、候车室等客运设施按一个整体统筹安排。

3. 站房相关设置

旅客站房所具有的房舍及其布置,应根据站房等级、类型,服务于旅客的种类,车站工作量及工作性质等因素确定。大、中型站房一般具有四类房屋:

(1)客运用房,由综合大厅、售票厅、候车室和检票口组成。

(2)技术办公用房,包括运转室及信号楼、站长室、办公室、会议室等。

(3)职工生活用房,指为职工生活服务的各种用房,如职工休息室、食堂等。

三、站前广场及站场

(一)站前广场

站前广场(图 6-7)用于集散铁路旅客和部分城市交通车辆,运行和停放各种交通车辆,布置各种服务设施。站前广场是客流、车流的集散地点,是车站组织旅客室外休息的场所,站前广场还可作为临时迎宾和集会的地方,应使地面公交、地铁等各种交通运输方式与站前广场旅客站房的进、出口取得有机联系，以实现零距离换乘的目的。

图 6-7 沈阳站站前广场

站前广场由三部分组成：

(1)各种车辆停车场，包括公共车辆停留场、出租汽车社会车辆及非机动车辆停留场。

(2)旅客活动地带包括人行通道、交通安全岛、乘降岛、旅客活动平台，以及观景区。

(3)旅客服务设施，包括旅馆、饭店、超市、话吧、邮局、汽车站等。

(二)站场

高速铁路车站站场布置众多专门用途的线路，用于接发停靠列车进行客运作业和技术作业等。站场内应设有车场、各种用途的线路、站台和跨越设备(天桥、地道)、雨棚及给水设备。站场内各种设施的布置形式，应能满足合理地组织旅客流线的需要，满足安全、合理地组织旅客上下车的需要，并应考虑方便站内工作人员作业。

1. 车场

我国高速铁路车场大多数为单层布置形式，具有作业灵活、便于管理等优点，因而被广泛使用。其缺点是联络线多且长，总建筑投资大，旅客进出站走行距离长，不利于快速疏散客流。

车场采用分层布置可较好地解决上述问题。如郑州东高速铁路客运站，根据车流性质分为两层，下层办理通过及顺向跨线列车，上层办理始发终到及折角列车，上下行轨面高差14m，中间有一层3m高的夹层，作为旅客进出车站的通道。整个车站布置紧凑，咽喉结构简单，有利于高速列车高速通过。动车走行线直接进入上行车场，长度短，避免了可能跨越正线的交叉干扰。这种布置的最大优点是疏解简单灵活，能够充分利用空间，多适用于衔接方向较多的车站。

2. 站线

根据作业需要，车站站场内应设正线、列车到发线、联络线、走行线、段(所)及其他岔线。

(1)正线。

站内正线一般采用上下行全部平行顺直与两端区间连接，只有个别采用正线外包式。因外包正线在进出站时会形成反向曲线影响列车运行速度，且站场横向占地大，故一般不采用。

(2)旅客列车到发线。

旅客列车到发线供旅客列车接发和停靠，与正线平行。其有效长应根据高速列车的种类、性质、长度及有关规定选用。

(3)联络线、走行线、段(所)连线。

联络线主要设置在既有线车站引入高速线并设置高速车场的车站。动车段与车站之间的走行线应尽量布置在正线两侧,其中一条以立交穿越正线,减少到发列车与车底走行在咽喉区的干扰。其他的动车运用维修所、运用所以及综合维修管理区都可以根据其自身的特点设置联络线,一般使用立交连接。

3. 旅客站台

为保证旅客安全,便利上下车,提高旅客的乘降速度和车站的通过能力,在办理旅客乘降的车站均应设置旅客站台。旅客站台的数量与位置应与旅客列车到发线的数量相适应。随着客运站类型不同而有所不同,当客运站为通过式时,应设基本站台和中间站台;当客运站为尽端式时,应设分配站台和中间站台。旅客站台的长度一般为550m。我国高速车站站台均采用高站台的形式,其高度为1.25m。

4. 雨棚和跨线设备

(1)雨棚。

雨棚用于遮阳和避风雨,给旅客乘降带来便利的同时,也是保证向旅客提供优质服务的需要。大型站的雨棚,其长度、宽度应分别与站台的长度、宽度相同。小型车站的雨棚的长度可减小到200~300m。

(2)跨线设备。

跨线设备是站房与站台之间或站台与站台之间来往的道路。它对于保证旅客安全、便利通行和上下车,并迅速集散起着重要的作用。高速铁路车站主要采用立体跨线设备,即天桥和地道。

5. 给水设备

动车组始发站技术作业站和折返站应设有动车组给水设备。动车组给水设备包括水井、水栓和胶管。

想一想:高速铁路站和既有线客运站设备的异同有哪些?

知识拓展

《高速铁路设计规范》中关于站场设计的一般规定

10.1.1　车站设计应满足系统功能要求和运输需要,便于运营管理,方便旅客乘降,并应根据需要预留进一步发展条件。

10.1.2　车站按业务性质可分为客运站和越行站。客运站按技术作业性质可分为始发站和中间站;按客运量大小可分为特大型、大型、中型及小型站。

10.1.3　有多个方向引入的客运站,应根据引入线路各自的功能定位合理确定车场布置,宜按线路别分场布置;仅有第三方向引入时,可按方向别合场布置。

10.1.4　越行站应设2条到发线,中间站可设2~4条到发线,始发站和有立即折返列车作业的中间站到发线数量应根据车站办理的旅客列车对数及其性质、旅客列车开行方案、引入线路数量和车站技术作业过程等因素确定，并应满足高峰时段旅客列车密集到发的要求。

10.1.5 车站到发线、动车组走行线应按双方向进路设计。到发线有效长度范围内不应设置道岔。

10.1.6 线路接轨及安全线设置应符合下列规定：

1 联络线、动车组走行线应在站内接轨。与站内正线接轨时应根据列车运行方向设置安全线，与站内到发线接轨时可不设安全线。困难条件下在区间内与正线接轨时，应在接轨处设置线路所，并根据列车运行方向设置安全线。

2 联络线、动车组走行线与正线疏解时宜采取下穿正线方式通过。

3 有折返列车作业的中间站且有动车组长时间停留的到发线两端应设置安全线。

4 维修工区(车间)等段管线应在站内与到发线或其他站线接轨，并在接轨处设置安全线。

5 接车线末端、接轨处能利用其他站线及道岔作为隔开设备并有联锁装置时，可不设安全线。

6 岔线不应在高速铁路正线上接轨。

10.1.7 车站内线路直线地段的主要建筑物和设备至线路中心线的距离应符合表10.1.7(本书表6-1)的规定。

表10.1.7 主要建筑物和设备至线路中心线的距离 表6-1

序号	建筑物和设备名称			至线路中心线的距离(mm)
1	旅客站台边缘	位于正线一侧		1800
		位于站线一侧		1750
2	跨线桥柱、天桥柱、雨棚柱和电力照明杆等杆柱边缘	位于正线一侧		≥2440
		位于站线一侧		≥2150
		位于站场最外线路的外侧		≥3100
3	接触网支柱边缘	位于正线一侧或站场最外线路的外侧	无砟	≥3000
			有砟	≥3100
		位于站线一侧		≥2500
4	连续墙体、栅栏、声屏障边缘	位于正线或站线外侧(无人员通行)		路基面外

注：1 站台位于正线一侧、无列车通过或列车通过速度不大于80km/h时，站台边缘至线路中心线的距离采用1750mm。

2 有砟轨道线路考虑大型养路机械作业时，路基地段杆柱内侧边缘至正线线路中心的距离不应小于3100mm。

3 接触网支柱内侧边缘至线路中心的距离，困难条件下：位于正线一侧不应小于2500mm，位于站线一侧不应小于2150mm。

4 栅栏边缘至线路中心的距离尚应不小于栅栏距地面的高度加2440mm之和。

10.1.8 车站内线路曲线地段的各类建筑物和设备(包括站台)至线路中心线的距离应按有关规定加宽。位于曲线内侧的站台，如线路有外轨超高时，应降低站台高度，降低的数值为0.6倍外轨超高度。

10.1.9　车站内两相邻线路中心线的线间距应符合下列规定：

1　两正线间的线间距应与区间正线相同，且不应小于4.6m，曲线地段可不加宽。

2　相邻两线路间无建筑物或设备时，正线与到发线间、到发线间、到发线与其他线间不应小于5.0m，曲线地段可不加宽。

3　相邻两线路间设有建筑物或设备时，应按规范中的建筑物和设备至线路中心线的距离、建筑物和设备的结构宽度计算确定，曲线地段应按有关规定加宽。

10.1.10　车站及动车段（所、存车场）等动车组进入的线路应架设接触网。维修车间（工区）内的线路不应架设接触网。

第三节　高速铁路车站行车作业组织

我国高速铁路采用分散自律调度集中系统作为行车指挥设备，车站行车工作由列车调度员统一指挥，车站主要负责客运作业、监事动车组运行和调车作业。车站仅在非正常情况下与调度人员一起共同完成相关的动车组行车和调车作业。调度集中控制车站设应急值守人员，应急值守人员由车务具有车站值班员职名的人员和电务信号人员担任。

一、高速铁路接发列车工作

接发列车工作是车站工作组织的重要内容，也是保证列车按运行图安全正点运行、铁路畅通的关键环节。由于接发列车工作涉及的人员多，作业环节复杂，任何疏忽或差错都可能造成列车晚点或行车事故，其影响会波及其他列车或车站，甚至影响运输全局。因此，接发列车是全局性的工作，局部必须服从整体。要求有关人员必须严格执行作业程序和操作方法，贯彻落实规章制度，严格按作业标准作业，确保安全、迅速、准确、不间断地接发列车，严格按图行车。

接发办理客运业务的动车组列车，须执行“五固定”，即固定接发车进路、固定到发线、固定站台、固定停车位置及固定接发车人员。

1.分散自律控制模式下车站接发列车作业组织方法

动车组列车开车前，司机要选定机车综合无线通信设备通信模式和运行线路；确认机车综合无线通信设备和GSM-R手持终端的车次号及机车号注册成功；关闭非操控端驾驶室机车综合无线通信设备电源。

动车组列车由列车长确认旅客上下完毕后通知司机关闭车门；列车到站停稳后，司机必须确认对准停车位置后开启车门。按钮不在司机操作台上的，由列车长通知随车机械师关闭车门，列车停稳后由随车机械师开启车门。

动车组列车应按运行图规定的股道接发或通过。遇特殊情况需调整时，由列车调度员在列车运行调整计划中进行调整。需人工排列进路时，通过CTC操作终端进行操作。

在CTCS-3技术区段，车站进站、出站、进路信号机常态灭灯。车站联锁设备设置“点灯”按钮和“灭灯”按钮，与对应的进站信号机或出站信号机列车按钮进行操作，实现对进站信号机或出站信号机的点灯和关灯控制。当出现以下情况时，车站进出站信号机应点灯：

(1)接入列车控制车载设备转入隔离模式的列车。

(2)接入 LKJ 或运行控制设备故障的列车时。

(3)接发施工路用列车时。

2. 非常站控模式下接发列车作业组织方法

(1)非常站控模式下的车站与分散自律控制模式下的相邻两站间办理接发列车作业时，由车务应急值守人员与邻站办理预告闭塞手续。

邻站调度集中系统根据列车运行调整计划自动向非调度集中车站和非常站控车站发送预告请求，车务应急值守人员同意接车时，调度集中系统自动排列该次列车的发车进路，开放出站信号；不同意接车时，调度集中系统严禁排列该次列车的发车进路和开放出站信号，并向调度员报警，调度员与车务应急值守人员电话联系确认。

(2)非常站控车站与分散自律控制模式下的车站已办妥列车预告手续，需要取消预告时，必须与调度员联系，取得调度员的同意后，方可取消预告。调度员对非常站控车站已办妥的列车预告需要取消时，必须通过电话与非常站控车务应急值守人员联系，取得车务应急值守人员的同意后，方可取消预告，并按照列车运行调整计划向车站重新下达阶段计划。

(3)动车组列车不得已情况下必须在区间退行时，列车调度员须扣停后续列车，并确保退行距离内的闭塞分区空闲。随车机械师或指派的胜任人员应站在列车尾部驾驶室注视运行前方，发现危及行车或人身安全时，应立即通知司机停车。司机选择隔离模式退行，退行速度不得超过 15km/h。

二、高速铁路车站的调车作业组织

高速铁路车站的调车作业包括动车组出入段、重联与摘解、动车组转线等作业。

1. 调车作业的领导

车站调车作业由助理调度员担当调车领导人。设有车站值班员或由分散自律控制转为非常站控的车站调车作业，由车站值班员担当调车领导人。

动车组禁止连挂其他机车车辆调车(附挂回送过渡车以及动车组无动力调车时的调车机除外)和跟踪出站调车，禁止向动车组停留线路溜放调车和手推调车，反方向出站调车时列车调度员应确认区间空闲。

2. 调车信号和调车进路

动车组进行调车作业时，列车控制车载设备应置于调车模式，凭地面调车信号机的显示运行。在未设调车信号机的车站或线路上进行调车作业以及需越出站界调车时，由列车调度员办理列车进路，并点亮相应的进、出站信号机，司机根据列车调度员的调度命令和进出站信号机的显示进行调车作业。出站时，开放出站信号按完全监控模式运行，或者开放出站引导信号按引导模式运行；进站时，开放进站信号机按目视行车模式运行，或开放进站引导信号按引导模式运行。调车时最高运行速度不超过 40km/h。

遇车站不能开放调车信号时，调车领导人应将相关道岔操纵至所需位置并在控制台上加锁，在调车进路准备妥当后，通知司机并告知需越过的调车信号机，动车组须人工转为目视模式作业。

同一股道只允许一端调车作业,禁止两端同时向同一股道排列调车进路。当排列接车进路后,禁止办理占用防护区段的调车作业。

在动车组运行时段,车站到发线禁止停留动车组以外的其他机车车辆。在动车组运行时段以外,允许上道的轨道车、大型养路机械等自轮运转设备、机车及其他施工车辆在车站停留时,由司机或设备使用单位负责防溜措施的设置和撤除并看守。

3. 车站调车作业计划的下达、变更

分散自律控制模式下调车作业时,由助理调度员提前编制调车作业计划下达车站自律机执行。助理调度员(车站值班员、应急值守人员)与作业机车司机间要加强联控并于调车作业完了后及时确认。助理调度员遇不能向车务终端传送下达调车作业计划以及不能使用列车无线调度通信设备传达布置调车作业计划时,须转入非常站控模式。此时,车站值班员应依据调车计划以及现场调车作业情况,在车务终端输入调车作业计划或直接排列调车进路。排列进路时,须在按压进路按钮后输入调车钩作业预计时分,由车站自律机自动判别是否排列进路。

调车作业计划通过 CIR 系统传送给司机。遇 CIR 系统故障时,可通过 GSM-R 手持终端向司机传达,司机确认后方可作业。

4. 调车作业的方法

动车组调车作业原则上采用自走行方式。调车作业时,司机应在动车组运行方向的前端操作。在不得已情况下必须在后端操作时,应指派随车机械师或其他胜任人员站在动车组运行方向的前端指挥,发现危及行车或人身安全时,应立即通知司机停车。后端操作时,动车组运行速度不得超过 15km/h。采用机车调车作业时,随车机械师或动车段(所)胜任人员负责过渡车钩、专用风管和电气连接线的连接和分解并打开车门,调车人员负责车钩摘解、软管摘解。

站内动车组列车重联时,前车应关闭驾驶台,列车控制车载设备转为待机模式,后车使用调车模式与前车相连。站内摘解动车组列车时,重联动车组列车在车站股道停车后,通过转换为调车模式可以将其分解为两列车。

想一想:高速铁路站为什么没有货运作业?

做一做:试分析在接发列车时车站值班员和车务应急值守员工作内容的异同之处。

知识拓展

《铁路技术管理规程》(高速铁路部分)中关于高速铁路调车的一般规定

第 314 条 一般要求

1. 车站、动车段(所)的调车工作,应按列车运行图、车站或动车段(所)的技术作业过程及调车作业计划进行。参加调车作业有关人员应做到:

(1)及时办理动车组出入段(所)、转线及车底取送等作业,保证按列车运行图的规定时刻发车,不影响接车;

(2)充分运用一切技术设备,采用先进工作方法,用最少的时间完成调车任务;

(3)认真执行作业标准,保证调车有关人员的人身安全及行车安全。

2.调车作业时,应使用机车综合无线通信设备、调度台(车站)FAS终端或注册的GSM-R手持终端进行联系。

使用机车进行调车作业时,应使用无线调车灯显设备(机车摘挂、转线等不进行车辆摘挂的作业除外),并使用规定频率,其显示方式须符合有关要求。无线调车灯显设备应与列车运行监控装置配合使用,无线调车灯显设备的使用、维修及管理办法由铁路局规定。

无线调车灯显设备正常使用时停用手信号,对灯显以外的作业指令采用通话方式;无线调车灯显设备发生故障时,改用手信号作业。

3.动车段(所)设动车组地勤司机,负责动车组在动车段(所)内调车、试运行等调移动车组的作业。

4.禁止溜放调车、手推调车和跟踪出站调车作业。

5.在作业中,调车作业人员须停车上下。

6.调车作业必须连接全部软管。摘车时,必须停妥,按规定采取好防溜措施,方可摘开车钩;挂车时,没有连挂妥当,不得撤除防溜措施。

7.调车作业要准确掌握速度及安全距离,并遵守下列规定:

(1)在空线上牵引运行时,不准超过40km/h;推进运行时,不准超过30km/h;动车组后端操作时,不准超过15km/h。

(2)调动乘坐旅客车辆时,不准超过15km/h。

(3)接近被连挂的车辆时,不准超过5km/h。

(4)在尽头线上调车时,距线路终端应有10m的安全距离;遇特殊情况,必须近于10m时,要严格控制速度。

(5)电力机车、动车组在有接触网终点的线路上调车时,应控制速度,距接触网终点标应有10m的安全距离;遇特殊情况,必须近于10m时,要严格控制速度。

(6)旅客未上下车完毕,除本务机车、补机摘挂作业外,不得进行旅客列车(车底)的连挂作业。

(7)遇天气不良等非正常情况,应适当降低速度。

8.调车信号机故障不能开放时,进路准备人员应将相关道岔操纵至所需位置并单独锁闭,在调车进路准备妥当后通知调车指挥人(司机)准许越过故障的调车信号机。

第四节 列车运行图及动车组运用计划

一、列车运行图

高速铁路列车运行图与普速旅客列车运行图在工作原理和内容上基本相同,都是在以距离为纵轴、时间为横轴的坐标平面上确定满足运行图各种约束条件，并达到一定目标的列车运行线的集合。但是高速铁路在满足旅客出行需求、行车组织、列车运行速度、天窗设置等方面与普速旅客有较大区别，故高速列车运行图与普通的双线普速列车运行图存在较大区别。

（一）高速铁路运行图的特点

1. 不同速度等级高速旅客列车共线运行

高速铁路是铁路通道的有机组成部分，除了承担本线运输任务外，还承担着大量的跨线客流输送任务，不同速度等级的高速列车共线运行在相当长的时间内是高速铁路的运输组织模式。

2. 旅行速度要求高

旅行速度是高速铁路列车运行图的重要指标。高速铁路上运行的低级跨线列车，一般都是既有线的高等级列车，旅客对缩短旅行时间的期望较高，因此，在高速铁路上的旅行速度至少不低于既有线。为保障低等级跨线列车的旅行速度，必须尽可能减少高等级列车越行低等级列车跨线列车的次数，且尽可能是越行与客运停站相结合。

3. 列车运行图具有明显的时段特征

高速铁路列车运行线的安排必须满足旅客出行时间的要求，尤其是担任城际间运输任务的高速铁路，将形成列车密集发车及到达的早晚高峰时间带。由于高峰时段大量列车密集到发，造成运力资源利用极不均衡，高峰时段全部投入运用、非高峰时段大量闲置。

4. 列车运行线具有较高弹性

为保证列车的高正点率，列车运行图必须要有足够的应变能力，即具有高度的弹性；当列车运行紊乱时，要能尽快恢复正常，以保证能经常处于按图行车的状态。因此，列车运行线间要预留一定的冗余时间，以减少个别列车晚点的影响；或者预留一定数量的备用线，让晚点列车按就近的备用线运行。

5. 列车开行与综合维修天窗协调

为了保证行车安全，高速铁路运行图一般在夜间设置4h以上的综合垂直形天窗，在天窗维修期间可以多部门配合作业，使用各种专门维修机械设备进行线路、通信信号和供电设备进行综合维修作业，如接触网检修、列车控制系统测试、线路养护和钢轨打磨等。

综合维修天窗设置不仅对高速铁路线通过能力产生重要影响，而且对运程较长的“夕发朝至”夜行列车以及接近天窗时间的晚点列车运行，产生重大的限制。

（二）高速铁路通过能力

高速铁路主要从事旅客运输服务，受旅客运输规律的影响，并非所有时间都能被有效利用，高速铁路的运输模式、列车种类、速度、停站方式、运行图铺画方式、综合维修天窗的开设，都对通过能力造成影响。

1. 行车组织方式对通过能力的影响

（1）不同速度等级列车之间的速差。

我国高速铁路采用不同速度等级列车共线运行的组织模式，在同一运行区段，不同等级列车的速差越大，所产生的时分差越大，由于在运行时差内无法铺画列车运行线，造成高速铁路通过能力的浪费。因此,不同等级列车速差越小,列车在相同区间内运行所产生的时分差越小,越有利于提高通过能力;反之,则对通过能力影响大。

(2)高速列车停站方案。

高速铁路列车每一次停站将产生停站时间以及启停车附加时间,相较于不停车的高速列车,其占用的额外时间将对通过能力产生不利影响,列车停站次数越多、停站时间越长,对通过能力的影响越大。不同的列车停站方案对通过能力产生的影响不同。

(3)天窗开设方式。

为确保高速铁路基础设施及供电、信号设备的安全使用。我国高速铁路开设了综合维修天窗,其一般的开设时段为每日 00:00-04:00。在此期间,高速铁路列车停止运营。而且我国高速铁路采用的矩形天窗会造成天窗开设前、后各产生无法铺画列车运行线的区域,称为三角区。天窗的开设时段与开设形式直接影响旅客列车可开行的时间范围,因此它是决定通过能力的重要因素。

(4)不同速度列车的数量比和追踪比例。

我国高速铁路采用不同速度等级列车共线的运输组织模式,当某种列车数量所占列车总数的比例较大时,可以组织该种列车追踪运行,从而增加通过列车数量,且速度较高的列车所占列车总数的比例增加时,通过能力会随之增大。

组织同等速度列车追踪运行,增加追踪列车比例,可有效提高区间通过能力,但同类列车追踪运行过分集中,将影响到不同种类列车运行线的均衡铺画造成低等级列车被越行等待的停站时间过长,从而导致列车运行图失去实用价值。

(5)列车开行时段。

高速铁路旅客对于列车始发,终到时间有比较高的要求,例如中短途高速旅客,为达到一日往返,会对早晨以及傍晚始发的列车有所青睐。由于旅客合理始发终到时间的限制,除了天窗开设造成的能力损失外,还有些时间段不能被有效利用,在一定程度上造成了通过能力的浪费。

(6)高速列车旅行时间限制。

既有线为增加通过能力,可以采取增加越行站、牺牲货物列车旅行速度的方法,导致在列车密度大的区段,货物列车普遍待避旅客列车。高速铁路上运行的都是高速旅客列车,旅客对于旅行时间有较高的要求,低等级旅客列车不能被频繁地越行,进而增大了越行站间的距离,导致不同速度等级列车间产生了较大的空费时间,降低了线路通过能力。

2. 高速铁路固定设备对通过能力的影响

(1)区间距离。

区间距离越大,不同速度等级列车在区间产生的运行时分差越大,由于在运行时分差内无法铺画列车运行线,造成通过能力的浪费也就越大。

(2)线路设备。

线路设备对高速铁路通过能力的影响主要包括区间内的正线数目线路的平纵断面,线路允许速度等方面。我国高速铁路一般采用双线形式,具备较大的双向通过能力。在线路区间长度及动车组类型一定的情况下,线路平纵断面等技术标准会直接影响列车在区间的运行时分,区间占用时间越短,越有利于通过能力的提高。

(3)站场设备。

站场设备主要包括车站到发线的数量和长度,车站道岔和咽喉区道岔的布置。站场设备对高速铁路通过能力的影响体现在车站接发旅客列车的能力及办理进出站限速上。为确保高速铁路通过能力的发挥,站场设备必须具备与线路能力相匹配的接发列车能力,以确保不致因站场能力不足,影响列车的正常到发作业而影响高速铁路的通过能力。不同的道岔,其侧向最大允许的通过速度不相同,进而导致车站最小接发车间隔不同,在一定程度上影响了通过能力。

(4)信号、联锁、闭塞设备。

各种信、联、闭设备制式的性能、操纵方式、办理作业所需时间及列车占用区间的时间不相同,导致通过能力也不相同。

(5)牵引供电设备。

供电设备担负着牵引供电区段内高速列车的供电任务,其供电能力应与牵引区段供电负荷相匹配,具备能满足供电区段内最大用电负荷的供电能力,保证区段内运行列车的牵引供电质量,满足列车高密度运行的需要。

(6)线路维修设备。

线路维修设备的作业效率直接影响到综合维修天窗的开设时长,提高线路维修设备的作业效率可以有效地缩短禁止列车运行的时间段,减少天窗造成的空费时间提高线路通过能力。

(7)延续进路。

按《铁路技术管理规程》规定,当进站信号机外方制动距离范围内进站方向为下坡道时,如果其平均换算坡度大于6‰,为保证同时接发列车,有必要将接车进路加以延长,这延长的部分就叫延续进路。

延续进路的设置会使得车站原有的技术作业时分大大延长,主要体现在对车站反向接车同向发车越行列车通过等作业的标准间隔时分上,列车间隔时间的增大会降低通过能力。

3. 高速铁路区间通过能力的计算——扣除系数法

高速铁路的扣除系数与常规铁路扣除系数的含义稍有不同,高速铁路的扣除系数是指因铺画一对或一列低等级的旅客列车需从平行列车运行图上扣除的高等级高速列车对数或列数。另外,在高速铁路上,旅客列车的停站会对线路通过能力产生一定的影响。因此,高速铁路扣除系数受不同等级列车的速差大小和列车停站方案的共同影响。

二、动车组运用计划

动车组运用计划主要包括使用的动车组数、回送列车次数和里程、定期检修次数和日常检修次数等因素。在完成同样的列车运行图任务时,所使用的动车组数量越少越好;回送列车开行的次数越少越好,因为回送列车不能运送旅客,不仅不能直接带来运营收入而且耗费人力、电力等资源;定期检修和日常检修在满足法规规定要求下越少越好。

高速铁路动车组列车的运用方式一共有两种。

1. 固定区段使用方式

这种方式与既有铁路客车底的运用方式一样,高速铁路动车组只在固定的区段内往返运行。

在固定使用方式下，各动车组在固定的区段内运行，有利于动车组的管理，并可根据客流变化采用不同的车辆编组方案，动车组的运用组织比较简单。但是，这种方式不利于动车组的检修。一方面，在动车组检修期间需要有一定量的备用车组来代替，如果备用车组由各区段分别配备，则备用动车组数量较大且利用率不高；另一方面，由于动车组的维修技术复杂，设备昂贵，只能集中配置，将所有动车组的维修作业集中在维修中心。所以，对与维修中心不相邻的区段，需要维修的动车组必须专程送检，事后又需专程回送。

在固定区段使用方式下，动车组只能运行于指定区段。动车组从动车段出来担当某个区段列车运输任务，除因达到修程规定时才入段检修外，其余每次返回动车段所在站时，只在车站进行整备作业。这一运行方式对于区段内有大量经路相同且到发时刻均衡的高速铁路有利，便于高速铁路的运输组织。固定方案又分为站间固定周转方式和两区段套跑周转方式。

固定区段使用方式虽然便于运输组织，但存在动车组维修困难以及使用效率不高等缺点。以京沪高速铁路为例，如果动车基地只设在上海和北京，那么不经过京、沪运行的动车组需要维修时，不仅需要备用动车组替代其运行，而且本身需要专程送往维修基地站，事后又需要专程返回其运行车站，对动车组的使用和运输组织会带来极大的不便。另外，固定区段使用方式不利于提高动车组效率，实现同样的列车运行计划般需要较多数量的动车组。

固定方式不适应实际情况的主要表现为：

(1)不能很好地解决动车组维修问题。

(2)动车组利用率较低。与不固定方式相比，动车组需要量比较大。

2.不固定区段使用方式

不固定区段使用是指在假定各动车组之间没有差别的情况下，动车组完成一次列车任务后，下一次所担当列车的运行区段没有限制，一组动车组多车次套用，原则上长短编组独立套用。

不固定区段使用方式下，动车组可在任何区段运行。配属在各动车段的动车组在全线甚至更大范围内不固定区段使用，一组动车组多车次套用。在使用过程中可以对必须在维修中心进行维修的动车组预先安排其运行区段，使其通过维修中心，从而得到及时维修，这样就能比较灵活地解决运行与维修的配合问题。只要满足接续时间要求，动车组就可在不同的运行线运行，从而提高动车组的使用效率，减少动车组的使用数量。

采用不固定区段使用方式时，同一交路段中前行列车的终到站必须与后续列车的始发站一致。当给定的运行图是不完全状态(不成对运行图)时，即在某车站始发的列车数与在该车站终到的列车数不相等时，必须通过设置回送列车的方式来满足这一约束；后续列车的始发时刻晚于前行列车的终到时刻，而且其时间差必须大于最小折返时间。

不固定使用方式以全线(或高速线路网)为系统，统筹考虑动车组的使用与维修。它的含义是，在假定各动车组无差别的前提下不固定各动车组的运行区段，而是根据需要和可能，可以在任何高速区段之间运行。

与固定方式比较，不固定方式下的动车组可在任何区段运行，因此，在使用过程中可以对必须在维修中心进行维修的动车组预先安排其运行区段，使其通过维修中心，从而得到及时维修，这样就能比较灵活地解决运行与维修的配合问题。另外，只要满足接续时间要求，动车组就可在不同的运行线运行，从而提高动车组的使用效率，减少动车组的使用数量。因此，不固定方式是动车组比较合理的使用方式。

想一想：缩短高速铁路运行图追踪间隔有哪些好处？

做一做：试分析高速铁路运行图和普速铁路运行图的区别。

知识拓展

《铁路技术管理规程》中关于调度指挥日常运输组织的规定

第265条　有关行车人员必须执行列车调度员命令、口头指示，服从调度指挥。

第266条　列车调度员负责组织实现列车运行图、调度日计划，应做到：

1. 检查列车运行图和调度日计划的执行情况，及时发布有关调度命令和口头指示；

2. 严格按列车运行图指挥行车，遇列车发生晚点时，应积极采取措施，组织有关人员恢复正点；

3. 注意列车运行情况，正确、及时地处理临时发生的问题。

第267条　列车按运输性质的分类和运行等级顺序如下：

1. 按运输性质分类

(1)旅客列车(动车组列车，特快、快速、普通旅客列车)；

(2)路用列车。

2. 列车运行等级顺序

(1)动车组列车；

(2)特快旅客列车；

(3)快速旅客列车；

(4)普通旅客列车；

(5)路用列车。

开往事故现场救援、抢修、抢救的列车，应优先办理。

特殊指定的列车的等级，应在指定时确定。

第五节　高速铁路调度指挥

一、高速铁路调度指挥模式

高速铁路运营调度系统是高速铁路运输管理和日常列车运行控制的中枢，是高速铁路高新技术的集中体现,也是高速铁路运营管理现代化、自动化、安全高效的标志。它根据机车车辆配备和动力特性、车站配备及作业沿线线路和设备状态人员配备。相邻线路列车运行状态等,统筹编制列车运行计划、集中指挥列车运行和协调铁路运输各部门的工作。高速铁路运营调度指挥具有作业简单、规律性强、有利于集中控制、高安全、高速度、高密度、高正点率、人性化的旅客服务及实行综合维修等特点。

无论采用何种模式,高速铁路调度指挥都需要有一个对全路高速铁路进行统管理和监督的机构,保证高速铁路各线之间、高速铁路与既有线之间的协调。所以,高速铁路调度指挥需要设置全路调度指挥中心。在考虑调度指挥各级调度机构的隶属关系的情况下,高速铁路有三种调度指挥模式可供选择:全路集中的一级调度指挥模式、区域集中的二级调度指挥模式以及按通道调度的二级调度指挥模式。

(一)全路集中设置的一级调度指挥模式

全路集中调度指挥模式的组织机构包括全路调度中心、基层单位和备用中心。该系统架构在全路设置一个高速铁路综合调度指挥中心,在综合调度中心根据线路数量、行车量等设置相应数量的调度台,各调度台通过专业调度直接向基层站段发布调度指挥命令,指挥现场的各项工作。调度指挥是保证行车安全的关键,为了提高高速铁路调度指挥系统安全性,在各高速铁路公司设置备用调度中心。备用中心平时不参与调度指挥工作,为全路调度中心备份数据,一旦全路调度指挥中心出现故障,各高速铁路公司调度中心接管辖区内的调度指挥工作,从而适当恢复列车的正常运行,保证列车的运行安全。

(二)区域集中的二级调度指挥模式

区域集中调度指挥模式的调度机构分为全路综合调度指挥中心和区域调度指挥中心两个层次。全路综合调度指挥中心主要是起监视和协调作用,必要时接管指定区域的调度指挥工作。区域调度指挥中心负责日常列车的调度指挥工作,通过各专业调度台向基层发布调度命令,基层站段根据调度命令组织实施。

(三)按通道调度的二级调度指挥模式

按通道调度指挥模式在各高速铁路公司或高速铁路通道分别设置独立的调度指挥中心,负责本线或本通道调度指挥工作,通过各专业调度台,向基层站段发布调度命令,基层站段受令后组织实施。各线路或通道调度中心受全路调度指挥中心领导,由全路调度指挥中心监控各高速铁路列车运行状态,协调各高速铁路间及高速铁路与既有线之间的调度指挥工作。

各通道/线路调度中心是该模式的核心指挥部门,包括综合调度的所有调整和执行功能,具有承上启下的作用。全路调度指挥中心主要功能是协调、管理和监督各线调度中心的日常工作,其调度设备在正常情况下为通道/线路调度中心备份数据资源,必要时可接管指定高速铁路或通道的调度指挥工作。基层单位的调度人员,只能受命于通道或线路调度中心,按照通道或线路调度中心的调度命令组织实施。

二、我国高速铁路运营调度系统组成

(一)调度系统物理结构

我国高速铁路调度指挥系统由铁路总公司高速铁路调度指挥中心、北京高速铁路调度

所、上海高速铁路调度所、武汉高速铁路调度所、广州高速铁路调度所组成。

(二)调度系统功能结构

从功能上可将调度系统分成如下六个功能子系统:运输计划、运行管理、车辆管理、综合维修、客运服务、供电管理等。

(三)调度系统层次关系结构

二维码6-1

高速铁路列车调度指挥系统的认知

调度中心与调度所、动车基地、乘务基地、维修基地等之间通过专用网络连接,传递各种生产所需的信息。调度所直接指挥列车的运行,动车基地、乘务基地、维修基地等为受控部门,按调度所的安排进行工作。调度中心一般情况下只监视各调度所的工作,对跨调度所的业务进行协调;特殊情况下调度中心也可以接管调度所的工作,对列车运行进行直接的指挥。相关资源见二维码6-1。

三、高速铁路调度指挥系统功能

高速铁路调度指挥系统主要由计划调度子系统、列车运行调度子系统、动车调度子系统、供电调度子系统、综合维修调度子系统、旅客服务调度子系统组成。

(一)计划调度子系统

铁路总公司调度中心和各高速铁路调度所运输计划编制部门采用统一的计划编制系统,能随时按业务需求调整,进行权限控制和功能切换。计划编制系统依据计划编制规则要求,提供计算机辅助计划制方式,具备牵引计算、合理性检测和模拟仿真功能。

1. 基本计划编制

基本计划以线路数据动车组参数信号系统参数、车站参数等数据为依据。结合客流分析与列车开行方案进行编制。基本计划包括:基本列车运行计划、基本动车组交路计划基本车辆分配计划、基本乘务计划等。

2. 实施计划编制

高速铁路调度所运输计划编制部门根据铁路总公司下达的计划、市场需求及线路、设备等相关情况,负责编制管辖范围实施日前7天内的实施计划。实施计划分为列车运行计划、动车组交路计划、车辆分配计划、车辆检修计划、乘务计划、车站作业计划、综合维修计划、供电计划等。

(二)列车运行调度子系统

列车运行调度子系统具备实施计划接收、人工和自动列车运行计划调整、列车运行监视、列车运行调整计划下达、人工和自动进路控制、实绩运行图描绘、调度命令传送、列车跟踪及车次号校核等功能。在异常情况下,铁路总公司调度指挥中心运行管理系统可以接管高速铁路调度指挥所指挥权。

(1)实施计划接收计划。

接收铁路总公司调度所内相关调度相邻高速铁路调度所相关铁路局调度所传来的实施计划。

(2)列车运行监视。

①实时显示列车运行位置列车车次、列车速度。

②列车实绩运行图和列车运行调整计划图的显示列车早晚点、联锁和 ATC 系统信息等。

③列车出入动车段状态显示。

④安全监控及设备故障等报警信息的显示。

⑤显示与所管辖高速铁路相接的线路至少两个车站场列车运行位置信号设备状态、列车运行早晚点信息及预计进入所管辖高速铁路时分的信息。

(3)调度指挥与控制。

①列车运行调整。

当发生列车运行秩序紊乱时,系统能自动调整列车运行计划,或由人工调整列车运行计划。

②控制模式。

分散自律和非常站控两种控制模式。在调度集中控制模式下,系统具备自动进路控制功能和人工进路控制功能。系统确保两种控制模式转换的安全,控制模式的状态有明确的显示。

③列车进路控制功能。

根据列车运行计划列车运行实际情况、列车车次号等信息,自动设置列车进路的功能。

④调车进路控制功能。

系统能够根据列车运行计划、车站作业计划和列车运行实际情况,自动设置动车组出入段调车进路、动车组折返调车进路等功能。系统具备人工排列调车进路的功能。

⑤临时限速功能。

⑥区间、股道封锁。

(4)调度命令管理。

运行管理子系统具备调度命令管理功能包括调度命令的编制、审批、传送签收查阅等。

(5)实绩运行图管理。

能生成、描绘列车实绩运行图,可实现事故、灾害施工维修及其他特殊情况的录人,能根据实绩运行图统计和分析列车运营指标并存储、查询运行相关信息。

(6)列车运行历史数据回放。

(7)列车车次追踪及管理。

(8)维修作业时间管理。

(三)动车调度子系统

动车调度子系统具备接收列车运行计划动车组交路计划和列车运行调整计划的功能,可实时显示动车组的运行位置、运用情况和动车组状态;根据列车运行调整计划、车载诊断信息等,制订动车组交路和动车分配调整计划并发送至有关单位;查询动车组的修程、修制和与动车组运用相关资料的功能,接收动车检修部门的动车组相关信息,并在动车组发生故障时,提供紧急处置预案。此外,系统还具备动车组各项运用指标的统计与分析的功能。

(四)供电调度子系统

供电调度子系统具备如下功能:

(1)接收列车运行计划、供电计划、综合维修计划、列车运行调整计划和列车运行状态等。

(2)实时监视牵引供电系统运行状态、系统设备带电状态,将重要信息发往相关系统。

(3)实时监视牵引供电设备技术状态和故障信息分类归档,将重要信息发往相关系统。

(4)可靠完善的遥控功能,包括单控、程控两种方式,程控内容可由用户根据系统控制需要编制,遥控功能具有严格的防误操作闭锁措施。

(5)事故记录功能,并可实现历史数据回放。

(6)调度事务管理功能。

(7)容错自诊断、自恢复功能,并能支持远程维护。

(8)实现对无人值班场所的视频监控。

(9)供电设备发生故障时,能提供紧急处置预案。

(五)综合维修调度子系统

综合维修调度子系统具备综合维修管理、防灾安全监控和综合设备管理等三大功能。

(六)旅客服务调度子系统

旅客服务调度子系统具备的功能包括:接收列车运行计划、动车组交路计划和列车运行调整计划,自动生成相关的旅客服务信息,并发送到站车及有关单位;集中管理旅客服务有关各类信息,实时掌握列车运行实绩信息和预测信息,并实时监督管辖范围内高速铁路列车编组、上座率、各站中转旅客人数、动车组周转、中转列车接续及列车乘务组等信息;通过监督晚点列车,制订其运行调整建议方案;查询与旅客服务相关的数据生成相关数据统计和信息汇总;当发生突发事件时,能提出紧急处理预案、旅客疏运方案,提出列车运行调整方案建议,同时,对大型车站关键场所进行视频监控。

想一想:为什么说列车调度指挥系统是铁路的大脑?

做一做:绘制高速铁路站车站行车及其相关岗位与高速铁路调度员对接关系图。

第六节 高速铁路运营安全

高速铁路作为铁路运输的一种新形式,具有运行速度高、运行密度大、社会关注度高的特点,一旦发生事故,后果极其严重。高速铁路运营安全涉及车、机、工、电、辆各个环节,任何一个环节出现缺陷,都会导致整个系统的劣化甚至产生重大的安全隐患,因此,需从系统工程的角度出发,对各个环节的运行过程加以控制,以保证整个高速铁路运营系统的高质量和高可靠性。

一、高速铁路运营安全保障体系结构

高速铁路系统内部含有巨大的、受控的能量,如列车动能、高压电能等。在某些不利的

条件下,人、设备、环境三个因素都有可能破坏系统的稳定,导致事故的发生。管理因素与这三个因素也相关联,如果管理因素故障或管理因素与其他因素配合不当,同样会导致事故的发生。因此,保障高速铁路的运营安全,就是要保障人、设备、环境以及管理四个因素的自我完善和相互配合。同时,通过安全状态检测,尽量及时发现并切断事故发生和传播的途径。因此,高速铁路运营安全保障体系至少应包括人员安全保障系统、设备安全保障系统、环境安全预警系统、安全法规与管理系、应急救援与管理系统。

二、高速铁路设施装备监测与诊断系统

高速铁路运营系统是一个复杂动态系统,其组成要素处于动态变化的过程中,为了安全管理和事故预防,应加强对影响安全的各种因素进行实时的监控和检测。高速铁路安全监控与检测的内容涉及高速铁路运营相关的所有方面,对高速铁路设施设备(固定设备和移动设备)的监测与诊断是其主要内容之一。高速铁路安全的监控和检测,依靠先进可靠的检查监测工具和手段,采取人机结合、动态检测和静态监控结合的方式,实现全方位、全过程的检查监测、信息反馈考核评估,加快形成监控有力、反应灵敏、闭环管理的监控和检测保障技术体系。

(一)固定设备的监控与诊断

1. 轨温监测诊断系统

轨温的升高使无缝线路钢轨的纵向应力加大,超过一定的标准时,只要有任意的激扰,线路就会失去保持稳定的能力从而导致胀轨跑道事故,对高速铁路的行车安全构成极大威胁。

通过现场设置钢轨及大气温度传感器,建立轨温监测报警系统,实时掌握钢轨温度,确定轨温控制标准,科学地进行轨温预报,能进一步为行车指挥提供决策依据。

轨温监测系统由设置在现场的钢轨温度传感器,大气温度、湿度传感器,设置在养路工区(工务段)的信息处理器、显示器,道床状态信息输入设备(报警器、记录仪等)等几部分组成。

2. 钢轨探伤诊断系统

钢轨在运用过程中不可避免地会受到各种损伤,这不仅会降低高速铁路列车的运行质量,而且损伤的发展还会危及行车安全。

钢轨探伤由原来采用手工操作的探测仪,逐步发展成现在的自动化超声波钢轨探伤车。其利用超声波探伤原理进行探伤,车上装有探伤器、钢轨接头检测器、里程检测器、钢轨缺陷分类器、记录器等。

3. 长大桥梁安全监测诊断系统

高速铁路线路通常是全封闭式的,桥梁及高架线路占很大比例。因此,桥梁和高架线路的可靠程度和状态,将直接影响高速铁路运营的安全和效益。除各种自然灾害对桥梁有特殊的危害外,针对长大桥梁自身在高速荷载作用下的稳定性以及对通航河流桥墩的防护,需要对桥梁结构设置加速度仪和桥墩防撞仪进行监测。在与公路和既有线交叉处,还要安装必要的障碍侵限检测和桥墩防护工程。

4. 牵引供电安全监测诊断系统

牵引供电安全监测诊断系统是为了适应高速电气化铁路及客运专线特点的设备在线监测系统，实现对主要电气设备的实时在线监测，在建立设备分析模型的基础上，通过专家诊断软件系统对历史数据进行统计分析，确定设备运行状态，指导运行维护人员工作，避免了传统的监测和维修方式对正常运行所造成的影响。

牵引变电站高压设备在线监测系统由后台专家诊断系统、变电站通信管理单元、就地智能化间隔监测单元组成。各间隔监测单元布置于现场设备处，就地完成设备状态数据的在线测量及处理。

5. 大型车站防灾系统

大型车站应设有自己的防灾中心，采集的信息有火、烟，各通道滚梯运行状况等。一旦有非常事态发生，可及时自动采取灭火、排烟、隔离火源等措施，并有效地疏导旅客。

（二）移动设备的监控与诊断

列车的故障与诊断对于高速列车的安全高效运行非常重要。其主要形式为车载故障监测与诊断系统。

1. 列车状态监测与诊断

列车状态监测与诊断技术主要应用于对列车各部分状态进行监测并进行故障诊断。监测的主要设备有轴温、车门、轮对、牵引电机等。利用该技术可以及时通报司机采取必要的防范措施，并可以通过无线通信系统，通知前方的维修部门做好检修更换的准备工作。

高速列车实现全列车自动诊断，动车和拖车都装有数据采集和诊断计算机，对牵引动力、制动系统走行部分、轴温、列车火灾以及车门、空调、照明等进行监测。一旦出现危及行车安全的隐患和故障时，会发出报警信息，问题严重时还会自动控制列车减速，甚至停车。

2. 机车车辆诊断和实时检测

机车车辆的故障诊断和实时检测技术能够及时探测高速运行时的转向架的疲劳破坏状况接触部件运动破坏状况、车体结构振动噪声、轴温状态弓网接触压力、接触面几何状态、温度滑动速度磨损以及受电弓的结构状态轮轨噪声、轨道变形、振动加速度等状态值。另外，将列车分离状况、车内温度、烟雾探测等情况通报给司机，使其采取必要的防范措施，并通知前方的维修部门做好检修、更换的准备。

（三）高速综合检测列车

高速综合检测车是一种综合检测快速铁路和高速铁路质量达标的高速列车，是“体检列车”，是进行铁路基础设施综合检测的重要技术装备，为快铁和高速铁路运营安全评估和指导各铁路局的养护维修提供技术支撑。

0 号高速综合检测列车是我国首列速度 250km/h 的综合检测列车。伴随着我国高速铁路的发展，中国铁道科学研究院集团有限公司与中国南车四方公司、中国北车长客股份、中国北车唐山公司联合攻关，成功开发出速度 350km/h、380km/h 各个系列检测车 12 组。

三、高速铁路环境监测与灾害预警系统

环境检测与灾害预警系统，主要对各种可能发生的灾害，实施全面、准确、实时的安全监

控。对各类灾害监测的原始信息,通过灾害预测预警模块的数据处理、分析与判断后,根据灾害的性质和级别,对运行中的列车或实施预警,或限速运行,或中止行车,以确保高速列车运行安全。

(一)强风监测预警系统

强风可以引起铁路输电线路和接触网的强烈摆动、翻转,此时若有动车组通过,受电弓和接触网将无法保持应有的几何关系,造成离线放电,甚至刮断接触网和受电弓的支撑机构。同时,强风还会使大跨度桥梁产生"风振",侧风对高架桥上运行的列车也构成威胁。另一方面,作用于列车侧面的强风,会对列车运行的横向稳定性产生较大影响,尤其是在列车通过曲线时,极有可能造成列车的倾覆。

强风监测系统一般由风向风速计、发送装置、接收分析记录装置组成。风向风速信号送至分析记录装置,记录显示装置设置在调度中心。强风监测预警系统主要由风向风速计、信息传输、数据记录与信息显示三部分组成。在检测到强风时,需要对列车立即进行管制运行,以保证列车运行安全。

(二)雨量及洪水监测预警系统

铁路受雨及洪水破坏主要表现在路堤破坏、桥梁破坏以及路堑自然边坡破坏三个方面。雨量及洪水监测系统由数据采集设备、监测终端设备以及监测主机设备构成。数据采集设备主要包括雨量计、水位仪、防撞监视仪、冲刷测量仪、洪水测量仪等。

(三)地震监测预警系统

铁路地震监测系统的作用是在地震发生前或当地震发生时,分析、判断所检测到的地震信号是否对列车运行造成危害。如达到预警水平,将自动切断相关区段接触网电源,通过ATC信号使本区段上运行的列车停止,并使在相邻区段上运行的列车不再进入地震灾区。地震监测预警系统主要由地震监测系统的拾震及数据处理设备、信息通信接口及传输设备、综合调度中心监视设备等三部分组成。

四、高速铁路应急管理

高速铁路应急管理是指对即将出现或者已经出现的灾害而采取的一系列必要救援措施,尽量预防、减少事故和突发事件的负面影响。高速铁路应急管理包括预防、预备、响应和恢复四个阶段。

应急救援体系主要包括应急救援组织机构、应急预案、事故通报流程和内容、应急响应等级、应急通信设备、应急救援设备和应急资源等内容。

(一)应急救援组织机构

铁路总公司突发事件应急领导小组组成单位由运输局、办公厅、安全监察司、公安局、劳动和卫生司、政治部和宣传部等构成。

(二)应急预案

综合预案、专项预案和站段预案由于各自所处的层次和适用的范围不同,其内容在详略程度和侧重点上会有所不同,但都可以采用相似的基本结构。采用基于应急任务或功能的

“1+4”预案编制结构，即一个基本预案加上应急功能设置、特殊风险预案、标准操作程序和支持附件构成。

(三)应急响应

当高速列车发生冲突、脱轨、火灾或爆炸事故后，有关人员应立即报铁路总公司运输局调度员和铁路总公司安全监察司值班监察，最迟不得超过事故发生后1h。铁路总公司运输局调度员接到事故通报后，立即报告值班处长。值班处长和安全值班监察接到报告后，应立即报告本部门负责人、总调度长，铁路总公司应急管理办公室（铁路总公司办公厅部长办公室）；由铁路总公司应急管理办公室（铁路总公司办公厅部长办公室）报告主管副部长和部长，根据情况及时通知铁路总公司应急领导小组其他成员。

(四)应急信息服务

应急通信系统的组成包括抢险现场设备、车站侧接入设备和应急中心设备。

抢险时，应急通信系统将现场的实时动图、现场语音传到应急指挥中心，以应急指挥中心的多媒体交互平台为中心，将应急抢险现场的动态图像传输到参与应急抢险会议的应急终端，使在应急指挥中心、会议室、办公室的各级领导能够及时了解现场情况，得到大量信息以便作出及时、快速的反应，指挥应急抢险，减少事故造成的损失。

(五)救援设备

轨道起重机是高速铁路交通事故的主要起重救援设备。高速铁路交通事故中机车车辆脱轨后可以通过牵引复轨工具，进行复轨在救援事故中广泛采用。千斤顶是一种简单而又适用的救援起复工具，在救援作业中发挥着重要辅助作用；钢丝绳是事故救援作业中经常使用的一种挠钩构件；轨道起重机起重作业、吊件捆绑、机车车辆转向架索具以及利用钢丝绳牵引车辆复轨时都需要使用钢丝绳。

(六)事故救援与善后

当应急阶段结束后，从紧急情况恢复到正常状态需要的时间、人员、资金和正确的指挥，通常情况下，重要的恢复活动包括事故现场清理、恢复期间的管理、事故调查、现场的警戒与安全、安全和应急系统的恢复、人员的救助、法律问题的解决、损失善后的评估保险与索赔、公共关系等。

想一想：无线通信技术的发展对事故处理有哪些影响？

做一做：根据所学内容画出应急救援组织结构示意图。

知识拓展

高速铁路应急处理案例

一、动车组列车空调故障的应急处理

(1)空调失效但列车可维持运行时，调度部门接到通知后应重点掌握。空调失效超过

20min 不能恢复时，列车长可视情况通知司机向列车调度员超过提出在前方最近客运营业站停车请求。

在车站停留时，应打开车门通风。必要时，站车共同组织将旅客疏散到车站安全处所，等待故障修复、救援或组织旅客换乘其他旅客列车。

(2)动车组列车因故停车不能维持运行、空调失效超过 20min 不能恢复时，列车长应及时与司机、随车机械师沟通，视情况作出打开车门决定，并通知动车组司机转报列车调度员。

列车长组织列车员、乘警、随车机械师、餐饮、保洁等乘务人员确定应急方案，在车厢内运行方向左侧(非会车侧)车门处安装防护网。打开车门的具体位置、数量由列车长根据动车组乘务人员的配置情况确定。CRH5 型动车组车门可安装防护网。

防护网安装完毕，随车机械师确认安装状态后报告列车长，列车长通知司机申请停车。列车长组织乘警、列车员、餐车工作人员及随车保洁员值守，严禁旅客自行下车。列车乘务人员(含餐饮保洁)应当将车门处的旅客动员到车内，严格值守车门。

列车停稳后，随车机械师手动打开车门，对塞拉门门携架用尼龙扎带捆绑，并确认状态后通知列车长，列车长在确认防护后报告动车组司机，司机在接到限速命令后，方可按规定启动列车。

(3)需要组织旅客下车或换乘其他列车时，应在车站站台进行，车站与列车一起组织旅客乘降。必须在站内正线或区间组织旅客下车或换乘时，需经铁路局主管运输副局长(总调度长)批准，同时要做好安全防护，以防发生意外。CRH1、CRH2、CRH3 型动车组若停靠在 500mm 及以下站台或无站台时，需组织旅客通过应急梯下车。

二、动车组运行中停电应急处理

(1)动车组列车运行中发生车厢照明突然停电时，客运乘务员要立即通知车辆机械师到场处理。检查各车厢的应急电源开关是否处于闭合位，保证应急电源装置正常工作，并迅速查找原因修复故障、恢复供电。

(2)列车因故障不能满负载供电时，机械师要根据实际情况，立即通知列车长，暂时停止使用部分电气设备。列车长要按照机械师要求组织列车员关闭用电量大的设备，尽量减少用电负荷，以保证蓄电池不过放，必要时可保留应急灯和轴报、防滑、监控系统用电，其他负荷全部关闭。

(3)列车长、乘警应及时到场，加强安全宣传和治安管理工作，稳定车内秩序，严防不法分子乘机破坏，做好专运人员和重点旅客的安全保护及服务，同时向旅客做好正面解释工作。

(4)停电车厢应派乘务员坚守岗位，加强车厢巡视，做好安全宣传，严禁使用明火照明。

(5)列车长应会同机械师，查明原因立即向上级汇报。

三、动车组列车车门发生故障的应急处理

(1)列车到站，司机操作门释放和开门按钮后，要从司机室 IDU 上确认全列车门是否“释放”打开，如未打开，及时使用对讲机通知列车长，列车长通知各车门监控人员使用三角钥匙采取本地操作的手动模式开、关车门。

（2）列车到站如发生个别车门未自动开启，且监控人员使用三角钥匙本地操作的手动模式开门无效时，监控人员及时使用对讲机通知列车长，并宣传引导旅客到相邻车门下车。列车长接到汇报后，立即和司机联系，并与随车机械师赶到现场处理。随车机械师确认车门故障一时无法修复时将该门隔离并通知列车长，此后各停靠站均引导旅客到相邻车门上、下车。随车机械师确认车门修复后告知列车长，列车长确认旅客乘降完毕后通知司机发车。

（3）列车开车如遇有车门未自动闭合时，比照上面两条汇报处置程序办理。

（4）因车门故障导致旅客越站时，列车长按规定与车站办理交接，无须下车处理后续事宜。

（5）因车门故障导致旅客无法正常上下车时，由列车长、乘警、列车工作人员配合，认真开展旅客的宣传安抚工作，劝导旅客保持冷静、看好行李、听从站车工作人员的指挥。

四、动车组列车运行中发生事故，旅客需紧急逃生时的应急处理

（1）列车停车后，在车门能正常开启时，列车长立即通知司机，由司机打开所有靠线路外侧的车门；在列车断电、司机无法操纵打开车门时，由列车长组织列车工作人员手动解锁开门。

（2）列车长迅速组织工作人员按照分工，在每个车门处进行防护，组织旅客下车。

（3）在车门不能正常开启时，列车长迅速通过广播（因断电无广播时，由列车人员在车厢中部位置）向旅客宣传疏散程序、安全注意事项，工作人员迅速组织旅客使用安全锤击破紧急逃生窗，组织旅客撤离车厢。

（4）事故中发生人员伤亡时，列车长要及时安排专人救助。

（5）所有旅客撤离车厢后，列车工作人员组织旅客沿线路外侧向安全地带转移，将旅客安置在安全地带等待救援，同时做好安全宣传、引导。乘警负责在旅客疏散过程中的防护警戒工作。

（6）应急处置后，列车长应及时向客服调度、客运段汇报，客服调度、客运段接事故报告后，立即组织开展后续救援工作。

复习思考题

1. 高速铁路车站的概念及作用是什么？
2. 高速铁路车站的特点是什么？
3. 高速铁路车站的基本图形及主要作业内容是什么？
4. 高速铁路车站的主要设备是什么？
5. 高速铁路车站设置形式是怎样的？
6. 高速铁路车站的主要技术作业是什么？

7. 列车开行方案主要有哪些内容？
8. 我国列车开行方案的特点有哪些？
9. 在行车组织方面，哪些因素影响高速铁路列车通过能力？
10. 动车组运用计划的主要内容有哪些？
11. 按功能划分，我国高速铁路调度系统有哪些子系统？
12. 列车运行调度子系统有哪些功能？
13. 简述高速铁路应急救援工作。

第七章　高速铁路客运组织

本章概述

本章节主要讲述高速铁路旅客服务有关知识。包括高速铁路客流组织；高速铁路客运工作组织；高速铁路客运乘务工作。

建议学时

6学时

第一节　高速铁路客流组织

客流是指单位时间内，由出发地至目的地进行位移的旅客的集合。客流的大小、流向及在时间和空间的分布具有非均衡性。高速铁路客流是铁路运输的基础，也是高速铁路技术标准和设备数量的基础，它是决定项目效益的关键，同时又是制订运营模式和行车组织的重要依据。

一、高速铁路客流的分类及特点

（一）客流的分类

1. 按旅客身份特征划分

高速铁路的客流主要包括商务客流、公务客流、会议客流，以及旅游休闲客流。

高速铁路中长途客流以商务、公务客流为主。旅客的年龄构成以中青年为主。旅客的身份以管理人员和技术人员为主。随着我国经济的发展，旅游探亲流在高速铁路客流中的比例不断增加。

2. 按旅客行程是否跨越铁路局管辖范围划分

为了合理地组织旅客运输，一般将客流分直通客流和管内客流两种。直通客流是指旅客乘车距离跨及两个及以上铁路局的客流。这种客流旅行距离较长，旅客在途时间也较长，对列车服务标准要求较高，要求舒适度要高；管内客流是指旅客乘车距离在一个铁路局范围以内的客流。这种客流旅行距离较短，旅客在途时间也较短，对列车服务标准要求相对较低。

3. 按旅客选择列车等级的不同划分

客流可分为高速客流和普速客流。选择高速列车的客流时间价值较高，对列车的运行速度要求高。而普速客流对列车运行速度要求相对较低，其考虑出行的主要因素是费用支出。

4. 按旅客是否换乘划分

客流主要分为本线流和跨线流。

（二）客流量

客流量是从总的方面反映旅客需要乘坐高速铁路的数量程度。它是由旅客因生产、生活等需要出行乘车而构成的。客流量是客流的重要组成部分，其大小取决于产生性质、人口密度、经济水平、出行距离以及高速铁路线路路网的布设、票价、服务质量等因素。

（三）高速铁路客流的特点

1. 高速铁路客流来源于高端消费层次

不同消费层次的旅客对旅行条件具有不同的需求，高速铁路也有对应的旅客层次，其客流主要来自既有铁路的高端客流、部分航空客流（中长途）、部分公路高端客流（中短途）及诱增客流。

2. 高速铁路客流具有逐年增长趋势

我国城市化进程的加速，人民物质文化水平的提高，人们出行次数的增多，国际交往日趋频繁以及高速铁路网络的形成等因素，使我国高速铁路客流有一个逐年上涨趋势。

3. 高速铁路客流具有一定的波动性

高速铁路客流在时间上的不均衡表现在假期、节日旅客上。春运和暑运是高速铁路客流一年中最大的时间段。春运是以春节为中心，前后各有一次高峰，并延续40天左右，这时是探亲、返乡、购物的高峰时段。暑运以7月为中心，旅游旺季来临，高校学生流处于高峰，公务流、商务流也比较活跃。

4. 高速铁路客流分布不均衡

我国高速铁路客流主要分布在经济发达、人口稠密的地区。

二、高速铁路客运市场调查

铁路客运市场调查是指系统地收集、记录、整理有关客运市场营销方面的各种信息，分析研究客运需求的变化规律，为制订旅客运输计划、作出经营决策提供重要依据。

（一）市场调查的主要内容

客运市场调查的主要内容有：市场环境调查（如政治经济、社会文化环境等）、市场需求调查（包括客流量调查、旅客旅行行为调查等），市场资源调查（包括铁路设备能力和其他运输方式的调查）、市场营销组合调查（如产品价格调查、销售渠道和促销方式的调查）等。

（二）市场调查的范围

我国地域辽阔，地区经济发展差异较大，特别是在省会城市周边500km左右的经济带、经济圈布局已基本形成，因此，中长途旅客运输需求一直比较旺盛。高速铁路沿线的吸引范围可分为直接吸引范围和间接吸引范围两种。

直接吸引范围是指车站所在地及其附近地区被车站直接吸引的城市和居民点的总区域（这个区域可用垂直平分线法先画出大致范围，再考虑地形地貌、交通条件、运输费用、在途时间等具体条件加以分析和修正）。直接吸引范围可用垂直平分法画出大致范围。间接吸引范围是指车站直接吸引范围之外，由其他交通工具的联系而被间接吸引的较远地区的城市和居民点的总体区域。一般按最短通路原则确定。

(三)客运市场调查的基本方法

市场调查的方法,是指通过实地调查,收集有关市场原始资料的方法,故也称之为实地调查法。调查方法可以多种多样,现简述如下。

1.固定样本连续调查法

固定样本连续调查法又称固定样本小组调查法,是指从总体抽出若干样本组成固定的样本小组,在一定的时间内,通过对样本小组反复的调查来测定市场趋势的方法。这种方法用于了解市场依时间而变化的趋势,如人均收入、年均乘车次数、服务要求、存在问题等。

2.询问法

询问法是以询问的方式作为收集资料的阶段,它是将所要调查的事项以当面或电话或书面的形式向被调查这提出询问,以获得所需资料的一种方法。具体可分为个人访问法、电话调查法、通信调查法。

3.观察法

观察法是调查人员直接到调查现场进行观察的一种调查收集资料的方法,可携带照相机、摄影机、录音机等进行收录和拍摄。这种方法不直接向旅客和工作人员提出问题,而是从旁观中察并记录所发生的事实,观察和记录旅客、员工在旅行、作业过程中的习惯、态度和行为。观察法可以比较客观地收集资料,直接记录调查的事实和旅客、员工在现场的行为。该方法要求较多的、技术业务水平高的观察人员。

4.问卷调查

问卷又称调查表或询问表,设计问卷是询问调查的关键,完美的问卷应该具备两个基本功能:一是能将问题清楚地传达给被问人,二是能使被问人乐意回答。

(四)高速铁路客流调查

高速铁路客流调查分为综合调查、节日调查和日常调查三种,其中以日常调查为主。

(1)综合调查。目前为每年的5月25日进行一次综合调查,其目的是摸清车站吸引区的政治、经济、文化和人民生活情况,了解影响铁路客运量增长变化的各种因素以及对客运工作的客观要求,作为制定长期规划、年度计划及改进客运设备的主要依据和日常客运工作的基础。

(2)节假日调查。主要是对国庆节、春节等长假日和暑运的客流进行调查;周末等短节日调查主要针对管内和市郊客流,一般在节日运输前1个月左右进行,春节和暑期运输调查应提前2~3个月进行。

(3)日常调查。车站对吸引区内客流变化因素进行观察、询问、统计和分析,以便随时掌握客流的增减数量、变化原因和延续时间等。调查内容可根据日常客流发生的特殊变化情况来确定。调查的方法,可深入售票处、候车室及列车等旅客密集的场所采用“听、看、问”或制定统一的调查登记表发给旅客填写。

三、高速铁路客流预测

高速铁路客流预测是在各种客流调查和客流统计的基础上,经过全面系统的研究和分析,增强未来的预见性和适应能力,对未来的客流趋势作出科学的估计。客流预测的基础是大量的、丰富的情报资料。它包括铁路与社会发展计划、高速铁路发展规划、社会经济和各种统计资料、历年的客流资料、各种客流调查资料、现实的客流状况以及各种客流理论等。

高速铁路客运市场预测是铁路运输企业进行规划及提供运能和产品的依据。高速铁路客运市场预测其实质是对高速铁路运输需求的预测,包括质与量两个方面,质就是对运输过程中相关环节方便、快速舒适、准时和安全的要求,量即为运量。

根据预测时间不同,客运需求预测可分为长期预测、中期预测、近期预测及短期预测。

用于高速铁路客运需求预测的方法很多,目前,国内外应用的各种方法已达150种之多,不同预测目的采用的方法不同,要保证预测的准确性,必须根据预测的目的选用最合适、最科学的方法。

四、高速铁路列车开行方案

(一)高速铁路列车开行方案的内容

旅客列车开行方案是指确定旅客列车运行区段、列车种类及开行对数的计划。旅客列车开行方案以客流量为基础,以客流性质、特点和出行规律为依据,科学合理地安排包括旅客列车开行等级、种类、起讫点、数量、经由线路、编组内容、停站方案、列车客座能力利用、车底运用等内容,体现从客流到列车流的组织方案。

(二)高速铁路列车开行方案的意义

按图行车是铁路企业运营组织过程中的基本要求,尤其是高速铁路列车,若经常出现晚点现象,会给铁路造成不良的社会影响和经济损失。然而,列车运行在整个铁路运输组织过程中,是一个非常复杂的环节,它要利用多种铁路技术设备,要求各个部门和工种、各项作业之间协调配合,才能保证行车安全和提高运输效率。因此,编制较优的列车运行图具有极其重要的意义。列车开行方案是编制列车运行图的前提和基础,它的编制工作是整个编图工作的重要环节,它要解决的是每一方向旅客列车在运行图上的整体布局问题。列车开行方案设计客运、车务、机务、车辆等部门及客运技术设备和能力等方面,是旅客运输组织的核心,能较好地反映旅客运输的经营策略和服务质量。

(三)我国高速铁路列车开行方案的特点

从我国第一条300km/h高速铁路——京津城际铁路开通以来,陆续开通运营了甬台温、郑西、福夏、沪宁、沪杭、京沪、京广、石太、合蚌等高速铁路。高速铁路按速度等级分为300~350km/h和200~250km/h;高速铁路线路,按线路定位可分为通道型高速铁路线路和城际铁路线路。

1.通道型高速铁路列车开行方案特点

通道型高速铁路,其线路特点是里程长、站点多、平均站间距离大、连接多个省会及枢纽城市,与多条铁路线路相连接,其开行方案特点为:

(1)300km/h和250km/h动车组列车共线运行。

(2)节点等级决定起讫点的选择及停站频率。

(3)停站模式多样化。

(4)直达与中转换乘相结合的旅客输送模式。

(5)列车开行周期性设置。

2. 城际型高速铁路列车开行方案特点

城际高速铁路,其线路特点是里程短,主要输送城际客流,除两端枢纽与其他铁路相连外,线路较为独立。其列车开行方案主要特点,一是高密度、公交化运营;二是编组灵活。

想一想:高速铁路的客流在时间上是不均衡的,为什么难以缓和?

做一做:根据乘坐高速铁路的经历,总结一下乘坐高速铁路的作业流程。

知识拓展

高速铁路列车开行方案案例

一、京沪高速铁路

1. 京沪高速铁路概况

京沪高速铁路运营里程1318km,与胶济、陇海、沪杭等铁路相连,沿线共设24个车站。北京南、天津西、济南西、南京南、上海虹桥具有始发终到能力。

2. 列车开行方案

京沪高速铁路不仅运行本线列车,如北京南—上海虹桥、北京南—南京南、北京—济南西等列车,还运行跨线列车,如北京南—青岛、北京南—杭州、上海虹桥—青岛等;既有300km/h动车组“G”字头列车,又有250km/h动车组“D”字头列车。途经京沪高速铁路的列车,其起讫点主要有北京南、上海虹桥、南京南、天津西、济南西、青岛、杭州、徐州东、福州、郑州等车站。

具体列车开行方案如下:

(1)300km/h列车65对。

①北京南—上海虹桥停一站直达2对。只安排在南京南一站停车,09:00和14:00整点开行。

②北京南—上海虹桥省际直达6对。安排济南西、南京南2个省会城市车站停车,分别安排在08:00、10:00、11:00、15:00、16:00、17:00整点开行。

③北京南—上海虹桥交错停站列车32对。在沿途车站交错停车,停站数一般不超过6个。

④本线区段列车8对。北京南—南京南3对、上海虹桥—天津西3对、北京南—济南西2对。

⑤跨线列车17对。北京南—青岛3对、北京南—杭州7对、天津西—杭州2对、济南西—杭州1对、上海虹桥—青岛4对。

(2)250km/h列车27对。

①本线列车11对。北京南—上海虹桥3对、天津西—上海虹桥1对、北京南—济南西3对、北京南—徐州东1对、济南西—上海虹桥2对、北京南—南京南1对。

②跨线列车16对。北京南—福州1对、北京南—青岛6对、天津西—青岛2对、郑州—

上海虹桥3对郑州—济南1对、徐州东—温州南1对、南京南—金华西1对、合肥—江山1对。

3. 列车运行周期

京沪高速铁路高峰期(春运、暑运、黄金周、小长假)按基本图满图运行,日常(周一至周四)和周末(周五至周日)抽线运行。

周末开行85对动车组列车,比基本图少开7对,其中北京南—上海虹桥3对,北京南—南京南2对,北京南—济南西1对、济南西—上海虹桥1对。

日常开行78对动车组列车,比周末少开7对,其中北京南—上海虹桥6对,天津西—上海虹桥1对。

高峰期开行92对动车组列车。

二、京津城际铁路

1. 京津城际铁路概况

京津城际铁路运营里程120km,线路延伸至塘沽站,天津枢纽设有与京沪高速铁路联络线。设5个车站,北京南、天津站具有始发终到能力。

2. 列车开行方案

京津城际铁路列车开行方案典型的特点是"公交化"运行,全部运行300km/h动车组列车,起讫点主要有北京南、天津塘沽,共开行100对城际列车,其中:

(1)北京南—天津站直达动车组69对。

(2)北京南—天津站停车(武清)动车组20对。

(3)北京南—天津—塘沽动车组11对。

3. 列车运行周期

在100对运行图的基础上,按交路停运的方式编制70对、80对、90对等分号运行图。周一至周四执行70对分号运行图,每周五六、日执行80对分号运行图。90对、100对分号运行图执行日期需根据铁路局电报公布。

各分号运行图情况如下:

(1)70对分号运行图,开行北京南—天津一站直达动车组47对,北京南—天津一站停车动车组16对,北京南—天津—塘沽动车组7对。

(2)80对分号运行图,加开北京南—天津一站直达动车组6对,北京南—天津一站停车动车组2对,北京南—天津—塘沽动车组2对。

(3)90对分号运行图,加开北京南—天津一站直达动车组7对,北京南—天津一站停车动车组2对,北京南—天津—塘沽动车组1对。

第二节 高速铁路客运工作组织

高速铁路与既有线相比,具有列车速度快、开行密度大、频率高、开行时间间隔小的特点。高速铁路很大程度上改变了传统的客运组织模式,形成售票、候车、检票、上下车、进出站，以及在途服务等全过程的客运组织新模式，最大限度提升旅客出行的便捷性和舒适性。

客运服务系统是在现代高速铁路管理思想、服务理念和当今最新信息技术系统的基础上，按照统一的服务标准、统一的经营策略、统一的管理机制、统一的技术架构，建立的信息高度共享、资源高效利用、运行安全可靠的综合完整的服务系统。

高速铁路客运站为旅客提供的服务主要包括票务服务、旅客乘降工作、候车服务、信息服务、“人性化”服务、广播服务等。乘客进出站流线示意图如图 7-1 所示。

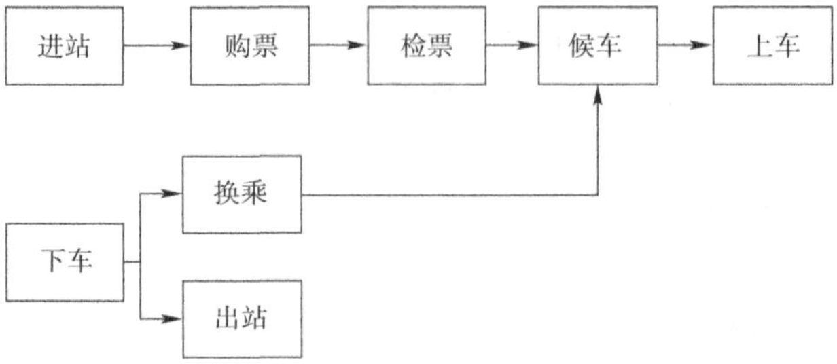

图 7-1　乘客进出站流线示意图

一、票务服务

票务服务是高速铁路运输过程中应用最广的、旅客最先接触到的客运服务环节，也是体现客运服务质量的最关键环节之一。客票系统是为旅客提供相关票务服务的信息系统，包括客票的交易服务和检验票服务。

(一)客票系统

客票系统以席位管理和交易处理为核心，建立广泛的销售渠道，适应多种售票方式、多种支付形式、灵活的营销策略，以自助售票和自动检票为主的实施交易系统。票制采用磁介质客票，车站设置客票销售终端和检票终端，自助式售票终端与人工售票窗口共同成为客票销售的主要方式，车站检票以自动检票为主。

2018 年 11 月 22 日起铁路部门在海南环岛高速铁路实行电子客票服务试点，试点成功后将在全国范围内进行推广。实行电子客票后，可支持旅客实名制购票和乘车的 25 种身份证件，无须再使用纸质车票。旅客购票、检票、乘车等流程都将更加方便快捷。进站、检票及乘车时，可直接使用证件自助核验及检票乘车。旅客如需报销凭证，可在售票窗口、自助售票机打印报销凭证。

客票系统由窗口售票、自动售票、自动检票等子系统组成，为旅客提供票务、自动检票等服务。客票系统实现了客票业务的集中处理，支持多种销售方式和支付方式，如电子支付、银联卡、第三方支付、中铁银通卡、广深牡丹卡等，提供自助售票服务，保证快捷、准确、安全地完成客票销售的各类业务，为旅客提供高质量的客票服务。

(1)窗口售票系统，如图 7-2 所示：主要由窗口售票计算机、支票汉卡、磁记录制票机、SAM 卡加密设备和客票系统软件等组成。

(2)自动检票系统，如图 7-3 所示：主要由自动检票机和自动检票软件系统组成。

(3)自动售票系统，如图 7-4 所示：主要由自动售票机和自动售票软件系统组成。

图 7-2 售票窗口设备

图 7-3 自动检票设备

(二)实名制验证验票设备

为落实相关规章制度,要求所有客运站对进站乘车旅客100%实行实名制验证,票、证、人一致方可进站乘车。

各客运车站设有相对独立的验证口、自动人脸识别验证设备、验证区域、验证通道和复位口、公安制证口等实名验证设施。人工验证台配备一套验证设备联网运行,与自动人脸识别验证设备共同使用,同时与公安网的实名制比对系统连接,确保旅客进站通畅。

图 7-4 自动售票设备

二、旅客乘降工作

旅客乘降工作组织的主要内容包括:正确引导旅客上下车和站台候车组织等。

1. 引导旅客上下车

正确引导旅客主要依靠自动化的旅客导向指示设备。导向指示设备主要应从站外、站内、车上及网上四个方面为旅客进行信息服务,以便为乘客能清楚地了解各次列车的发到时间、始发站/经停站/终到站列车编组、客票发售、列车运行等列车运行信息。

旅客导向指示设备应广泛设在各个进出站口、综合大厅、售票厅、地上地下电梯处,各种固定引导标记和电子显示应十分醒目、清晰。每个进站、出站闸口,要设置摄像机,密切监视旅客的情况,一旦发现特殊情况,工作人员能立即出动,快速处置。

站台上通过设备以不同的颜色标区分不同线路的列车,以鲜艳的颜色标出候车安全线,在站台地面上设置明显的各种车型门位标记,设置排队标志等,引导旅客排队上车。导向标志进站用例二维码如图 7-5 所示,导向标志出站用例二维码如图 7-6 所示。

图 7-5 导向标志(进站用例)二维码

图 7-6 导向标志(出站用例)二维码

2. 检票服务

为维护站车秩序,保证旅客安全,防止旅客乘错车,车站对进站人员进行检票。显示检票车次、车厢序号指引电子牌，进行检票通告，通报检票车次、开车时间、列车停靠站台及列车途经站；组织旅客排队检票进站，在站台排队等候上车；检票方式有自动检票系统，和人工检票口两种形式，由工作人员现场进行组织；按车站规定停止检票时间，显示停检标识及停检作业；车开后及时清扫检票口卫生。

3.站台服务

做好接送列车、旅客宣传、乘降组织、清理站台等工作，文明礼貌地为旅客服务。电子设备显示列车停靠站台开车时刻车厢方向等有关信息。候车室放行旅客后，引导旅客安全通过天桥、地道，组织旅客站在站台安全线内排队等候上车，及时正确引导旅客按票面标明的车厢乘车。做好安全宣传，随时注意乘客动态，防止旅客钻车、爬车及横越股道；加强站台的巡视、检查，重点检查站台、股道内是否有障碍物和闲杂人员，是否有物品侵限，电梯、软隔离带、站台面及栏杆有无损坏。利用电子设备引导下车旅客安全通过出站通道出站，防止旅客对流。列车开车铃响后，及时清理侵入安全白线的送行人员和其他人员，防止人员伤亡。列车出站后，及时清洁站台卫生。

三、候车服务

候车服务是指客运站向旅客提供的购票、乘降之外的各项服务。高速铁路旅客的候车服务内容有逐步弱化的趋势，其主要原因是高速铁路高密度、高频率的列车使旅客在站停留时间大幅缩短所致，并且会有越来越多的自助式服务设施设备替代高接触度的人工服务模式。

旅客候车期间的服务包括：旅客旅行生活服务，购物、娱乐、餐饮服务和寄存等。高速铁路车站候车室如图7-7、图7-8所示。

图7-7　高速铁路车站候车室

图7-8　列车基本信息

四、信息服务

旅客在车站所需信息包括：客运业务类服务信息，如列车基本情况信息、列车运行动态信息、交通换乘信息、客票余额及票价信息、行包信息等；通告和旅行常识类信息，如车站通知、引导揭示信息、铁路常识、法律法规、旅行常识、旅行安全、旅行服务、服务监督电话、服务设施设备布局和使用说明等；社会服务类信息，如旅游、住宿、城市交通、气象、新闻、娱乐、医疗、金融等信息。

五、"人性化"服务

车站问讯处的基本任务是正确、迅速、主动、热情地解答旅客旅行中提出的有关购票、乘降、中转、集散等方面的各种问题,使旅客在购票、上车及中转换乘等方面得到便利。问讯处应设在旅客集中的进出站口、综合大厅、站前广场等处。为加强服务的亲和力,一般应以人工服务为主的形式进行,在综合大厅也可设置一些自助查询设备。人工问讯服务应根据客流动态及车站具体情况进行宣传和组织工作,尽可能使旅客在旅行中不发生错误。服务工作内容有:接听电话,解答旅客问讯;定时与广播、售票、计划、客运值班室联系,掌握列车运行、客运计划、售票组织、旅客乘降和车票票价等有关情况;及时更新自动查询系统有关信息;规章文电齐全,修改及时。

高速铁路客运站还在站内为行动不便的旅客提供设备支持。长距离车站配有方便残障乘客上车的移动设备,如升降电梯和坡道。许多地方列车添加了升降梯、自动坡道以及人工操作的桥式跨板。在站内为旅客提供婴儿护理设施等。

六、广播服务

广播系统可与旅客进行最直接的交流,实施实时的公告,它包括广播铁路时刻表信息、列车运行时刻、票务、站内设施说明、旅客乘车、广播紧急公告、广播背景音乐、安全提示及旅行相关信息等。广播信息要统一、易懂、完整简洁、准确。客运站的广播对客运工作人员起着指挥生产的作用,对旅客起着向导作用。通过广播,可将车站的接发车准备、检票、清扫及整顿秩序等工作及时传达给工作人员,以便按照统一的作业过程,有条不紊地完成各项工作。广播系统以广播的形式将列车的到达、出发时刻及其他有关事项通知候车室、广场和站台上的旅客,以便组织旅客及时进出站和上下车。

想一想:高速铁路车站和传统铁路车站相比,旅客滞留时间减少,这反映了什么?

知识拓展

高速铁路客运服务系统

客运服务系统是铁路智能运输的一个重要组成部分,是在较完善的铁路基础设施条件下,以先进的数据通信传输、自动化控制和计算机信息处理等技术信息为支撑,为客运人员实现服务业务的可视化、可控化和自动化,为决策者制定旅客列车开行方案、票价和客票销售策略提供科学依据的综合系统。旅客服务系统涉及旅客站车服务各环节的内容,运用多样化的服务手段为旅客提供优质的服务,实现旅客服务和运营管理的信息化。

1.旅客服务系统结构

旅客服务系统的设置旨在体现以人为本的理念,在旅客出行前、进站、候车、乘车、换乘、出站等各环节上提供全方位的信息服务,通过引导、揭示、广播、监控、查询、求助、时钟、应急、投诉、寄存、站台票发售、残障旅客服务和延伸服务等多种服务手段,形成统一的旅客服务平台。旅客服务系统总体上为旅客服务中心系统和车站系统两级架构。设置若干个旅客服务中心系统，实现服务策略的定制和车站服务状况的监控，从运营调度系统和 CTC 获取运行图信息，按照客运服务的需求进行整理后，下载到所辖各车站。车站后台设置小型管理系统，实现对服务设备设施状态的设置和临时服务信息的调整。旅客服务系统结构如图 7-9 所示。

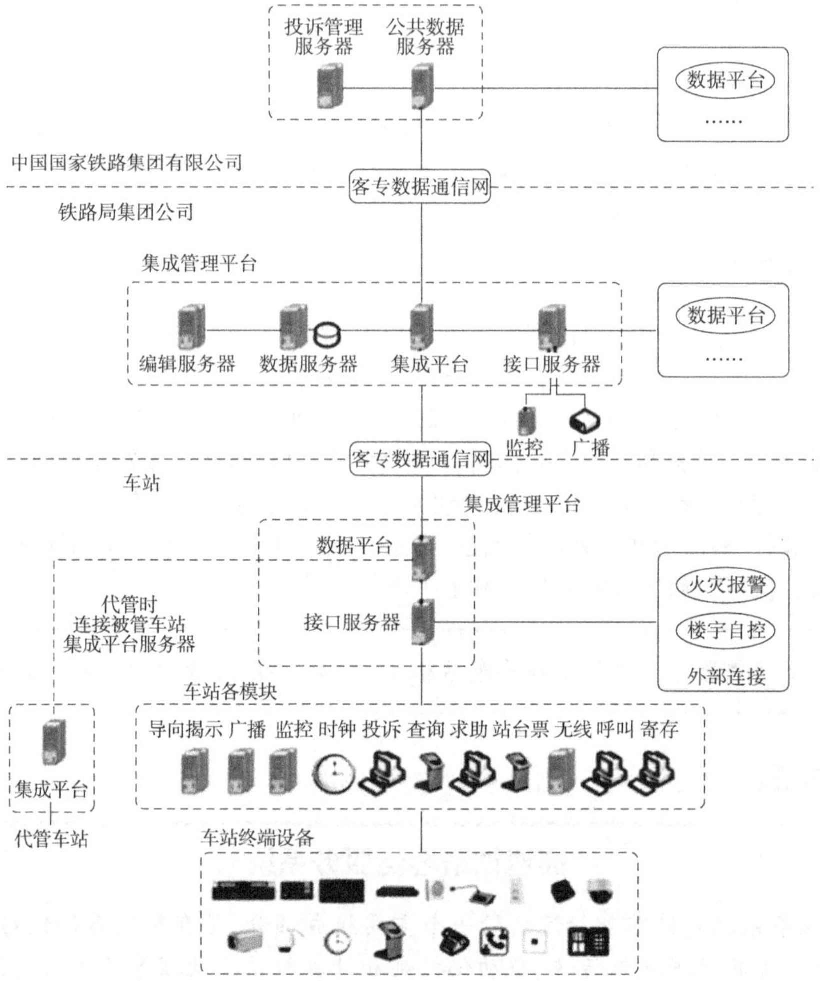

图 7-9　旅客服务系统（系统结构）

2. 旅客服务系统功能

旅客服务系统主要包括导向揭示系统、公共广播系统、监视系统、信息服务系统、时钟系统、查询系统、求助系统、站台票发售、小件寄存、无线等子系统。旅客服务系统功能如图 7-10 所示。

集成管理平台把分离的各个系统按照统一的接口标准集成到集成管理平台，提供综合业务操作，实现信息共享和功能联动。

导向揭示系统在旅客进站、购票、候车、检票、乘车、出站等各个环节上为旅客提供及时准确的动、静态信息服务。信息内容主要包括:列车时刻信息、票务信息、列车到发通告、车站空间说明、服务设施说明、市内交通、天气情况、旅客出行相关信息等。导向揭示系统以车站为核心,有不同地点的显示屏、到发通告终端机静态显示屏上显示动、静态图形、图像、文字和视频信息。

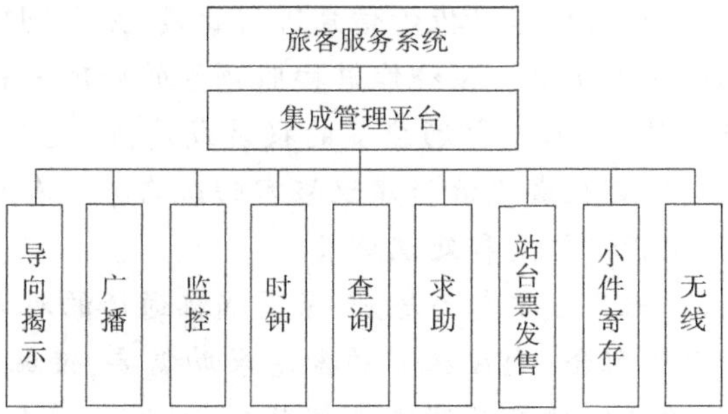

图 7-10　旅客服务系统(系统功能)

高速铁路公共广播系统采用数字音频控制和传输技术,将多路信源同时传输到不同的分区,保障旅客和工作人员能够在整个站区内清晰明确地获取音频信息,在特定情况下,能够实现紧急情况广播。公共广播系统向旅客播报铁路通告、列车运行时刻、票务、站内设施说明、站内环境说明、旅客乘车、安全提示及与旅行相关的信息等。在公共广播系统中,音响设备是不可或缺的重要组成部分。扬声器的选择和摆放决定了一个系统的优劣。因此,必须在系统实施初期就要充分考虑音响设备的选购和安装问题,广播信息要求统一、易懂、完整、简洁、准确。

视频监视系统,是运用多媒体技术、计算机网络技术和音、视频技术对高速铁路车站整个站区内的服务对象和服务设施进行视频监视,以提高综合管理和服务水平、保证车站工作组织和安全的重要部分。其目的在于使监控中心指挥人员及时观察到车站广场、进出站口及通道、售票厅、候车区、检票区、站台等旅客停留区域的客流动态、安全情况、现场工作情况。有利于正确有效地疏导客流、处理问题,充分保证车站、机车及旅客安全。同时,它也是调度员和车站值班员提高行车指挥透明度的重要辅助工具。当车站发生突发性危急事件时,监视系统可作为管理员指挥抢险的重要指挥工具。视频监视系统由前端设备、传输线路设备、终端控制设备及显示记录设备 4 个主要部分组成。前端部分包括多台摄像机及与之配套的镜头、云台、防护罩、解码驱动器等;传输部分包括电缆或光缆以及可能的有线/无线信号调制解调设备等;终端控制部分主要包括视频切换器、云台镜头控制器、操作键盘、控制通信接口、电源和与之配套的控制台、监视器柜等;显示记录部分主要包括监视器、录像机、多画面分割器等。机房设备主要有控制部分和显示记录设备。

时钟系统从统一的时钟源获得标准时间,实现整个站区内各个子钟及相关系统与统一时钟源的时钟同步,为旅客和车站工作人员提供准确的时间信息。

查询系统以客运服务系统数据平台为主要数据源,采用触摸屏、计算机、多媒体、网络和接口等技术,为旅客主动获取出行相关信息提供渠道,车站控制中心系统能够对提供旅客查询的信息进行收集、加工、分类、管理。查询系统为旅客提供查询的信息包括:列车运行图信息、列车时刻表信息、票务信息、站内环境说明、站内服务设施说明、市内交通、天气情况、旅客出行相关信息等。

投诉系统是高速铁路旅客服务的投诉处理平台,旅客可通过拨打12306电话、写信等形式进行投诉和建议。投诉中心对投诉信息进行收集、分类、归档、存储,不能自动收集的信息,提供人工编辑输入工具。系统能够按照预置的处理流程,对于能够自动应答的投诉或建议,自动进行处理;不能自动应答的投诉或建议,提示人工进行处理。系统能够按照业务需求设置,定期生成投诉和建议旅客回访名单。车站设置人工投诉台,工作人员通过投诉终端记录投诉信息和处理结果。

求助系统以计算机电话集成技术为基础,采用摘机通话的对讲分机或求助按钮,通过与监控、查询系统的有机配合,响应旅客的紧急求助需要,使旅客及时获得车站工作人员的帮助。求助系统的主要功能是实现免拨号通话、多路呼人排队、事件记录、电话录音、交换机故障检测及自动报警、线路实时监测。

站台票发售子系统完成客运专线车站的站台票发售工作。

无线子系统采用无线通信技术,为车地、站车信息交互提供无线网络支撑平台。

寄存子系统允许旅客以自助的方式存放小件物品,为旅客提供便捷服务。

呼叫中心子系统以电话方式,在旅客旅行的各环节中为其提供全方位的查询、咨询、订票、投诉、建议等服务,成为客户与铁路之间沟通、互动的重要渠道。

互联网服务子系统以满足旅客的需求为出发点,在高度信息安全保障的基础上,建立客户与铁路服务者之间沟通和互动渠道。以互联网接入方式,在旅客旅行的各环节中为其提供全方位的查询、咨询、订票、投诉等服务。铁路通过互联网开展宣传、信息发布、市场调查等业务。互联网服务子系统可以为高速铁路票务系统、旅客服务系统等提供对外统一的服务途径。互联网服务子系统采用网页信息发布、动态网页制作、数据库集群、负载均衡、信息安全技术,以数据库为核心,采用网站、电子邮件、短信等方式,以票务子系统、旅客服务子系统、数据平台和其他子系统为业务支撑,实现旅客与铁路的沟通。互联网服务子系统通过对铁路信息的汇总,设置面向旅客的、开放的信息门户网站,实现发布铁路信息。

第三节　高速铁路动车组列车服务

做好列车乘务工作,对保障旅客安全、便利、舒适的旅行具有十分重要的意义。

一、动车组列车乘务工作

(一)动车组列车乘务组组成

动车组列车乘务组由客运乘务人员、司机、随车机械师、公安乘警、保洁人员和餐饮人员组成,简称“六乘人员”。六乘人员必须在列车长的统一领导下(除行车救援指挥外),分工负责，各司其职，共同做好旅客服务工作。

客运乘务人员包括列车长、列车员，负责旅客列车的服务工作。

动车组司机负责有关型号的车门集控开关和动车组列车运行工作。

随车机械师负责有关型号的车门集控开关和动车组设备检修工作。

公安乘警负责维护列车的治安工作。

保洁人员包括保洁组长和保洁员，负责动车组列车的卫生保洁工作。

餐饮人员包括服务组长和服务员，负责动车组列车餐饮服务和商品销售工作。

客运乘务组由1名列车长和2名列车员组成。动车组重联时，按两个乘务组安排人员；编组16辆的动车组按1名列车长和4名列车员配备。对运行时间较长的动车组可适当增加客运乘务人员。动车组司机实行单司机值乘制，随车机械师按每组1人配备。

(二)动车组列车乘务组的主要工作

(1)使车内经常保持整齐清洁，设备良好，温度适宜，照明充足。

(2)对老、幼、病、残、孕、首长、外宾等重点旅客，通过访问做到心中有数，主动迎送，重点照顾。

(3)通告站名，照顾旅客上下车，及时妥善安排旅客座席、铺位。

(4)维护车内秩序，保证安全正点。

(5)搞好饮食供应。

(三)动车组列车乘务组的工作制度

1. 工作协调制度

(1)动车组列车出库后，列车长要及时了解六乘人员工作准备情况，重点对卫生保洁质量、配餐数量以及各岗位人员到岗情况进行掌握，遇有重点任务，及时布置。

(2)列车长每趟组织召开随车机械师、公安乘警、餐饮组长、保洁组长参加的工作协调会，沟通信息，提出本趟工作重点和要求。

(3)遇有设备故障、列车晚点等情况，司机或随车机械师要主动向列车长通报故障情况、晚点或停车原因。列车长要及时逐级汇报，按指示向旅客通告，组织客运乘务员、餐饮、保洁人员做好服务和解释工作。

(4)客运段应每月组织六乘人员单位召开动车组一体化管理联席会议，总结工作，加强协调，统一步调，提高效率。

2. 信息传递制度

(1)动车组列车六乘人员要掌握列车运行、设备状况、旅客服务和餐饮供应等信息，及时相互通报。

(2)动车组列车运行中遇有各类非正常情况，六乘人员应按照各自职责逐级汇报，列车长应积极协调处理。

(3)六乘单位之间应建立日常联络机制，加强相互之间的信息沟通。

3. 其他制度

(1)动车组列车实行“首问首诉负责制”，六乘人员必须及时解答旅客问询、受理旅客投诉、解决旅客困难。

(2)动车组列车进站前，六乘人员必须按规定提前到岗，做好旅客乘降的准备工作。

(3)六乘人员必须严格遵守国家铁路局、中国国家铁路集团有限公司、地方铁路局(集团公司)有关规定,严禁私带无票人员上车;如需要安排重点旅客乘坐餐车、多功能室、乘务员室等位置时,必须经列车长同意。

(4)动车组列车餐饮、保洁人员不服从列车长管理,影响正常工作及铁路形象时,列车长应向有关部门及时汇报,必要时,可立即停止其工作;餐饮、保洁公司对上述违纪人员要按照公司的管理制度进行严肃处理,并向有关部门反馈处理结果。

(5)动车组公安乘警、随车机械师不服从列车长的管理,影响正常工作及铁路形象时,列车长应向上级有关部门及时汇报。

二、列车服务内容

1. 乘务人员的服务

客运服务礼仪是一种行为规范,是列车客运人员在车站和列车上的服务工作中应遵守的行为规范,它具体是指客运人员在车站和列车上服务中的各个服务环节,从在站台迎接旅客上车、与旅客的沟通,到列车运行中的供餐、送饮料,为特殊旅客提供特殊服务等都应有一整套客运人员的行为规范。客运人员的仪表,是指包括人的容貌、姿态、服饰和个人卫生等方面,它是乘务人员精神面貌的外观表现。客运人员应保持工作服干净整洁,每次上班前,应将工作服熨烫平整,工作装不允许出现布满皱纹、残破、污渍、脏物、异味,干净整洁的服装会给旅客带来清新舒服的感觉。高速铁路列车上,所有乘务人员均可以为旅客解答问题(如列车换乘)或提供帮助。列车员也可以为未持有效票的旅客补票或为旅客提升车厢等级。这些工作可以通过一个移动的电子终端器进行。但旅客必须尽快主动告知列车员。

2. 列车广播

广播系统具备收音及播放功能,能向乘客自动播放音乐及各种服务信息。播放预先储存的节目及沿线广播电台信息。

3. 信息显示

每辆车内两端分别设有车号显示器和信息显示器,信息显示器显示的内容根据需要设置。

4. 残障旅客及母婴专用设施

高速铁路列车都为残障旅客专门设置了两个宽敞的座位,邻近卫生间是为坐轮椅的旅客专门设计的。高速铁路列车为母婴专门配置了功能卫生间。

5. 车上餐饮

一等座车厢的旅客,可以享受餐饮到座服务。列车上所有的旅客都可以到位于一等座车厢和二等座车厢之间的餐车用餐。餐车里有甜点、小食品、饮料及杂志,列车上都有自动售货机,出售小食品、甜点和冷热饮。列车上还设有流动售货车。

6. 报纸、杂志

高速铁路列车的旅客都可以免费阅读由高速铁路列车提供的报纸、杂志等休闲刊物,也可以在餐车上购买报纸与杂志。

7. 车上电话

目前,绝大部分的高速线路都可以使用 GSM 移动电话。

8. 可调节座椅

有的列车提供可调节座椅,如 CRH2 型列车,其座椅为旋转可调式。

想一想:为什么高速铁路比传统铁路客运更注重服务礼仪?

做一做:高速铁路列车人性化服务体现在哪些方面?

知识拓展

高速铁路客户服务中心

在市场经济条件下,高速铁路运输需求呈现多样化,这为满足运输需求提供了保证,也对客、货运输营销水平、服务质量提出了更高的要求。在当今日益激烈的运输市场竞争环境中,向客户提供优质服务已经成为各个运输企业争取客源、确立竞争优势的重要手段。为此,构建能够提供快速便捷的全程服务、提升工作效率、增加客户满意度的客户服务中心就具有了很重要的现实和战略意义。

在此背景下,2011 年 1 月 19 日铁路客户服务中心开通试运行。各铁路局在所在地设客户服务中心,铁路总公司铁路客户服务中心与北京局铁路客户服务中心合并设立北京铁路客户服务中心,对其他 17 各铁路局客户服务中心给予业务指导。

一、铁路客户服务中心的服务职能

铁路客户服务中心是铁路服务客户的重要窗口,集成全路客货运输信息,为社会和铁路客户提供客货运输业务和公共信息查询服务。客户通过登录网站或者拨打电话 12306/95306,可以查询旅客列车时刻表、票价、列车正晚点、车票余票、货物运价、车辆技术参数以及有关客货运规章等。

铁路客户服务中心是一个综合性的语音服务平台,坚持以客户服务为核心,深入了解旅客心理,维持良好的客户关系,结合电话营销、信息处理、服务质量管理,切实有效地为旅客提供服务。

1. 以服务旅客为核心

为旅客提供优质服务是铁路客户服务中心的主要工作内容,“客户满意”是铁路客户服务中心所有工作的最重要目标。准确解答旅客提出的关于客货运业务的各类问题,认真聆听旅客在乘车后提出的意见建议,正确对待旅客投诉,及时解决旅客乘车过程中遇到的困难,它们都是完成“客户满意”这一重要目标需要具备的先决条件。

2. 重视客户关系管理

客户服务应以和旅客建立一个长期而稳定的关系,保证铁路的持续发展为目标,而不是注重短期利益。为此,铁路开展了“铁路畅行”常旅客会员服务,建立了一个长期的会员关系,采用积分兑换车票的营销形式来吸引客源。

3. 电话营销

通过电话、短信、电子邮件、信函、互联网等多种形式和客户有效沟通,了解和发现旅客需求,更好地为旅客提供合适产品或服务过程。

4. 信息处理

为掌握铁路客运经营管理的情况和旅客需求，有效改进铁路营销策划、客户服务和内部管理，对客户服务相关信息（如旅客咨询、投诉、表扬、业务办理信息、旅客行为信息、旅客购票渠道偏好、反馈建议、应急求助等）定期汇总和分析，及时、准确总结铁路部门在运营管理中的经验和存在的问题，并建立信息收集、反馈职能，强化相关部门协调，最终为铁路部门正确的决策提供依据。

5. 服务质量管理

铁路客户服务中心是铁路服务质量管理的重要部门，服务质量管理过程应从建立详细的服务规范与流程开始，在服务过程中应按照监控规范实施过程控制与监督，最后对服务效果进行跟踪分析与改进，提升服务质量。

二、客服中心服务流程

1. 铁路客户服务中心服务受理形式

旅客可以拨打电话12306；登录www.12306.cn网站/铁路12306App办理相关服务事项；可以使用铁路12306微信公众号办理相关服务事项；也可以通过其他方式，如民心网/局长邮箱/国家铁路局监督管理局等进行投诉与建议。

2. 客服中心受理流程

(1)客户选择人工服务。

(2)普通坐席进行答复，不能答复的记录工单。

(3)班长席受理工单后，根据工单内容转相关站段处理或进行答复。

(4)站段及相关科室处理后，将结果反馈客服中心。

3. 客服中心服务业务类型及案例

(1)解答咨询。

准确解答客户提出的客运相关的各类问题，如铁路常识、12306购票问题、实名制注册等，并根据咨询问题类型，定期汇总、分析客户最关注的问题，及时上报，提出改进工作建议。

(2)应急求助。

利用网络平台及资源优势，对遇到突发疾病、重点旅客、遗失物品等存在现实困难的旅客提供应急求助，发扬人民铁路服务人民的传统，成为旅客出行的依赖和保障。

(3)受理投诉与表扬。

及时受理各类客户投诉问题，将问题记录成工单，传达到相关单位，对问题进行调查、追踪，督促相关单位尽快处理，待问题处理好之后对旅客进行回访，并根据投诉问题类型，定期汇总、分析各个工作环节的服务漏洞和薄弱点，对暴露出的突出、重点问题，及时通报、警示全路职工，发挥客户服务职能，提升服务质量。对客户的表扬信息进行登记、转发，成为客户表达心意的桥梁，成为铁路职工在服务工作中的表率。

(4)电话营销。

电话营销的方式可为旅客介绍高速铁路订餐服务、高速铁路快件服务、团体票服务及各类最新发布的营销信息,想旅客之所想,急旅客之所需。

(5)反馈建议。

对旅客提出的各类意见和建议,分类汇总,去伪存真,真正将旅客的需求放在第一位,将旅客提出的合理意见纳入服务过程中。对旅客定期回访,通过与旅客的互动,以及采纳旅客意见与建议行为,表明铁路对社会公众的态度,同时也热情地接受社会各界的监督。

复习思考题

1. 高速铁路客流的分类是什么?
2. 高速铁路客流的特点有哪些?
3. 客运市场调查的主要内容有哪些?
4. 客运市场调查的基本方法有哪些?
5. 什么是高速铁路客流预测?
6. 高速铁路客车开行方案的内容有哪些?
7. 高速铁路列车开行方案的特点有哪些?
8. 客票系统的组成元素是什么?
9. 旅客乘降工作的主要内容有哪些?
10. 候车服务的主要内容有哪些?
11. 动车组服务人员的组成有哪些?
12. 动车组的主要工作有哪些?
13. 列车服务的主要内容有哪些?

附录 “高速铁路概论”课程参考标准

一、前言

1. 课程定位

“高速铁路概论”是铁道运输类专业的专业课程之一。课程一般开设于大三第一学期，先修课程为铁路机车车辆、铁路线路及站场、铁道概论、铁路通信信号等专业基础课程，以及铁路行车组织、铁路货运组织、铁路客运组织等专业核心课程。本课程系统讲授高速铁路运输相关设备的基础知识以及高速铁路运输组织工作的基本知识，为学生毕业后从事铁路生产或技术管理工作打下基础。

2. 课程目标

通过本课程的学习，学生可了解高速铁路相关基本知识，初步掌握车、机、工、电、辆、供电等各部门的设备和基本作业，了解“八纵八横”高速铁路网络示意图的绘制，识别线路平面图，计算换算坡度，具备 CTC 设备的操作、高速铁路应急处置等基本技能。

3. 课程设计

1）设计思路

本课程注重对高速铁路的认知教学，在教学过程中涉及的设备及其应用较多，涉及原理内容较少。在教学组织上，根据“高速铁路概论”课程的特点合理利用多媒体、实训设备展开教学，提升学生的认知水平，将理论教学与实践教学有机结合。课程内容全面反映铁路新技术发展的实际，理论教学和实践教学穿插进行。

2）课程的重点、难点及解决办法

课程重点：车、机、工、电、辆、供电等部门的高速铁路设备及其作用。

课程难点：车、机、工、电、辆、供电等部门的关于高速铁路相关作业过程及方法。

解决办法：在教学中搜集大量图片、制作视频资料、制作电子课件等，对设备以及作业过程进行展示，以加深教学场景的直观性、动态性，使学生便于理解掌握、融会贯通。

二、课程内容和要求

课程内容和要求

教学时间安排：60 学时
学习目标 1. 了解车、机、工、电、辆、供电等部门的高速铁路设备及其作用； 2. 了解车、机、工、电、辆、供电等部门的关于高速铁路相关作业过程及方法

续上表

学习项目	知识要求	技能要求	参考学时
(一)高速铁路概述	了解高速铁路的产生和发展过程;掌握高速铁路的概念和模式;掌握高速铁路系统的构成;了解建设高速铁路的社会意义;了解我国高速铁路的规划和建设;了解高速铁路的社会效益和经济效益	了解“八纵八横”高速铁路网络示意图	6
(二)高速铁路线路	掌握高速铁路平面和纵断面的概念;掌握高速铁路路基的结构和特点;理解高速铁路桥隧建筑物特点及要求;理解高速铁路轨道的结构要求及类型;理解高速铁路轨道检测与养护	识别线路平面图;计算换算坡度	10
(三)高速铁路信号与通信	了解世界高速铁路信号与控制系统的发展;掌握高速铁路信号基础设备的设备;掌握高速信号控制系统的基本组成;理解高速铁路运行控制系统;掌握 CTCS 分级;掌握 CTC 的特点、结构、原理、系统功能与控制模式;掌握我国高速铁路计算机联锁的功能、优点和类型;了解我国高速铁路通信设备;掌握 GSM-R 的主要功能	识别高速铁路通信信号设备	12
(四)高速铁路动车组列车	了解国内外动车组发展概况;掌握动车组编号规则;了解 CRH5、CRH380 系列、中国标准动车组列车;了解动车组转向架与车端连接装置;了解动车组的驱动装置的作用和结构;了解制动装置的分类	识别高速铁路动车组型号及关键设备	6
(五)高速铁路供电	了解牵引供电系统的组成及牵引供电方式;了解牵引变电所和高速铁路接触网;了解受电弓的工作原理及工作特点;熟悉受电弓的性能	识别高速铁供电系统关键设备	4
(六)高速铁路运输工作组织与管理	熟悉高速铁路车站的特点;熟悉高速铁路车站基本图形;熟悉高速铁路车站的主要设备;掌握高速铁路行车组织办法;了解高速铁路运行图的特点;了解动车组的运用计划;了解高速铁路调度指挥系统架构及功能;熟悉高速铁路运营安全保障体系结构和设施监测与诊断手段;熟悉高速铁路应急管理	具备识别并解读高速铁路车站基本图形、列车运行图、动车组运用计划的能力; 掌握高速铁路行车指挥能力;掌握高速铁路调车指挥能力	14

续上表

学习项目	知识要求	技能要求	参考学时
(七)高速铁路客运组织	了解高速铁路客流分类及特点;了解高速铁路市场调查;了解高速铁路列车开行方案;熟悉高速铁路客运工作组织;熟悉高速铁路动车组列车服务	掌握高速铁路客运服务能力;掌握高速铁路列车服务能力	8
总计			60
学习组织形式与方法: 教学模式:教、学、做一体; 实施地点:多媒体教室及学校室外实训场地; 教学手段:多媒体教学、实物教学; 教学方法:小组合作、教师引导与学生自主研讨相结合			
学业评价: 评价原则:过程性评价和期末考试相结合; 过程评价(平时成绩)分为优秀(90分以上)、良好(80~89分)、中(70~79分)、及格(60~69分)、不及格(60分以下)五个等级打分,占总成绩的40%; 期末考试占总成绩的60%。在试卷中对能力层次要求控制的分数比例原则是:识记30%,领会20%,简单应用30%,综合应用20%			

三、教学条件

1. 教师团队及职业背景

教师团队由校内具备现场实践经验的双师型教师组成。

2. 教学设施

除常规教学设备条件外,为了加深对课堂教学内容的理解,教师可以在图书馆、电子阅览室查阅相关资料,并且安排现场认识实习、实训基地教学等实践内容。

四、实施建议

1. 教材选取

《高速铁路概论》,人民交通出版社股份有限公司出版,杨松尧、谢迎春主编,ISBN:978-7-114-16857-4。

2. 教学建议

1)将信息化手段应用于教学中

在高速铁路概论的教学中,涉及的高速铁路的设备和作业过程较多,教师可以通过图片展示、动画演示等信息化手段教学为同学们构建形象思维,更容易理解消化和吸收新知识。

2)教师要深入现场,收集关于高速铁路的新知识

高速铁路发展迅速,新技术、新工艺在铁路应用推广速度很快。高速铁路相关的知识内容应是铁路最新最前沿的技术和设备,因此,要求教师要经常深入现场,对现场已经推广应用的技术、设备进行收集整理,纳入教学中,始终站在铁路科技的前沿,扩展学生的视野。

3.课程资源的开发与利用

编者将同老师们一同开发建设课程教学辅助资源,不断完善教学录像、电子课件、网页课件、案例库、习题集、教学标准等信息化资源。

4.其他说明

本课程计划安排60学时,老师们可以根据学生自身基础及学习能力做适当调整,可不断更新课程资源,课程内容应密切结合现场实际及时更新。相关教学资源见课程介绍讲解与教学方法讲解二维码。

二维码附录1

课程介绍讲解

二维码附录2

教学方法讲解

参考文献

[1] 中国铁路总公司. 铁路技术管理规程(高速铁路部分)[M]. 北京:中国铁道出版社,2017.

[2] 中国铁路总公司. 铁路技术管理规程(高速铁路部分)条文说明(上册)[M]. 北京:中国铁道出版社,2017.

[3] 中国铁路总公司. 铁路技术管理规程(高速铁路部分)条文说明(中册)[M]. 北京:中国铁道出版社,2017.

[4] 中国铁路总公司. 铁路技术管理规程(高速铁路部分)条文说明(下册)[M]. 北京:中国铁道出版社,2017.

[5] 佟立本. 高速铁路概论[M]. 北京:中国铁道出版社. 2017.

[6] 兰云飞,仝泽柳,石瑛. 高速铁路概论[M]. 北京:北京交通大学出版社,2016.

[7] 孙桂岩. 高速铁路概论[M]. 成都:西南交通大学出版社,2019.

[8] 王慧. 高速铁路概论[M]. 成都:西南交通大学出版社,2019.

[9] 贾新民. 高速铁路[M]. 北京:中国铁道出版社,2018.

[10] 韩明辉,张爱红. 高速铁路概论[M]. 上海:上海交通大学出版社,2018.

[11] 陈锦生,应夏晖. 高速铁路概论[M]. 成都:西南交通大学出版社,2018.

[12] 张仁朝. 高速铁路概论[M]. 成都:西南交通大学出版社,2018.